INNOVATION LOCALISÉE POUR LE DÉVELOPPEMENT ÉCONOMIQUE DU SÉNÉGAL

Collection « L'esprit économique »

fondée par Sophie Boutillier et Dimitri Uzunidis en 1996
dirigée par Sophie Boutillier, Blandine Laperche, Dimitri Uzunidis

Si l'apparence des choses se confondait avec leur réalité, toute réflexion, toute Science, toute recherche serait superflue. La collection « L'esprit économique » soulève le débat, textes et images à l'appui, sur la face cachée économique des faits sociaux : rapports de pouvoir, de production et d'échange, innovations organisationnelles, technologiques et financières, espaces globaux et microéconomiques de valorisation et de profit, pensées critiques et novatrices sur le monde en mouvement...
Ces ouvrages s'adressent aux étudiants, aux enseignants, aux chercheurs en sciences économiques, politiques, sociales, juridiques et de gestion, ainsi qu'aux experts d'entreprise et d'administration des institutions.

La collection est divisée en six séries :

Dans la série *Economie et Innovation* sont publiés des ouvrages d'économie industrielle, financière et du travail et de sociologie économique qui mettent l'accent sur les transformations économiques et sociales suite à l'introduction de nouvelles techniques et méthodes de production. L'innovation se confond avec la nouveauté marchande et touche le cœur même des rapports sociaux et de leurs représentations institutionnelles.

La série *Economie formelle* a pour objectif de promouvoir l'analyse des faits économiques contemporains en s'appuyant sur les approches critiques de l'économie telle qu'elle est enseignée et normalisée mondialement. Elle comprend des livres qui s'interrogent sur les choix des acteurs économiques dans une perspective macroéconomique, historique et prospective.

Dans la série *Le Monde en Question* sont publiés des ouvrages d'économie politique traitant des problèmes internationaux. Les économies nationales, le développement, les espaces élargis, ainsi que l'étude des ressorts fondamentaux de l'économie mondiale sont les sujets de prédilection dans le choix des publications.

La série *Krisis* a été créée pour faciliter la lecture historique des problèmes économiques et sociaux d'aujourd'hui liés aux métamorphoses de l'organisation industrielle et du travail. Elle comprend la réédition d'ouvrages anciens, de compilations de textes autour des mêmes questions et des ouvrages d'histoire de la pensée et des faits économiques.

La série *Clichés* a été créée pour fixer les impressions du monde économique. Les ouvrages contiennent photos et texte pour faire ressortir les caractéristiques d'une situation donnée. Le premier thème directeur est : mémoire et actualité du travail et de l'industrie ; le second : histoire et impacts économiques et sociaux des innovations.

La série *Cours Principaux* comprend des ouvrages simples, fondamentaux et/ou spécialisés qui s'adressent aux étudiants en licence et en master en économie, sociologie, droit, et gestion. Son principe de base est l'application du vieil adage chinois : « le plus long voyage commence par le premier pas ».

Cheikh Abdou Lahad Thiaw

Innovation localisée pour le développement économique du Sénégal

Préfaces de Mary Teuw Niane, Laurent Londeix et Omar Gueye

L'Harmattan

Pour joindre l'auteur :
cheikh.thiaw@gmail.com
www.logikoption.com

5-7, rue de l'École-Polytechnique ; 75005 Paris

http://www.editions-harmattan.fr/

ISBN : 978-2-343-13891-6
EAN : 9782343138916

À mes enfants Khadidja et Issa –

Pour votre amour, votre curiosité et la patience dont vous avez fait montre tout au long des heures que j'ai consacrées à la rédaction de cet ouvrage dédié à notre très cher pays, le Sénégal.

À la mémoire de mes parents –

El Hadji Mokhtar Thiaw et Khadidja Diouf.

Cet ouvrage est conçu dans un esprit de contribution au débat sur les politiques de développement à adopter dans les économies émergentes et les pays en développement. Il décrit aussi bien les aspects fondamentaux qu'expérimentaux des concepts-clés abordés. Une classification des différentes parties et chapitres contenus et une bibliographie détaillée orientent le lecteur vers ses points d'intérêts immédiats pour guider ses réflexions ou ses choix.

Dans ce cadre, les méthodes usitées, de même que les théories et savoirs abordés dans cet ouvrage ont été choisis pour leur pertinence dans l'avancée des connaissances et l'amélioration des pratiques réelles dans l'économie.

SOMMAIRE

GLOSSAIRE DES SIGLES ET ABRÉVIATIONS

ABREGES	SIGNIFICATION
ANR	*Agence Nationale de la Recherche (France)*
ANSD	*Agence Nationale de la Statistique et de la démographie*
BAD	*Banque Africaine de Développement*
BCG	*Boston Consulting Group*
BEL	*Bharat Electronics Limited (Inde)*
BM	*Banque Mondiale*
CAE	*Conseil d'Analyse Économique*
CERI	*Centre d'Études et de Recherche Internationale*
CIADT	*Comité Interministériel pour l'Aménagement et le Développement du Territoire*
CIRAD	*Centre de Coopération Internationale en Recherche Agronomique pour le Développement*
CDS	*Cité du Savoir*
CNRS	*Centre national de la recherche scientifique*
CNUCED	*Conférence des Nations Unies pour le Commerce et le développement*
CRE	*Centre de Recherche et d'Essais*
DATAR	*Délégation à l'Aménagement du Territoire et à l'Action Régionale, remplacée par la DIACT (France)*
DGCIS	*Direction Générale de la Compétitivité, de l'Industrie et des Services*
DGR	*Direction Générale de la Recherche*
DGRI	*Direction Générale de la Recherche et de l'Innovation*
DNB	*Dépenses Nationales Brutes*
DOE	*Department of Electronics (Inde)*
DSRP	*Documents de Stratégie de Réduction de la Pauvreté*
ERA	*Education et Recherche en Agriculture*
ENO	*Espace Numérique Ouvert*
FEM	*Forum Économique Mondial (WEF-World Economic Forum)*
FIRST	*Fonds d'Impulsion pour la Recherche Scientifique et Technique*
FMI	*Fonds Monétaire International*

FNRAA	*Fonds National de Recherche Agricole et Agro-alimentaire du Sénégal*
FUI	*Fonds unique interministériel*
GGI	*Grands Groupes Industriels*
GII	*Global Innovation Index*
GTCI	*Global Talent Competitiveness Index*
HAL	*Hindustan Aeronauticals Limited (Inde)*
HP	*Hewlett-Packard*
IIS	*Indian Institute of Science*
IPD	*Institut Panafricain pour le Développement*
IRD	*Institut de Recherche pour le Développement*
ISC	*Institute for Strategy and Competitiveness*
ISEP	*Instituts Supérieur d'Enseignement Professionnel*
ISRA	*Institut Sénégalais de Recherche Agricole*
ITA	*Institut des Techniques Alimentaires (Sénégal)*
LR	*Laboratoire de recherche*
MAE	*Ministère de l'Agriculture et de l'Équipement*
MESR	*Ministère de l'Enseignement Supérieur et la Recherche*
MESRI	*Ministère de l'Enseignement supérieur, de la Recherche et de l'Innovation*
NCP	*New Computer Policy*
NFC	*Near Field Communication (Communication dans un champ proche)*
OCDE	*Organisation de Coopération et de Développement Économique*
OMD	*Objectifs du Millénaire pour le Développement*
OMPI	*Organisation Mondiale de la Propriété Intellectuelle*
ONU	*Organisation des Nations Unies*
PACA	*Provence Alpes Côtes d'Azur*
PAK	*Programme d'Action de Kilimandjaro*
PAQUET	*Programme d'Amélioration de la Qualité, de l'Équité et de la Transparence*
PAS	*Programmes (ou Politiques) d'Ajustement Structurel*
PdC	*Pôles de compétitivité*
PdD	*Pôles de développement*
PIA	*Prix de l'innovation pour l'Afrique*
PIB	*Produit Intérieur Brut*
PIC	*Projets d'Innovations Collaboratifs*
PME	*Petite et Moyenne Entreprise*
PNUD	*Programme des Nations unies pour le développement*
POPIN	*United Nations Population Information Network*

PREF	*Plan à moyen terme de Redressement Economique et Financier*
PRIDES	*Pôles Régionaux d'Innovation et de Développement Économique Solidaire*
PSCT	*Programme de Stabilisation à Court Terme*
PSE	*Plan Sénégal Émergent*
PTN	*Parc des technologies Numériques*
PVD	*Pays en voie de développement*
PUD	*Pôle Urbain de Diamniadio*
R&D	*Recherche et Développement*
RFID	*Radio Frequency Identification*
RIT	*Réseaux d'Innovation territoriaux*
RMS	*Road-map stratégiques*
RNCS	*Rapport National sur la Compétitivité du Sénégal*
RSE	*Responsabilité Sociale de l'Entreprise*
SCA	*Stratégie de Croissance Accélérée*
SCS	*Solutions Communicantes Sécurisées*
SES	*Software Export Scheme (Inde)*
SNDES	*Stratégie Nationale de Développement Économique et Social*
SNI	*Système National d'Innovation*
SPES	*Stratégie de Politique Économique du Sénégal*
SPL	*Systèmes Productifs Locaux*
STEM	*Science, Technologie, Ingénierie et Mathématiques*
ST–I	*Sciences Technologies et Innovation*
STI	*Systèmes Territoriaux d'Innovation*
STP	*Software Technology Parks (Inde)*
STTR	*Small Business Technology Transfer*
SVCIP	*Silicon Valley Competitiveness and Innovation Project*
TGV	*Train à Grande Vitesse*
TIC	*Technologie de l'Information et de la Communication*
TPE	*Trop Petite Entreprise*
TPS	*Technology Policy Statement (Inde)*
TER	*Trains express régionaux*
UAM	*Université Amadou Makhtar Mbow*
UE	*Union Européenne*
UEMOA	*Union Économique et Monétaire Ouest Africain*
UNCTAD	*United Nations Conference on Trade and Development*
USAID	*Agence des États-Unis pour le développement international*
USSEIN	*Université du Sine Saloum El Hadji Ibrahima NIASS*
UVS	*Université Virtuelle du Sénégal*
VDN	*Voie de dégagement Nord*
ZFE	*Zone Franche d'Exportation*

LISTE DES ÉLÉMENTS ILLUSTRATIFS

SCHEMAS & FIGURES

TABLEAUX

ENCADRÉS

PRÉFACES

Cet ouvrage est préfacé par 3 acteurs principaux qui témoignent de la pertinence du travail accompli et de la thématique de *l'innovation localisée* dans le contexte de l'économie contemporaine. Chacune de ces personnalités clés s'active dans son domaine de prédilection (Politiques publiques, Enseignement & Recherche et Industrie) pour promouvoir l'innovation et asseoir son développement auprès des acteurs socioéconomiques :

Professeur Mary Teuw NIANE : *Ministre de l'Enseignement supérieur, de la Recherche et de l'Innovation du Sénégal.*

Monsieur Laurent LONDEIX : *Délégué Régional Provence Côte d'Azur d'Orange (France Télécom) et Président du Club des Entreprises de la Technopôle de Sophia Antipolis.*

Professeur Omar GUEYE : *Recteur/Coordonnateur de l'Université Amadou Mahtar Mbow (UAM) de Diamniadio (Sénégal).*

Ainsi, la thématique abordée dans cet ouvrage se situe au cœur des questionnements du développement économique des pays émergents et de ceux en développement, ainsi que leur positionnement dans une économie aujourd'hui mondialisée et en mutation perpétuelle.

PRÉFACE 1/3

Au lendemain des indépendances, les processus d'intégration économique dans lesquels se sont engagés les États africains ont abouti à la création d'organisations continentales et régionales dont on peine à percevoir l'efficacité au regard des objectifs de développement. L'absence de structures fortes qui auraient pu permettre la maîtrise des sciences et techniques ainsi que le développement technologique a empêché la possibilité d'un essor, même à titre embryonnaire, d'industries de fabrication pourvoyeuses d'emplois massifs et créatrices de richesse. Cette faiblesse structurelle des systèmes nationaux d'innovation et des politiques de formation a contrarié les projets d'émergence et annihilé toute possibilité de participer, avec des chances de succès, à la compétition internationale autour de l'économie du savoir.

Pour survivre, faire face, nous éviter encore les déconvenues économiques de l'État africain postcolonial, et nous propulser résolument dans l'émergence, nous devons engager nos établissements d'enseignement supérieur et de formation dans la mise en œuvre de programmes de qualité pour le développement du capital humain. Des programmes capables de porter et de mettre en œuvre les objectifs de développement par la mise en place d'un système d'enseignement supérieur, de recherche scientifique, technologique et d'innovation performant.

L'ouvrage de Cheikh Abdou Lahad THIAW est traversé par ces préoccupations et ce souci de voir le Sénégal se doter d'un véritable système d'innovation capable de prendre en charge ses objectifs de développement. L'auteur entend mettre à la disposition de son pays son savoir-faire et son expérience acquis à l'étranger dans un domaine stratégique et décisif pour l'émergence économique des États modernes : l'innovation. J'en suis d'autant plus heureux que l'innovation se soit rajoutée aux missions explicites de mon département de l'Enseignement supérieur et de la Recherche.

Mettant en rapport analyses théoriques et réalités empiriques, Ch. A. L. Thiaw mobilise les concepts-clés de l'innovation en tirant la substance des enseignements de cette double démarche qui lui permet de mettre en évidence les problématiques majeures du développement durable de l'économie sénégalaise. À ce titre, il apporte des réponses novatrices et argumentées aux importants besoins de progrès économique du pays. Pour l'auteur, le développement du Sénégal passe par la réorientation de ses méthodes d'impulsion autour de la formation, l'assainissement de l'environnement des affaires et la mise en place d'un système d'innovation performant.

Par sa détermination et sa perspicacité, Ch. A. L. Thiaw contribue, à sa manière, à la gestation d'un Système National d'Innovation (SNI) au Sénégal. Après avoir dressé, sans complaisance, un état des lieux de l'innovation afin de mettre à nu les carences et opportunités qui y sont à l'œuvre, il procède à une étude du contexte socioéconomique hérité des politiques publiques mises en œuvre jusqu'à présent.

Il en est ressorti un état contrasté avec une coexistence, d'une part, d'écueils inhérents aux difficultés macroéconomiques, à la faiblesse des capacités d'innovation et à l'inexistence d'un SNI et, d'autre part, d'importants gisements en friches de progrès qui préfigurent des perspectives d'innovation structurées autour des technologies innovantes (*technologies sans contact, RFID, NFC, Big Data, agrotechnologie, applications pour smartphones, automatisation, biométrie*), des produits et services novateurs, du e-commerce, du déploiement d'espaces d'incubation et de CoWorking, etc. Il s'agit là pour les acteurs économiques du pays, d'un ensemble d'opportunités d'emplois avérés et d'importants besoins en consommation à combler.

Son intérêt pour le Sénégal, son pays, a amené l'auteur à porter un regard critique et constructif sur la situation réelle de l'innovation. Les recommandations formulées visent l'action gouvernementale qui doit s'inscrire dans une vision stratégique pour déterminer l'instauration, sur la sphère économique nationale, d'une « atmosphère » propice à l'innovation, c'est-à-dire un environnement au sein duquel les acteurs économiques seront enclins à la prise de risque, à la créativité et à l'expérimentation. Dans ce cadre, il estime nécessaire de toucher aux conditions-cadres du pays, c'est-à-dire aux dispositifs économiques et institutionnels dans lesquels il évolue, et de mettre l'ensemble des champs d'intervention de l'État au service de cet objectif.

Pour consolider les réformes économiques et sociales majeures entamées dans le cadre du Plan Sénégal Émergent (PSE) il préconise d'élever le niveau d'innovation au Sénégal. De manière concrète, il recommande la structuration au sein de clusters, d'acteurs économiques issus des domaines de la science, des technologies et de l'innovation (STI), c'est-à-dire, amener les acteurs académiques (universités et autres institutions d'enseignement supérieur, de recherche et de formation) à collaborer avec ceux du monde de l'entreprise, de la recherche et du développement, dans le but de générer des innovations.

Ainsi par la structuration d'un véritable SNI, les capacités d'innovations développées permettront une amélioration des performances économiques du pays et celles de ses acteurs (entreprises, institutions, individus).

Le travail de Cheikh Abdou Lahad THIAW est une invitation aux politiques publiques d'innovation pour permettre de construire et d'optimiser un réel SNI qu'il importera d'intégrer à l'ensemble des activités des structures de l'État.

En réalité, le Sénégal est en voie de négocier cette réorientation vers un système d'innovation structuré autour du triptyque : formation, innovation et entreprises. La mise en œuvre de cette option politique a déjà commencé par la mise en place, notamment, d'un environnement qui va donner un nouvel élan à la recherche et à l'innovation à travers les laboratoires mutualisés de haute technologie et, de façon générale, des infrastructures de recherche modernes et de standard international permettant à nos chercheurs de se placer au niveau d'une exigence favorisant l'innovation et le développement par l'innovation.

L'ouvrage de Ch. A. L. Thiaw renferme de grands enseignements sur les systèmes d'innovation et intéresse un large public. Il apporte d'indubitables éclaircissements et de nouvelles perspectives aux décideurs et initiateurs de politiques publiques, aux pilotes de réseaux d'innovation, aux praticiens, aux conseils et experts consultants. Il en donne aussi aux chercheurs, aux enseignants et aux étudiants, soucieux de mieux appréhender les contours des nouvelles formes de modèles d'innovation basées sur la mise en réseaux d'acteurs au sein d'écosystèmes innovants.

Professeur Mary Teuw NIANE

Ministre de l'Enseignement supérieur, de la Recherche et de l'Innovation du Sénégal, depuis 2012

PRÉFACE 2/3

La thématique des « clusters », autrement dit la mise en réseau des acteurs de manière structurée, prend de plus en plus d'importance dans les débats sur le développement économique des nations. Dans le monde entier, les gouvernants s'accordent sur le fait qu'ils constituent un moteur central pour la stimulation de l'innovation et l'extension des potentiels de développement des entreprises. Il est aujourd'hui globalement admis que les initiatives visant à mettre en place des clusters sont les mesures politiques les plus opérantes pour développer et exploiter les ressources et compétences d'un territoire-cible doté de fortes potentialités de croissance.

Dans son ouvrage, Cheikh Abdou Lahad THIAW cite le cas de la Silicon Valley en Californie en tant qu'archétype mondial, du cluster de Bangalore en Inde ou encore de plus récents clusters africains qui fondent leur principe sur les aspects communautaires. C'est dans ce contexte global que cet ouvrage, fruit d'une réflexion approfondie de l'auteur, promeut l'innovation localisée pour apporter une contribution significative au développement économique du Sénégal. C'est un livre pertinent qui donne des pistes solides pour renforcer les capacités d'innovation du pays, y développer l'innovation et structurer efficacement les acteurs (universités, centres de recherche, entreprises, services de l'état) autour des connaissances scientifiques, techniques et économiques.

Alors que j'étais président du Pôle de Compétitivité Solutions Communicantes Sécurisées (SCS), Cluster à rayonnement mondial de plus de 150 acteurs du numérique en région Provence Alpes Côte d'Azur, j'ai eu le plaisir d'être parmi les membres du jury de la thèse de doctorat de Ch. A. L. Thiaw. L'objet de ses recherches était de trouver des voies novatrices pour améliorer les résultats des pôles de compétitivité (« *clusters à la française* ») en termes de génération d'innovations. Dans le cadre de cette thèse, il a réalisé un travail remarquable d'analyse et de propositions pour répondre à cet objectif et améliorer la structuration des acteurs autour des projets d'innovation collaboratifs conduits au sein des pôles de compétitivité.

Cet enseignant-chercheur possède de solides connaissances des écosystèmes d'innovation, il s'est imprégné de l'histoire et de l'énergie de la 1ère technopole d'Europe et a parfaitement compris l'importance d'une dynamique collaborative entre institutions, enseignement supérieur et entreprises pour stimuler l'innovation sur un territoire. Dans ce livre, Ch. A. L. Thiaw invite le lecteur à le suivre dans son analyse des mécanismes de développement durable d'un territoire par l'innovation et la mise en réseau des acteurs, une magnifique opportunité pour faire du Sénégal un acteur économique puissant sur le continent africain.

Laurent LONDEIX

Délégué Régional Provence Côte d'Azur d'Orange (France Télécom), Président du Club des Entreprises de la Technopôle de Sophia Antipolis.

PRÉFACE 3/3

L'innovation est au cœur de la croissance économique des nations et de la compétitivité des entreprises. Elle s'interprète en termes relatifs en fonction de la situation des pays en faisant référence à des technologies et pratiques nouvelles, et implique une diffusion dans l'économie nationale, de produits, de services et de procédés novateurs. Aujourd'hui, avec la complexité persistante de l'environnement économique mondial et l'ampleur des mutations organisationnelles conditionnant le succès des entreprises, les organisations sont obligées d'aller au-delà de leurs frontières traditionnelles, notamment auprès des organismes de formation et de recherche universitaire, afin de parfaire leurs savoir-faire et compléter leur base de connaissance. Elles cherchent ainsi de nouvelles façons d'innover pour pérenniser leurs activités par la stimulation de leur compétitivité. Dès lors, le développement des économies d'aujourd'hui est davantage basé sur des logiques de réseaux, voire de réseaux d'innovation, avec l'objectif premier d'impulser un développement économique durable fondé sur la mise en commun d'acteurs socioéconomiques d'origine et de nature disparate, et qui sont liés par des relations de collaborations interorganisationnelles (*universités et autres organismes de formation, structures de recherche, entreprises et services d'État*).

Dans ce cadre, le rôle des universités dans la dynamique de l'innovation est central. Par un cadrage de ses actions en faveur de l'économie et de la société, l'université est à la fois pourvoyeuse de mains d'œuvre, artisan de l'avancée des sciences et acteur capital de la satisfaction des besoins socioéconomiques.

Pour les économies en développement comme le Sénégal, la mise sur l'innovation localisée est un moyen essentiel pour émerger et s'accorder une place qui compte sur l'échiquier international. En effet, une politique industrielle volontariste, couplée à des engagements stratégiques de la part des acteurs socioéconomiques au profit de l'innovation, est décisive pour le changement des conditions économiques des pays. C'est pourquoi, cette proposition de Cheikh Abdou Lahad THIAW, de promouvoir les innovations localisées au Sénégal, à travers la coévolution entre acteurs scientifiques et ceux du monde industriel, organisés au sein de clusters, est très pertinente et présente un intérêt particulier pour le développement des emplois locaux.

Ma connaissance avec Cheikh A. L. Thiaw remonte au tout début de la phase de préparation des cadres de référence des structures de formation et de recherche de l'Université Amadou Mahtar Mbow (UAM) dont j'ai l'honneur de coordonner le projet. Animé d'un patriotisme affirmé, Ch. A. L. Thiaw a bien voulu répondre à notre appel lancé aux Sénégalais de la diaspora, de venir contribuer à la mise en place de l'UAM pour en faire une université novatrice qui s'aligne sur les standards internationaux en alliant à la fois *excellence* dans la formation scientifique et professionnelle et *innovation* dans la gestion administrative, pédagogique et dans la recherche. Outre sa participation dans l'établissement des fondations de plusieurs de nos structures, il a particulièrement contribué à la mise en place de nos deux centres dédiés spécifiquement à la valorisation de la recherche scientifique : le CEVARD et le CIVA[1].

Ainsi, il a contribué à l'instauration au sein de l'UAM, d'un cadre de recherche favorable aux innovations, à la valorisation et aux transferts de technologies. Ensemble, nous avons développé dans cette université, une certaine conception de l'enseignement supérieur et de la recherche au Sénégal qui a pour but de faire figure de pionnière dans l'établissement d'un écosystème dynamique de formation, de recherche et d'innovation qui lie à la fois des ambitions internationales et un ancrage territorial. En effet, l'innovation localisée promue par Ch. A. L. Thiaw nous incite, en tant qu'universitaires, à jouer un rôle de premier ordre dans l'animation et la dynamique de l'écosystème d'innovation de notre territoire d'implantation.

De manière concordante, l'auteur propose dans son livre, de faire cohabiter dans un milieu propice et stable délimité spatialement, des universités et autres écoles de formation, des organismes de recherche, des entreprises et des collectivités. Par la création de clusters faisant figure d'écosystèmes d'innovation, le modèle proposé par l'auteur s'apparente à un système de coévolution entre la science, les technologies et l'innovation (ST–I). Outre le rapprochement avec les industriels, il s'agit pour l'UAM comme ce fut le cas pour l'université de Stanford dans l'éclosion du cluster de la *Silicon Valley* en Californie de mettre en avant notre proximité géographique pour dynamiser la future ville numérique de Diamniadio ainsi que son Parc des Technologies

[1] Centre de Valorisation et de Recherche Développement (CEVARD) et Centre d'Innovation et de Valorisation Agricole (CIVA)

Numériques (PTN), en élisant des approches permettant l'émergence de start-up et le développement de l'entrepreneuriat universitaire.

De même, ce livre dit tout simplement ce qu'il faut promouvoir, à savoir, une culture de l'excellence dans l'enseignement et de la valorisation de la recherche qui stimule l'innovation et inspire les individus par l'imagination, la compréhension et l'expression de ce qui importe d'être développés soi-même pour procurer à une nation un moteur interne, un moteur endogène d'innovation. Il s'agit de dynamiser une certaine culture en donnant à nos étudiants l'envie d'entreprendre d'innover et de contribuer au développement de la société, et en facilitant à nos chercheurs le passage à l'acte dans les transferts de compétences et de technologies.

Enfin, par son ouvrage, Ch. A. L. Thiaw confère à l'État sénégalais, avec le concours des collectivités territoriales et des universités, le rôle d'assurer l'existence de cet environnement favorable à l'innovation et à la cohabitation fructueuse des acteurs socioéconomiques.

Professeur Omar GUEYE

Recteur/Coordonnateur de l'Université Amadou Mahtar Mbow (UAM) de Diamniadio (Dakar, Sénégal)

AVANT–PROPOS

Cet ouvrage promeut l'impulsion d'un concept d'innovation localisée pour stimuler le développement économique du Sénégal. Il offre au lecteur une analyse des principales perspectives liées à l'innovation promue pour le développement économique d'un territoire. Chaque concept-clé mobilisé y est traité selon ses aspects théoriques (état de la littérature) et ses inclinations opérationnelles (analyse benchmarking). Ainsi, il représente un intérêt particulier et une source de perspectives novatrices pour les initiateurs de politiques publiques et les acteurs institutionnels pilotes d'écosystèmes innovants. Il s'agit aussi, auprès des acteurs académiques (chercheurs, enseignants et étudiants) et des praticiens (experts consultants et conseils, entrepreneurs et ingénieurs d'entreprises) curieux de mieux cerner cette forme de travail en réseau, un moyen d'éclaircissement certain.

Dans un environnement mondial de plus en plus risqué et incertain, l'innovation est considérée comme une source de développement et de compétitivité intarissable, de loin la plus dynamique pour les entreprises. De même, elle apparaît aux yeux des pouvoirs publics, comme rempart aux multiples difficultés socioéconomiques héritées de la mondialisation et des mutations cycliques du cadre économique global : forte concurrence internationale, nomadisme industriel, changement des habitudes de consommation, compression des cycles de vie des technologies, transitions sociotechniques, problématiques environnementales et écologiques, etc. Il s'agit là de suites déductives de l'historique des progrès techniques et de l'évolution des sociétés, requérant pour leur redressement, l'apport de réponses adéquates de la part des analystes et experts en stratégies de développement économique. Dans ce contexte, en tant que source de capacités intarissables, le triptyque Sciences, Technologies et Innovation (ST–I) renferme l'absolue solution pour répliquer. Notre intérêt pour la situation du Sénégal, s'exprime dans cette question : comment et quelle forme d'organisation adopter pour tirer pleinement profit des avantages procurés par les connaissances scientifiques, techniques et technologiques, dans un pays où l'économie est certes sur la voie de l'émergence, mais en même temps caractérisé par une faiblesse financière chronique et gangrenée par une aggravation des inégalités et de la pauvreté.

Cet ouvrage contribue à ce débat en s'attelant d'emblée, à considérer la nécessité de créer un état de prédisposition à un potentiel scientifique et technologique riche et actualisé, qui soit encadré par un système d'innovation volontairement esquissé par l'État. En effet, un Système National d'Innovation efficace est nécessaire pour l'atteinte de deux points de performance interreliés : l'expansion du marché domestique (*par l'optimisation de pratiques de production novatrices et la conception de produits/services répondant spécifiquement aux besoins socioéconomiques locaux*) et la stimulation de la compétitivité à l'échelle internationale (*par la génération de technologies situées au diapason des meilleures pratiques des marchés mondiaux, et qui apportent à la fois une compétitivité et une visibilité sur l'échiquier international*).

Adoptant une posture analytique considérant la corrélation entre le rôle des politiques économiques d'innovation et le développement territorial, j'ai voulu présenter au lecteur une analyse des problématiques qui préoccupent actuellement décideurs publics, chercheurs et acteurs industriels. En effet, dans une économie mondiale dominée par les savoirs, l'immatériel et les TIC, les stratégies d'innovation contemporaines et les processus qui en découlent imposent comme principales ressources et axes nerveux, les variables « connaissance » et « information scientifique et technique ». Parallèlement, l'ancrage de l'économie numérique comme facteur dynamisant des économies s'est accentué ces dernières décennies pour constituer aujourd'hui un puissant levier du développement socioéconomique des pays et des territoires.

Dès lors, qu'en est-il des politiques de développement habituellement adoptées au Sénégal — notamment la dernière en la matière, le Plan Sénégal Émergeant — à propos de l'innovation et au sujet des mécanismes d'accumulation de savoirs scientifiques et industriels ? Pourquoi les entreprises ont-elles désormais fortement intérêt à aller au-delà de leurs frontières traditionnelles pour compléter leur base de connaissance, en s'associant à d'autres organisations ? Comment expliquer la forte augmentation des phénomènes de localisation de l'innovation et le déploiement toujours persistant dans les nations à succès (pays avancés, émergents et en développement) des concepts de réseaux d'innovation, notamment ceux à connotation territoriale (clusters, pôles de compétitivité, écosystèmes d'affaires, parcs technologiques, innovation localisée, innovation collaborative, etc.) ? Comment évaluer la performance de ces systèmes ? Pourquoi est-il impérieux d'en doter l'économie sénégalaise et quels en sont les écueils ? Quels doivent être le rôle et l'implication de l'action gouvernementale ?

Dans cet ouvrage, j'ai souhaité présenter auprès du lecteur, les principaux mécanismes intellectuels, conceptualisés par mes expériences (de terrain et de chercheur) et qui soutiennent l'intégration de la variable innovation dans les dispositifs de politique de développement économique. Le livre s'affiche pour provoquer la promotion de l'innovation localisée au Sénégal afin d'impulser un développement durable et inclusif de son économie. Basé sur la coévolution du triptyque ST–I, ce concept s'opérationnalise en faveur de la création de clusters délimités sectoriellement et territorialement sur des zones-cibles dotées de fortes potentialités de croissance.

Ce livre se nourrit de mes expériences et de travaux réalisés à titre personnel.

L'objectif qui m'anime dans cet ouvrage est d'essayer d'apporter une modeste contribution au développement de mon pays, le Sénégal, en invoquant un domaine d'expertise qui est le mien et dans lequel j'exerce depuis plusieurs années maintenant : l'innovation. D'abord dans le cadre de mes travaux de recherche doctorale qui portaient sur la thématique de l'innovation territorialisée, avec comme principal objectif de trouver de nouvelles pistes d'amélioration des résultats des clusters français dénommés « pôles de compétitivité ». Ensuite en tant qu'enseignant-chercheur et puis expert consultant auprès d'organismes internationaux en politiques d'innovation, économie numérique, transferts de technologies et valorisation de la recherche. Il y a lieu de relever que cet ensemble d'expertise m'a été très utile dans mon approche analytique de la situation du Sénégal et dans l'évaluation de ses politiques publiques. Cela m'a permis d'émettre une série de recommandations prospectives et stratégiques utiles pour l'amélioration de l'efficacité et de l'efficience de l'action publique et des conditions d'émergence économique du pays.

Je tiens à remercier particulièrement le professeur Dimitri Uzunidi, économiste et Professeur à l'Université du Littoral de Lille, pour ses remarques et suggestions fort utiles pour la structuration de ce présent ouvrage. J'associe également à mes remerciements le professeur Amadou Thierno Gaye, Directeur général de la Recherche et de l'Innovation du Sénégal.

Dr Cheikh Abdou Lahad THIAW

Enseignant-Chercheur et Consultant,
Expert en politiques d'Innovation, Économie Numérique, Valorisation de la recherche, Transferts de technologie, Développement territorial

INTRODUCTION GÉNÉRALE

Depuis au moins la fin du siècle dernier, le cadre d'évolution de l'économie mondiale contemporaine a fini d'imposer de nouvelles donnes et des exigences de compétitivité plus complexifiées par la mondialisation et ses effets. Dès lors, l'orientation des politiques de développement s'est vue impactée de manière notable, aussi bien du point de vue de ses aspects théoriques que dans ses inclinations opérationnelles. De ce point de vue, le Sénégal, comme tous les pays aspirant au progrès et au développement, ne demeure pas en reste et tente, à travers des initiatives politiques, d'étendre ses richesses et d'impulser pour son économie, une croissance économique durable et inclusive. C'est ce qui ressort aujourd'hui, au moins de façons déclaratives, de la volonté des pouvoirs publics et des dispositifs d'orientation du programme de développement actuellement en vigueur dans le pays, connu sous l'appellation du Plan Sénégal Émergent (PSE, 2014).

De nos jours, l'innovation joue un rôle prépondérant dans l'avancée des nations. Elle délimite leur degré d'avancement économique et permet, à travers l'élévation de multiples leviers stratégiques, de rehausser leur niveau de développement. L'amas de ces leviers a notamment trait à la performance des entreprises domestiques, à la création d'emplois locaux, à la compétitivité du pays à l'échelle internationale, à la qualité de vie des populations, etc. C'est pourquoi, « *la capacité d'innovation se situe à l'orée des normes de référence usitées pour évaluer le niveau de développement des économies, au même titre que la compétitivité industrielle et le niveau de performance économique...* » (Thiaw, 2017)

Dans cette perspective, les initiatives politiques qui sont élises dans les pays qui réussissent (ceux qualifiés d'avancés et d'émergents, et ceux en quête effrénée de progrès) pour impulser un développement économique pérenne sont axées sur la promotion de cette variable qu'est l'innovation. Cette dernière fait l'objet de ciblages perpétuels visant à stimuler son expansion par le biais de mesures publiques circonscrites spécifiquement, afin de mettre sous tension ses différentes inclinations dans l'économie du pays, à savoir l'éducation, la recherche, l'industrie et la finance (entre autres). Pour ce faire, ces mesures sont généralement formalisées à travers la mise en place d'un système national d'innovation (SNI).

Par ce système, ces États visent à apporter des réponses à leurs besoins socioéconomiques et à renforcer leur compétitivité vis-à-vis de l'extérieur. En effet, l'innovation se présente comme un pilier modal stratégique qui permet de « *tirer grandement profit des nouvelles donnes de l'économie mondiale contemporaine* », c'est-à-dire l'instauration d'une économie désormais fondée sur les connaissances et l'immatériel, l'établissement de l'économie numérique et des TIC, les effets néfastes de la mondialisation, la compression des cycles de vie des technologies, l'amplification des problématiques environnementales, etc. (*ibid.*).

Dans une perspective gouvernementale, l'innovation s'interprète en termes relatifs en fonction de la situation du pays. Elle fait référence à des technologies et pratiques nouvelles et implique, de manière parallèle, une diffusion dans l'économie nationale de produits, services et procédés novateurs. Dès lors, elle ne se limite pas aux seules activités de recherche (sinon on en resterait à la phase d'invention) ou de marketing (sinon on serait aussi limité en matière de compétences scientifiques et technologiques). Au contraire, l'innovation englobe un ensemble d'activités qui constituent un processus (le processus d'innovation) et qui lui permettent de puiser dans les résultats de la recherche pour répondre aux besoins de développement, de transformation de l'existant et d'anticipation du futur.

Ainsi dite, l'action publique doit s'inscrire dans une vision stratégique qui détermine l'instauration, sur la sphère économique nationale, d'une « atmosphère » propice à l'innovation. Il s'agit de construire un environnement d'ensemble dans lequel les acteurs économiques seront enclins à la prise de risque, à la créativité et à l'expérimentation. Pour l'action gouvernementale, cela nécessite de toucher aux conditions-cadres du pays (au sens de l'OCDE), c'est-à-dire aux dispositifs économiques et institutionnels dans laquelle il évolue (Aubert, 2017). De toute évidence, c'est l'ensemble des champs d'intervention de l'État qui doit être mis au service de cet objectif. Dans le cas des pays en développement, cela requiert l'adoption de processus de changements structurels qui remettent en cause l'existant institutionnel et réglementaire, afin d'opter pour des configurations organisationnelles mieux adaptées à l'esprit d'innovation. Le but des processus de transformations structurelles est donc de lever les facteurs de blocage et de supprimer toute source d'inertie ou de résistance aux transmutations nécessaires.

Pour synthétiser au mieux l'ensemble des phases nécessaires pour l'encrage d'une politique d'innovation dans un pays en voie de développement (PVD), la métaphore du jardinier, empruntée des organismes internationaux comme la Banque Mondiale (BM), permet de dire l'essentiel (World Bank, 2010 ; Sweeney, 1985[2]). Globalement, les changements à opérer pour mettre en place un SNI s'apparentent aux travaux de transformation accomplis par le jardiner qui s'efforce de faire pousser des plantes. Ils sont résumés en trois phases : la préparation du terrain (1), le déblaiement des mauvaises herbes et des parasites (2) et l'arrosage des plantes (3). Transposée au système d'innovation, la première phase s'accorde avec le développement des connaissances, des capacités technologiques et d'innovation qu'il faut provoquer auprès des acteurs socioéconomiques et des populations. La deuxième phase fait référence aux soutiens nécessaires pour promouvoir l'innovation et faciliter les démarches entrepreneuriales par la levée des obstacles liés (écueils financiers, contraintes bureaucratiques, défaut de compétences technologiques, etc.) La phase ultime consiste à orienter l'innovation par la mise en place de programmes « fléchés » spécialement pour la satisfaction des besoins socioéconomiques et les intérêts du pays.

Notre intérêt pour le cas du Sénégal nous amène à porter un regard ayant une dimension critique, que nous voulons constructive, afin de rendre compte de sa situation réelle vis-à-vis de l'innovation. À cette fin, nous avons mené une étude chronologique des dispositifs politico-économiques jusque-là priorisés par l'action publique pour impulser l'émergence économique du pays.

De prime abord, nous constatons que, malgré l'état de fait généralisé relaté ci-après à propos de la portée de l'innovation dans les économies à succès, les trajectoires empruntées par les différentes politiques de développement émises successivement par l'État sénégalais semblent, d'une part, obsolètes et mal orientées ; et d'autre part, qu'elles masquent sensiblement la variable d'innovation, considérée pourtant depuis des décennies de la part des spécialistes, comme le moteur central d'accumulation de richesses des économies modernes.

---

[2] Voir notamment le Chapitre II "*Definition of Innovation Policy*" qui esquissait déjà dès le début des années 1980 et sous l'égide d'un groupe d'experts en charge des politiques d'innovation de divers pays européens, trois étapes des politiques d'innovation analogues aux trois volets que nous mettons en exergue de part cette métaphore.

En effet, ni les différentes mesures issues des *Documents de Stratégie de Réduction de la Pauvreté* (DSRP) ni la *Stratégie de Croissance Accélérée* (SCA) n'ont eu pour priorités absolues de considérer l'innovation comme axe prioritaire et élément clé du développement économique du Sénégal. De même, l'on dénote au vu des effets néfastes produits par les politiques conduites antérieurement, notamment dans la phase des programmes d'ajustement structurel des années 1970 et 1980, une absence de poursuite de visions à long terme de l'économie sénégalaise. En conséquence, ces politiques n'ont pas permis de développer les capacités scientifiques et technologiques propices à l'expansion de l'innovation.

Aujourd'hui, avec le Plan Sénégal Émergent (PSE), programme de développement stratégique en vigueur et couvrant la période 2015-2035, des bribes de cette variable sont amorcées et orientées suivant différentes perspectives. Cependant, force est de constater qu'il ne s'agit que d'une présentation théorique sommaire qui ne s'appuie sur aucun plan de concrétisation lisible sur la sphère économique. Pire encore, une recherche lexicale du document officiel du PSE montre que le mot « innovation » n'apparaît qu'à quatre reprises tout le long des 183 pages et que le terme « innover » n'y est employé qu'une seule fois. De ce fait, compte tenu des exigences économiques mondiales vis-à-vis des enjeux de l'innovation, il nous est logiquement permis de nous questionner sur cette orientation minimaliste du PSE vers l'innovation. De plus, que présage cette absence manifeste des aspects liés à l'innovation, au moment où tous les pays développés, et ceux en quête effrénée de développement se ruent vers cette force dynamique considérée comme transformatrice des économies, et qui, par le biais de la R&D, octroie constamment de nouveaux produits et procédés afin de faire face aux besoins socioéconomiques de leurs populations, renforcer la compétitivité de leurs entreprises et insuffler une croissance forte et pérenne à leur économie ?

De même, allant plus en profondeur de notre constat, nous pouvons même affirmer que l'innovation, notamment selon ses propensions technologiques, ne semble pas occuper une place majeure auprès des acteurs économiques sénégalais et ne se situe pas non plus dans les préoccupations centrales des chercheurs académiques sénégalais.

C'est fort de ce constat que nous avons estimé nécessaire de mener cette recherche avec comme point de départ deux alertes successives : le manque de jonction apparent entre les acteurs économiques publics sénégalais et ceux du monde privé, et surtout la faiblesse chronique de l'innovation dans l'industrie et l'économie sénégalaise, pourtant facteur clé de la pérennité des entreprises, de leur compétitivité et de la croissance du pays. Aussi, une question récurrente se pose : eu égard aux enjeux économiques, technologiques et sociopolitiques contemporains, comment les entreprises sénégalaises pourraient-elles survivre et croître ? Dans un premier temps, l'objet de cette recherche sera donc d'analyser les réponses apportées par les différents gouvernements qui se sont succédé à la tête du pays depuis des décennies. Dans un second temps, il s'agira d'émettre des recommandations cohérentes.

De fait, il apparaît, au vu des politiques publiques usuellement développées, des résultats économiques enregistrés et des pratiques des acteurs domestiques, que l'innovation au Sénégal se trouve dans une phase d'avancement très faible, voire insignifiante, comparativement à ce qui se fait ailleurs, notamment dans les pays développés et ceux qualifiés d'émergents. Certes, les capacités d'innovation censées permettre à un pays d'améliorer ses performances économiques et celles de ses acteurs (entreprises, institutions, individus) dépendent de la solidité et de la pertinence de son SNI. Or il est inexistant au Sénégal, alors que c'est la voie principale que *« les pays en développement pourraient suivre pour renforcer leurs économies face aux exigences de la mondialisation »* (Casadella, Liu & Uzunidis, 2015). C'est pourquoi nous avons émis le souhait, à travers cet ouvrage, de contribuer à la structuration d'un système d'innovation au Sénégal, par la proposition d'une stratégie de recherche et d'innovation selon le concept d'innovation localisée. Concrètement, cela consiste d'abord à mettre en place les mécanismes de création d'un environnement socioéconomique favorable à la formation de relations de collaborations interorganisationnelles entre des acteurs situés dans une zone géographique donnée ; et ensuite à dynamiser le réseau ainsi formé pour générer des innovations propices à la création d'emplois, et au renforcement de la compétitivité territoriale. Bien entendu, dans ce système, la prise en compte du développement durable et des enjeux sociétaux disparates permet aussi, par le couplage entre innovation et progrès, d'établir des visions à long terme dans les mécanismes et politiques de développement de l'économie du pays.

Ce livre est divisé en deux parties. La première porte sur le rôle clé de l'innovation dans le développement économique pérenne d'un territoire. Elle nous permet, à travers une étude de la littérature et l'adoption d'une approche d'analyse des meilleures pratiques (*benchmarking*), d'apporter une clarification conceptuelle de la notion d'innovation localisée : analyse des modèles théoriques et opérationnels usités en la matière. Elle traite également de la notion de développement territorial d'un point de vue littéraire, puis aborde la question de l'innovation sous l'angle des pays émergents.

La seconde partie expose notre contribution qui revendique la promotion de la territorialisation de l'innovation en tant que levier décisif et inéluctable pour permettre au Sénégal d'atteindre le statut d'économie émergente.

Auparavant, et pour rendre notre analyse plus pertinente, nous analysons d'abord dans cette partie les carences et les opportunités de l'innovation au Sénégal à travers l'étude de son environnement socioéconomique et l'orientation des politiques publiques d'un point de vue chronologique. Ce cadre étant bien défini, nous élaborons par la suite nos recommandations sous forme de proposition de modèles d'impulsion de l'innovation localisée, par la création de processus de coévolution entre la science, les technologies et l'innovation (ST–I).

De manière synthétique, notre ouvrage porte sur l'innovation localisée en tant que levier stratégique pour stimuler l'émergence économique du Sénégal à travers une mise à niveau de ses bases de développement. Il met l'accent sur la nécessité d'organiser l'innovation dans le pays autour de clusters territoriaux et d'inciter à une collaboration étroite entre les acteurs économiques (entreprises publiques et privées) et ceux du domaine de la Recherche et de l'Enseignement supérieur (universités et autres organismes de formation, laboratoires de recherche et centres de recherche appliquée). En effet, nos résultats de recherche nous conduisent à revendiquer l'impératif besoin de construire et d'organiser un modèle d'innovation localisée au Sénégal. Dès lors, nous traitons dans ce livre de la nécessité d'un rééquilibrage des méthodes d'impulsion et de pérennisation de la croissance économique du pays.

Le premier chapitre de l'ouvrage porte sur les « paradigmes et modèles théoriques de l'innovation localisée ». Il apporte une clarification du concept d'innovation localisée par le biais de clusters et autres formes de réseaux d'innovation apparentés, puis aborde la notion de territoire en mettant l'accent sur les enjeux d'un développement à l'échelle infra-territoriale. La dernière section de ce chapitre revient sur l'émergence d'une nouvelle forme *d'innovativité* dans des pays qui, *jadis*, n'avaient pas pour coutume de jouer les premiers rôles dans l'avancée de la *géoéconomie* de l'innovation, mais qui, avec l'avènement de *l'innovation frugale*, provoquent une reconfiguration des processus d'innovation.

Le deuxième chapitre s'intitule « approche opérationnelle de l'innovation localisée : *éléments de benchmarking* ». Il permet, par l'apport d'éléments de *benchmarking*, de traiter la question de l'opérationnalisation du concept d'innovation localisée, d'abord dans des pays avancés, puis au sein d'économies qualifiées d'émergentes et enfin dans des pays en phase de développement retardé. Dans ce cadre, l'exemple du cluster de la Silicon Valley représente la meilleure illustration, car il est reconnu aujourd'hui comme un modèle qui a permis l'éclosion, puis l'expansion de PME devenues de nos jours des multinationales de renom. Nous avons également souhaité associer à notre analyse, la citation du cas des pôles de compétitivité français qui diffèrent relativement du modèle américain, notamment dans leur phase d'éclosion. Enfin, nous avons également considéré utile de creuser notre analyse en pointant notre curseur sur des clusters locaux basés dans des zones économiques plus ou moins semblables à celle du Sénégal : clusters de Bangalore en Inde, clusters du Ghana et du Kenya en Afrique.

Le troisième chapitre porte sur les « Carences et opportunités de l'innovation au Sénégal ». Il procure une analyse de l'état de l'innovation au Sénégal, en revenant sur les difficultés rencontrées par les acteurs socioéconomiques et sur les potentialités de développement admises. Il s'attèle également à évaluer la place de l'innovation dans les politiques publiques antérieures par le biais des dispositifs du programme de développement actuel, le Plan Sénégal Émergent (PSE). Globalement, il en résulte de multiples contraintes macroéconomiques et au niveau de la compétitivité, une absence de SNI et des capacités d'innovation insuffisantes.

Le chapitre quatre, ultime partition de notre ouvrage, s'intitule ainsi : « De la nécessité d'un développement de clusters pour impulser un modèle d'innovation localisée au Sénégal ». Il dresse les raisons de la nécessité de développer des clusters au Sénégal ainsi que les modalités d'application et de mise en œuvre de cette politique par les pouvoirs publics. À ce propos, nous recommandons la mise en place d'un véritable SNI et considérons les clusters comme des supports d'opérationnalisation du concept d'innovation localisée. Cet ensemble de mesures constitue le moyen le plus indispensable permettant d'affermir et la compétitivité du pays et la performance de ses acteurs (entreprises, institutions, individus). Ainsi, c'est une nouvelle articulation de l'environnement économique que nous proposons pour mettre à niveau l'économie du Sénégal par la consolidation de ses capacités d'innovation et le renforcement de son processus d'émergence économique. Cette démarche novatrice implique l'impulsion du concept d'innovation localisée par la création d'une atmosphère socioéconomique favorable à une coévolution efficace entre la science, les technologies et l'innovation (ST–I). Cependant, au vu de la teneur des écueils constatés et qui nuisent aux capacités d'innovation du pays et de ses acteurs, il y a d'emblée, une nécessité de la part de l'action gouvernementale, à renouveler ses modalités d'intervention, notamment en touchant aux conditions-cadres du pays et en multipliant les champs d'action permettant de contribuer à la création d'un environnement propice. Cette action gouvernementale doit s'inscrire dans une logique d'autoévaluation et de renouvellement perpétuel, afin de demeurer toujours en phase avec les réalités du pays et les conditions de développement de l'innovation localisée.

ARCHITECTURE SCHÉMATIQUE DE L'OUVRAGE

Innovation localisée pour le développement économique du Sénégal

PREMIERE PARTIE

Innovation localisée et développement économique

[Comment profiter des opportunités procurées par l'innovation pour développer un territoire ? Quels sont les modèles théoriques du concept d'innovation localisée ? Comment sont-ils transposés sur la sphère économique ? Qu'en est-il dans les économies émergentes et ceux en développement ?]

Chapitre 1

Chapitre 2

DEUXIEME PARTIE

Promouvoir les innovations localisées pour l'émergence économique du Sénégal

[Quel est l'état de l'innovation au Sénégal ? Quelles sont ses difficultés et ses potentialités de développement ? Pourquoi est-il nécessaire de développer des clusters au Sénégal ? Quel modèle est compatible au contexte sénégalais ? Quels sont les écueils et comment faudrait-il y remédier ?]

Chapitre 3

Chapitre 4

PREMIÈRE PARTIE : INNOVATION LOCALISÉE ET DÉVELOPPEMENT ÉCONOMIQUE

Chapitre 1

Paradigmes et modèles théoriques de l'innovation localisée

[Clarification théorique du concept d'innovation localisée par le biais de clusters et autres formes de réseaux, analyse de leur développement et leur historique d'évolution ; étude de la notion de territoire ainsi que son couplage avec le développement territorial ; réflexion sur la question de l'innovation dans les pays émergents et ceux en voie de développement]

Chapitre 2

Approche opérationnelle de l'innovation localisée : éléments de benchmarking

[Modèles à transposer dans l'économie sénégalaise : Apports d'éléments de benchmarking des meilleures pratiques mondiales issues à la fois de pays développés et d'autres en phase de développement ou sur la voie de l'émergence ; réflexions sur les mécanismes de contextualisation de ces modèles aux spécificités sénégalaises]

INTRODUCTION

À l'ère de la modernité, de la globalisation des marchés et des nouvelles donnes de l'économie mondiale qui imposent l'immatériel, l'économie des connaissances, le numérique et la quête effrénée de l'innovation, il apparaît aujourd'hui comme un besoin forcé de rééquilibrer les méthodes d'impulsion et de pérennisation de la croissance économique du Sénégal, et de stimuler les performances et la compétitivité de ses entreprises. De même, la pauvreté étant toujours de mise dans le quotidien de la société sénégalaise, de nouvelles trajectoires de développement méritent fortement d'être explorées et initiées pour qu'un avenir meilleur puisse être espéré dans le pays. Pour cela, la promotion de l'innovation représente le moyen fondamental pour dynamiser l'économie et répondre aux besoins quotidiens de la population sénégalaise, aussi bien basiques que stratégiques.

Aujourd'hui, un ensemble d'états de fait généralisé façonne le lot de cette économie mondiale évolutive, changeante et nécessitant des actions ancrées sur l'immatériel et l'économie de la connaissance. Leur prise en considération nous conduit à élaborer des pistes d'actions concrètes et pertinentes. En tant que leviers d'émergence stratégiques, ces pistes contribuent à répondre aux besoins d'élévation de l'économie du Sénégal selon la « sculpture » domestique qui lui est propre et suivant les modèles standards en vigueur dans les économies contemporaines et approuvés par les spécialistes du domaine. Il s'agit de proposer la mise en place d'une stratégie de développement économique basée sur la promotion de clusters localisés pour impulser des dispositifs d'innovation collaborative. L'objectif principal est d'induire l'instauration d'un système de coévolution entre la science, les technologies et l'innovation.

Aujourd'hui, il ne fait aucun doute que l'innovation représente l'axe « nerveux » à agrémenter pour assurer au Sénégal une économie en pérenne croissance et des entreprises fortes et compétitives à l'échelle internationale. Elle est à la fois une cause et une conséquence des transformations sociales et permet d'atteindre des formes de progrès tout en améliorant les conditions de vie des sociétés. En effet, elle constitue une ressource renouvelable qui joue un rôle primordial dans les performances économiques des nations et des entreprises. De même, elle représenterait un facteur déterminant de compétitivité et d'attractivité des territoires. Enfin, elle attire les investisseurs et contribue à l'instauration d'une économie dynamique, créatrice d'emplois et stimulant les exportations.

Toutefois, l'innovation est aujourd'hui davantage conçue à partir de projets, d'idées nouvelles et de découvertes résultant d'actions interactives conduites dans des écosystèmes créatifs agrémentés sous forme de réseaux (art, culture, débats, goût du risque et de l'originalité, entrepreneuriat, communautés de pratique, éducation, etc.). La question des innovations en réseau, de leur gouvernance et de leur performance se pose aujourd'hui avec une forte acuité en Afrique, notamment au Sénégal, pays engagé dans un plan d'émergence économique à long terme destiné à réindustrialiser et revitaliser des filières entières de l'économie, de l'agro-industrie aux énergies renouvelables en passant par le numérique. Plus que les transferts de compétences ou de technologies, c'est la co-innovation mobilisant les compétences locales qui est priorisée. L'innovation en réseau de produit, de *process* et de pratiques managériales est au cœur du développement des pays les plus avancés (Rapport *Forum Économique Mondial, 2016*).

Toutefois, l'innovation a besoin de moyens, de combinaisons de ressources et de compétences, et d'un « terreau » favorable pour éclore et se développer. Cet ensemble d'éléments nécessaires au développement des innovations ne peut être détenu par un organisme agissant isolément. C'est pourquoi aujourd'hui, les innovations sont principalement développées au sein d'écosystèmes qu'elles contribuent elles-mêmes à construire et à faire évoluer. Depuis le début des années 1980, on a vu se développer de part et d'autre de la planète, des réseaux d'innovation dans lesquels interagissent des organisations pour innover ensemble afin de contourner les aléas et difficultés consécutifs aux mutations de l'environnement socioéconomique mondial (effets de la mondialisation, économie dominée par les connaissances, changement d'habitude des consommateurs, etc.). Pour évoquer cette forme de travail en réseaux, les chercheurs et praticiens évoquent les notions de districts industriels, de clusters, de systèmes de production localisés, de systèmes locaux d'innovation, de technopôles, de pôles de compétitivité et d'autres types d'appellations selon que le réseau se concentre sur une firme pivot, la mise en relation de connaissances ou la valorisation de chaînes de valeur.

Au demeurant, si l'innovation ne peut être aujourd'hui conçue que principalement au sein de réseaux, il n'existe pas de modèle universel. Néanmoins, les auteurs s'accordent pour reconnaitre que ce qui permet de créer un avantage compétitif durable, c'est l'existence ou la mise à niveau de compétences rares et une attractivité territoriale relative à la qualité de vie et des activités sur place. En effet, il s'agit de la fameuse « atmosphère » qu'évoquait Alfred Marshall (1890) et qui fait référence à la sécurité des biens et des personnes, à la richesse et la vie en communauté, à la qualité des services publics. Tous ces facteurs sont propices à une promotion réussie de *l'innovativité*, de l'innovation et de l'entrepreneuriat.

Par ailleurs, en marge de ces modèles de développement de l'innovation aux succès retentissants dans beaucoup de pays avancés, subsistent en parallèle des cas aux résultats moins reluisants. De même, on dénote depuis plus de deux décennies une montée en puissance de nouveaux pays qui, quelques décennies auparavant, étaient à un stade de développement faible ou « retardé »[3]. Ces derniers ont su tirer avantage des niches de potentialités de développement et de croissance qu'ils recèlent en leurs seins et qui jusqu'à un passé récent, étaient peu ou non encore explorées. Aujourd'hui, ils sont devenus dans le domaine de l'innovation, des espaces économiques empreints d'une double dynamique. D'une part, ils attirent de grandes entreprises multinationales mondiales qui viennent y opérer pour stimuler l'innovation et consolider leur développement. D'autre part, les entreprises domestiques qu'ils renferment se remuent sans cesse pour rayonner par des solutions innovantes aux problématiques socioéconomiques nationales.

Cette première partie de l'ouvrage présente une réflexion sur la notion « d'innovation localisée » couplée au « développement territorial ». Elle porte sur les mécanismes permettant d'user des avantages permis par l'innovation afin de stimuler la création d'emplois locaux dans un territoire et d'y asseoir un développement économique pérenne et une compétitivité de ses organisations industrielles. Il s'agit du phénomène de réseaux cité *supra et* plus communément compris sous l'appellation de clusters ou par l'évocation

---

[3] En effet, si beaucoup de pays industrialisés traditionnels ont su maintenir leur niveau de compétitivité à l'international (USA, France, Royaume Uni notamment), d'autres (Espagne, Italie par exemple) se sont vu rattrapés par les nouveaux pays dits émergents (Chine, Inde, Russie, Brésil, Argentine, Corée, Taiwan ou Singapour) qui, considérés comme de nouvelles puissances économiques, ont investi le système international et contraignent à une reconfiguration à la fois des rapports économiques et des relations politiques sur l'échiquier mondial.

d'autres formes de dénominations (districts industriels, milieux innovateurs, systèmes de production localisés, systèmes locaux d'innovation, de technopôles, parcs technologiques, etc.).

Le chapitre premier porte sur l'analyse de ces formes de réseaux à travers une étude de la littérature et l'analyse des modèles théoriques ; et le deuxième chapitre relate, par l'adoption d'une démarche d'analyse de *benchmarking* les modèles opérationnels usités dans l'économie. En d'autres termes, nous nous attelons à apporter une clarification conceptuelle de la notion d'innovation localisée, aussi bien du point de vue théorique que pratique. Pour cela, nous présentons d'abord un état de l'art de la littérature sur le concept de réseaux (chapitre 1), puis analysons ses percepts d'opérationnalisation dans les sphères de l'économie (chapitre 2).

CHAPITRE 1.

PARADIGMES ET MODÈLES THÉORIQUES DE L'INNOVATION LOCALISÉE

Introduction

Dans l'optique de la promotion d'un développement économique national durable, les stratégies entreprises par les décideurs politiques ont de tout temps été nombreuses et protéiformes. De même, elles s'opèrent selon différentes variantes et sont portées par des acteurs disparates. Nonobstant, l'objectif *in fine* poursuivi reste approximativement le même, à savoir atteindre un niveau de développement économique élevé et constant. Il s'agit pour cela, par le maintien et le développement des emplois locaux, d'assurer une stabilité socioéconomique à travers la persistance d'une croissance économique pérenne. Dans cette perspective, beaucoup de pays — qu'ils s'agissent de ceux sur la voie de l'émergence, ou de ceux en phase d'industrialisation déjà avancée — portent davantage la mise sur l'essor des activités technologiques et sur le développement d'une industrie locale forte. Aujourd'hui, les actions en faveur de ce type de politiques s'exécutent de plus en plus avec une dominance grandissante de la variable « innovation » et sa promotion presque inévitable, au sein de réseaux et d'écosystèmes créatifs. En effet, l'innovation occupe une importance capitale et croissante dans les mécanismes de transmutations sociales et de progrès économiques des nations.

Ainsi, depuis près de quarante ans, les pouvoirs publics sont convaincus de l'impératif de valoriser la compétitivité des territoires dans une économie mondialisée, en les dotant d'importants moyens de promotion des innovations menées dans un cadre interorganisationnel. De même, les entreprises ont pris conscience qu'elles sont désormais contraintes par la nécessité d'intégrer en réseau leurs méthodes de travail, de conception, de développement et de production. Dans une économie mondialisée, les entreprises multinationales persistent dans leur adoption de stratégies d'externalisation de leurs R&D vers des localités éloignées de leurs territoires d'origine en adoptant une démarche effrénée de course à l'innovation au niveau mondial (UNCTAD, 2005 ; Sachwald, 2008 ; Thiaw, 2017). De ce fait, un réseau localisé peut aussi bien inclure des entreprises domestiques de toutes tailles que des firmes de statuts multinationaux.

Dans ce chapitre premier, nous étudions les paradigmes conceptuels et les modèles théoriques que sous-tendent ces formes de travail en réseaux localisés. Si les réseaux d'innovation sont généralement créés selon les mêmes objectifs, le concept d'innovation localisée peut être conçu et pratiqué au moyen de différents types de modèles d'exploitation. Nous proposons ici une analyse des différentes formes existantes, leur développement et leur historique d'évolution. En effet, à l'image des districts industriels (Becattini, 1990) et des clusters (Porter, 1998), l'objectif des politiques publiques visant à mettre en place des écosystèmes territorialisés est d'accroître la compétitivité économique en enchâssant sur une base territoriale spécifiée trois acteurs ressources de l'innovation : des entreprises, des centres de recherche publics et privés, et des organismes de formation.

Les concepts de réseaux, de territoire, de développement, de même que d'autres appellations apparentées peuvent faire référence à des significations et définitions diverses. C'est pourquoi nous nous attelons également dans ce chapitre à réaliser un travail de clarification sémantique. De telle sorte, les principaux corpus théoriques mobilisés nous assurent un discernement, du point de vue de la littérature, sur l'évolution des formes d'organisation en réseau, jusqu'à l'émergence des écosystèmes d'affaires (1.1). De même, ils nous permettent d'évoquer la notion de territoire et de son couplage avec le développement territorial, car dans le cadre de l'innovation localisée, les acteurs sont encastrés au sein d'un territoire afin d'impulser un développement basé sur les externalités et les synergies dégagées (1.2).

La dernière section de ce chapitre est consacrée à des réflexions sur la question de l'innovation vue sous l'angle des pays émergents et ceux en développement. Dans ces pays, l'innovation localisée émerge de l'œuvre d'un ensemble d'acteurs disparates qui exercent leurs activités dans un cadre difficile et contraignant. Cette section relate notamment l'avènement d'une nouvelle forme *d'innovativité* développée dans ces pays dits du Sud. Cette nouvelle façon d'innover se démarque des pratiques classiques et les dénature par l'imposition d'une démarche alternative : *l'innovation frugale* (1.3).

1.1. Territorialisation de l'innovation par les réseaux

Les réseaux d'innovation territoriaux (RIT) permettant de mettre en application le concept d'innovation localisée font référence aux réseaux qui sont à la fois dédiés à des portions de territoires (locale, régionale, nationale, etc.) et qui constituent la résultante d'efforts consentis par les pouvoirs publics pour promouvoir l'innovation et la dynamique de développement territorial (Thiaw, 2013). De notre recherche sur leurs fondements théoriques, résulte que cette forme de localisation des activités économiques existe depuis plus d'un siècle, avec en prélude les travaux d'Alfred Marshall (1890) sur les districts industriels. Plus tard, les districts industriels marshalliens devinrent, d'une manière générale, les bases théoriques des réseaux d'innovation et influencèrent les modèles conceptualisés dans les économies nationales : districts industriels italiens (Bagnasco et Trigilia, 1977, 1984 ; Becattini, 1979, 1989), clusters de Porter (1990, 1998), milieux innovants (Maillat, 1993), systèmes productifs locaux (Courlet et *al.*, 1993) ou encore plus récemment les pôles de compétitivité français (Thiaw, 2013) (1.1.1).

Cette diversité de concepts complexifie la compréhension du phénomène et conduit à l'établissement de différentes classifications. De notre étude de la littérature résulte une classification tenant compte d'une logique d'évolution historique se déployant au gré de l'avancée des économies et des transmutations des priorités de développement des époques. Ainsi, les progrès économiques étant jadis dépendants de la densité de l'industrie de la production, les réseaux de l'époque étaient plutôt orientés « production ». Par la suite, l'affermissement de l'innovation comme moteur central de la croissance économique et de compétitivité des entreprises a fait place à des réseaux plus marqués par la prépondérance de l'innovation (1.1.2).

Toutefois, si nous retenons cette distinction entre Systèmes Territoriaux de Production (STP) et Systèmes Territoriaux d'Innovation (STI) basée sur une focalisation sur l'évolution des préceptes des modèles (Chabault, 2006), d'autres typologies fondées sur des critères de classification distincts existent également. C'est le cas de celle mise en évidence par Moulaert et Sekia (2003) et qui en distingue trois groupes (*cf.* Encadré 1.1).

Encadré 1.1 – Classification des modèles de Systèmes territoriaux d'innovation

Partant de la littérature existante, Moulaert et Sekia (2003) ont distingué trois familles au sujet des modèles de territoires d'innovation.

La première famille rassemble le modèle français de *Milieux Innovateurs* qui constituait la base de la synthèse effectuée par le GREMI[1] (Aydalot, 1986), les modèles *de Districts Industriels* et les *Systèmes de Production Locales.* Selon les deux auteurs, l'endogénéité des institutions qui jouent un rôle primordial dans les processus de recherche constitue l'une des particularités majeures partagée dans cette famille. Ces réseaux sont également caractérisés par leur grande capacité à générer des entreprises innovantes et dynamiques, ainsi que la place prépondérante qu'ils accordent à la coopération et aux relations de partenariat au cours du processus d'innovation.

Le deuxième groupe est considéré comme davantage en phase avec la littérature sur les « *Broader Systems of Innovation* » considérée par Edquist (1997) comme un transfert des principes de coordination institutionnels des systèmes d'innovation sectoriels et nationales vers un niveau de développement régionalisé, ou selon Cooke (1996), une interprétation évolutionniste des « *Regional Learning Economy* » (Cook et Morgan, 1998).

Le troisième modèle identifié est l'œuvre de l'école californienne de géographie économique qui spécifie les « *nouveaux espaces industriels* » (Stopper et Scott, 1988), Saxenian (1994). Il inclut un concept ayant moins de similitudes avec l'économie régionale, mais qui se trouve proche du modèle de *cluster d'innovation* développé par Porter (1990, 1998). Il s'agit du modèle *Spatiale de Cluster d'innovation.*

[1] *GREMI : Groupe de recherche européen sur les milieux innovateurs*

1.1.1. Districts industriels : aux soubassements théoriques des réseaux d'innovation

Si les succès de la Silicon Valley et de la Route 128 aux États-Unis ont remis au jour les travaux de recherche sur les phénomènes de concentration géographique d'entreprises (Saxonian, 1994), les premières recherches sur cette thématique sont l'œuvre d'Alfred Marshall (1890), puis celles issues de travaux de chercheurs italiens sur les districts industriels du Nord-Est d'Italie (Bagnasco et Trigilia, 1977, 1984, 1988 ; Becattini 1979, 1989 ; Brusco 1982, 1986).

S'intéressant au concept d'agglomération faisant référence à la concentration spatiale de personnes et d'activités économiques sur une même zone, les recherches d'Alfred Marshall (1890) sur les *districts industriels* nous ont légué l'héritage d'un support conceptionnel central et inéluctable, qui sert de base et de repère d'analyses des relations entre dynamique industrielle et dynamique territoriale. Depuis Marshall, les multiples concepts de réseaux élaborés dans des contextes récents et antérieurs sont tantôt complémentaires, tantôt concurrents et impliquent des secteurs d'activités variés. Ils se caractérisent par des formes disparates dont les analyses *ex post* ont permis aux chercheurs d'identifier des facteurs clés de réussites et des freins quant à la pérennisation des réseaux déjà existants. Ainsi, les nombreuses causes d'échecs obligent à renier l'existence d'un modèle de réseau d'innovation universel qui serait transposable partout.

Ce faisant, il convient de prendre en compte les réalités et contours du paysage économique sénégalais afin de pouvoir définir un concept convenable à l'écosystème industriel propre au pays. Beaucoup de facteurs rendent impossible la modélisation d'un concept polyvalent et commun à toutes les économies. C'est le cas par exemple de l'aspect *local* du réseau, car un réseau créé pour une situation locale quelconque, avec des déterminants qui lui sont propres et permettant de spécifier sa configuration, ne pourrait servir de prototype analogue pour une autre localité désireuse de se doter d'un réseau pour promouvoir sa dynamique territoriale.

1.1.1.1. Du modèle classique marshallien

Comme affirmé *supra*, la paternité du concept de districts industriels revient à l'œuvre de Marshall (1890, 1919), mais d'autres auteurs le réactivèrent vers la fin du siècle dernier pour initier des modèles de réseaux territorialisés conceptualisés sous l'influence de la réussite de la première version. C'est le cas par exemple des districts industriels italiens.

En effet, Alfred Marshall a développé ses études sur la « localisation des firmes » dans son œuvre emblématique consacrée aux « principes de l'économie politique », puis dans celui dédié à l'industrie et le commerce. Ainsi, dans le chapitre X du livre 4 de son ouvrage de 1890, puis de manière plus récursive dans le chapitre VI du livre II de son œuvre de 1919, il illustre formellement son intérêt au concept de district industriel et cherche à démontrer qu'une croissance constante de la productivité requiert une division optimale du travail et constitue un facteur déterminant pour la réussite d'une industrie localisée. D'après Courlet (2002), Marshall *« investit ainsi une lecture croisée de l'organisation économique à travers sa dimension technique et spatiale et suggère la possibilité de l'existence d'un mode d'organisation efficace qui dévie du clivage marché/hiérarchie, bien avant que celui-ci apparaisse dans l'analyse économique »*.

Marshall considère que l'efficacité productive est obtenue à travers l'intégration de l'entreprise à un tissu socioéconomique et un réseau d'entreprises, et non pas par la « *division du travail* » et « *la croissance au sein de la firme* ». Toutefois, le district industriel *« compris comme le groupement d'entreprises interdépendantes avec un marché du travail spécialisé* » (Villard, 2005) peut aussi, d'après Marshall, s'apparenter à une division du travail en petites unités au sein d'un espace géographique donné. Il analyse les dynamiques d'agglomération industrielles selon différents aspects et accorde une place importante aux économies externes et les effets de la proximité des acteurs, même s'il estime que cette dernière ne peut suffire à elle seule à garantir le succès du réseau.

Contrairement à de nombreux travaux sur les phénomènes de localisation des industries (y compris les plus récents), Marshall accorde peu d'intérêt « aux causes premières exogènes de la localisation » (*ibid.*). Il considère que l'unique existence d'avantages inhérents à la localité, qui fait office de lieu de concentration d'activités, n'est pas suffisante pour assurer un succès. Selon lui en effet, même si la présence de privilèges locaux représente un atout majeur indéniable, c'est l'usage que l'homme en fait qui est déterminant. Ces privilèges pouvaient avoir trait à la notoriété, à la présence de cours de rois, à la facilité d'accès par les transports, à des conditions climatiques et terrestres favorables (caractère du climat et du sol, existences de ressources naturelles rares comme les mines et les carrières, etc.).

Marshall considère que, pour qu'un territoire soit propice à la localisation d'activités industrielles, des facteurs d'attraction inconditionnels doivent s'y réunir. Au premier lieu, il cite l'existence d'un savoir-faire spécifique à la localité en plus de qualifications propres à ses hommes et portant sur une filière ou une spécialité précise. Selon Marshall (1898, p. 466), « *les avantages que présente, pour des gens adonnés à la même industrie qualifiée, le fait d'être proches les uns des autres sont grands. Les secrets de l'industrie cessent d'être des secrets ; ils sont pour ainsi dire dans l'air et les enfants apprennent inconsciemment beaucoup d'entre eux ; (...) si quelqu'un trouve une idée nouvelle, elle est aussitôt reprise par d'autres et combinée avec des idées de leur cru, elle devient ainsi la source d'autres idées nouvelles* ».

Ensuite, Marshall évoque la genèse d'une industrie locale au sein d'une même filière productive, et qui émane des activités de jonction des complémentarités engendrées par le « voisinage » entre une industrie principale, et des industries auxiliaires proches techniquement, aussi bien en amont qu'en aval. C'est la proximité géographique qui crée une interdépendance technique entre les acteurs. Marshall considère tout de même que cette proximité spatiale est insuffisante à elle seule pour décréter un succès du réseau. Il estime nécessaire l'existence de contacts personnels entre les parties prenantes des différentes divisions de production apparentées, ainsi qu'une communication et un partage d'informations. C'est dans ce cas que la proximité géographique des acteurs rassemblés permet de générer des « économies externes d'agglomération ».

De telle sorte, si le succès de la localisation d'une filière en tant que réseau territorialisé, exige au préalable, la présence de qualifications propres aux travailleurs locaux, ou de ressources naturelles qui lui sont propres et qui lui procurent des atouts certains, elle requiert également l'existence de complémentarités techniques entre les activités des acteurs qui sont amenés à collaborer au sein du terroir. Dès lors, il s'agit d'une concentration d'activités localisées autour d'une spécialité générant une industrie locale spécialisée autour d'une même filière.

De même, l'information se trouve être le point focal de la relation de partenariats interentreprises au sein d'un réseau d'innovation. En effet, c'est la pertinence des échanges d'informations qui détermine le succès des collaborations et constitue une nécessité et l'enjeu majeur des réseaux. La localisation géographique des activités permet aux parties prenantes d'avoir plus de facilités dans l'accomplissement coordonné de leurs tâches, en rendant directes, rapides et efficaces les prises de contact. Dans de telles conditions, le marché commun aux acteurs est important dans la gouvernance des transactions, mais ce sont les relations de confiance réciproque entre les acteurs qui sont décisives (Thiaw, 2013).

Par ailleurs, la proximité spatiale et l'homogénéité culturelle favorisent la transmission d'idées nouvelles et augmentent la fréquence de leur adoption (Courlet, 1991). C'est en ce sens que Marshall a introduit la notion de territoire dans l'analyse des districts industriels. Selon lui en effet, l'efficacité et la dynamique d'un système localisé de PME sont le résultat de leur inscription socioterritoriale.

Parmi les avantages procurés par le mode d'organisation en réseau à travers une localisation d'activités économiques, il y a l'obtention d'économies en matière de main-d'œuvre, de ressources naturelles, de matières premières et de machines. C'est aussi un moyen de rendre faciles les communications ou de protéger efficacement des installations. Pour Marshall (1890), « *lorsqu'une industrie a ainsi choisi une localité, elle a des chances d'y rester longtemps, tant sont grands les avantages que présente pour les gens adonnés à la même industrie qualifiée, le fait d'être près les uns des autres* ». En d'autres termes, « *la pérennité de la concentration géographique de l'industrie dans un site donné dépend des économies externes dont, avec le temps, elle bénéficie et qui induisent un processus cumulatif de renforcement de la dynamique territoriale* » (Daumas, 2007).

Marshall (1890) propose deux catégories d'économies qui résultent d'une concentration et d'une augmentation de la production dans une branche quelconque : les « économies externes » qui impulsent le développement général de l'industrie, les « économies internes » qui dynamisent les ressources des entreprises individuelles de la branche de production concernée, leur organisation et l'excellence de leur direction.

Cette distinction constitue une particularité de la notion de district industriel selon Marshall, par rapport à la conception de Becattini portant sur les districts industriels de la Mezzogiorno italienne. En effet, les économies externes obtenues grâce à la concentration géographique d'une industrie sont d'abord d'ordres économiques, puisque les parties prenantes ont l'avantage d'avoir à leur disposition « *des biens intermédiaires et des services spécialisés à moindre coût, à une main-d'œuvre spécialisée et qualifiée, et à un réservoir de connaissances techniques communes reposant sur l'apprentissage collectif et le partage des informations* » (Daumas, 2007). De plus, « *les économies externes d'agglomérations sont des services gratuits que des entreprises contigües se rendent mutuellement du fait de leur action sur leur environnement : lutte contre les coûts de transactions, économie d'échelles, formation de la main-d'œuvre, circulation de l'innovation, etc.* » (Courlet, 2002).

1.1.1.2. Au modèle contemporain de la troisième Italie

Vers la fin des années soixante-dix et le début des années quatre-vingt, l'orientation de la société vers une économie dominée par la détention de connaissances et le bon usage de l'information a bouleversé les conceptions traditionnelles et conduit l'ensemble des acteurs (chercheurs contemporains, entrepreneurs et pouvoirs publics) à converger vers une remise en question des procédés classiques. Ainsi, vers la fin des années 1980, les séries de travaux de recherche réalisées, d'abord de manière éparse, ont convergé « vers une nouvelle orthodoxie, aboutissant grâce à leur dynamique interne » aux succès et à la croissance de véritables régions industrielles (Benko *et al.*, 1996).

D'abord en Italie avec ses districts industriels et l'époque de la troisième Italie, plusieurs chercheurs tels que Bagnasco et Trigilia (1977, 1984, 1988), puis Brusco (1982, 1986) en passant par Becattini (1979, 1989), ont contribué à cette dynamique des recherches sur les modèles de réseaux d'innovation territoriaux. Nous pouvons aussi ajouter à cette liste d'acteurs, Garofoli (1981, 1983), Fuà et Zacchia (1983) ou encore Trigilia (1986).

Dès 1977, Bagnasco a souligné les particularités du modèle d'organisation industrielle qui s'est développé dans la « troisième Italie » et qui concerne des régions connues pour des traditions et spécialités spécifiques : industries d'habillement, de conception de chaussures, du cuir, des meubles, industries modernes de la mécanique, de l'électronique, etc.

Les succès spectaculaires et inattendus connus par les districts industriels italiens ont permis au pays d'avoir à la fois une hausse sensible des créations d'emplois, une augmentation de sa croissance économique et un excédent jamais connu au niveau de ses exportations. En réalité, il s'agit de microsystèmes productifs qui selon Daumas (2007), sont *« à l'origine de la réhabilitation du concept de district industriel et de l'essor des recherches consacrées aux territoires productifs, dont le développement s'explique moins par leur dotation initiale en facteurs de production que par les avantages qu'ils tirent de la concentration géographique des activités »*.

Dans un district industriel de type italien, l'organisation industrielle en réseau peut être menée, soit sous la direction d'une grande entreprise à travers « *une division technique du travail intégrée* », soit par le marché en tirant profit de la réciprocité, c'est-à-dire une coordination par *« une division sociale du travail désintégrée entre des firmes plus petites se spécialisant dans un segment du processus productif »* (Becattini, 1979). Pour définir le district industriel Marshallien, Becattini fonde son analyse sur un ensemble de caractéristiques partant de la « configuration proprement économique de l'ensemble d'entreprises » qui composent le district, au « fonctionnement social de la collectivité locale » sur lequel il est généré. Il met l'accent sur la communauté locale et essaie de démontrer les facteurs qui permettent de le spécifier et de le caractériser. Selon lui, ce n'est pas l'appartenance des individus à un même ensemble d'entreprises qui permet de définir une communauté locale, mais plutôt l'existence d'un ensemble de valeurs culturelles communément partagées. Becattini considère que les entreprises qui composent le district industriel conçoivent conjointement des produits singulièrement reconnus comme ceux propres au district, grâce à l'interconnexion mutuelle de leurs activités. C'est de ces interconnexions que débouchent les économies externes d'agglomération qui se trouvent être les fondements de l'économie du district industriel. En effet, ces économies externes représentent l'un des avantages du district industriel. Elles sont appréciées par les entreprises elles-mêmes à travers la mesure de l'intérieur du district et son extérieur, notamment pour ce qui concerne l'avantage différentiel des coûts de production et d'échanges.

La synthétisation des travaux de recherche sur les districts industriels permet d'aboutir à la description standard suivante et qui spécifie des formes disparates :

« *un territoire organisé autour d'une petite ville, la spécialisation dans la fabrication d'un produit spécifique exigeant la mise en œuvre de savoir-faire accumulés localement, l'agglomération de nombreuses PME spécialisées liées entre elles par des rapports de concurrence et de coopération, l'importance des économies externes permises par la proximité géographique et l'homogénéité socioculturelle du territoire, une atmosphère favorable à l'apprentissage et à l'innovation, un marché du travail segmenté et très flexible, un fort consensus social, des institutions collectives et un vigoureux sentiment d'appartenance à la communauté locale* » (Daumas, 2007).

Il apparaît que les aspects principaux à retenir devraient être l'organisation (puisque le district industriel a une forme d'organisation territorialisée spécifique), la proximité entre les parties prenantes (...) et l'existence de règles formelles ou informelles issues du marché ou des normes sociétales (servant de moyens d'administration et de contrôle).

Néanmoins, la définition suivante proposée par Becattini (1980 et 1989) semble mieux édifiante et unificatrice des travaux réalisés précédemment :

« *Une entité socioterritoriale caractérisée par l'association active, dans une aire territoriale circonscrite et historiquement déterminée, d'une communauté de personnes et d'une population d'entreprises industrielles. Dans le district, à la différence de ce qui se produit dans d'autres milieux, par exemple la ville manufacturière, la communauté et les entreprises tendent, pour ainsi dire, à s'interpénétrer* » (Becattini, 1989).

Selon Daumas (2007), « *cette définition fait de l'osmose entre le système des entreprises et la communauté locale le cœur du fonctionnement et de la dynamique du district* ». Dès lors, qualifié de purement économique chez Marshall, le concept de district industriel devient un concept « socioéconomique » avec Becattini (1987). Plus tard, de manière plus synthétique, prenant en compte l'évolution des recherches théoriques et les développements empiriques en la matière — et ainsi les critiques sur les points de divergences et les nombreux cas d'échec —, Becattini redéfinit ainsi la notion de district industriel, dans un article publié en 1992 : « *Une entité socioterritoriale caractérisée par la présence active d'une communauté de personnes et d'une population d'entreprises dans un espace géographique et historique donné* » (Becattini, 1992).

FIGURE 1.1 – ATTRIBUTS DE LA RELATION ENTRE ORGANISATIONS DANS LES DISTRICTS INDUSTRIELS

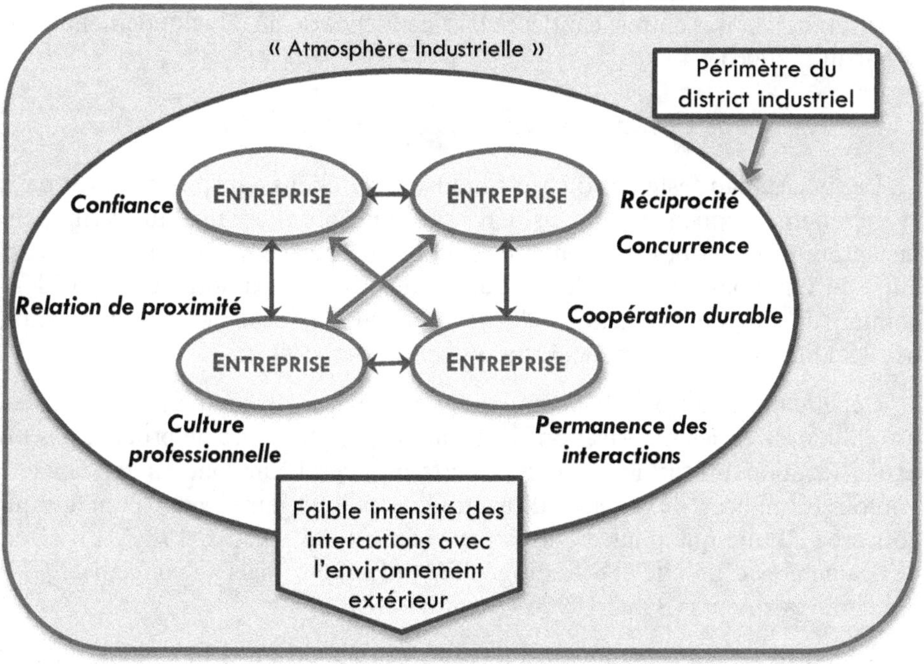

[Sources : Chabault (2006)]

1.1.2. Des Systèmes Territoriaux de Production aux Systèmes Territoriaux d'innovation

Les districts industriels de Marshall et ceux de la troisième Italie sont les premières formes de réseaux de types STP. Par la suite, sous l'influence des transformations de l'économie mondiale et les conséquences de la globalisation des marchés, d'autres formes de réseaux apparentées, et plus ou moins influencées par le succès des districts industriels italiens, sont conceptualisées. Il s'agit, entre autres, de la spécialisation flexible de Piore et Sabel (1984), Benko, Dunford et Lipiez (1996), des nouveaux espaces industriels de Scott (1988), Storper et Scott (1989), Storper (1997), des systèmes productifs locaux (Courlet, 1994), etc.

Maillat (2003, p.8) définit les STP comme étant *« un ensemble caractérisé par la proximité d'unités productives au sens large (entreprises industrielles et de services, centres de recherche et de formation, organismes d'interface, organisations professionnelles, etc.), qui entretiennent des rapports marchands et non marchands d'intensité plus ou moins forte (Gilly, 1987) et qui génèrent une dynamique productive d'ensembles ».* Ces modèles de réseau se différencient des autres, car découlant de la théorie du développement local (Chabault, 2006).

1.1.2.1. Les systèmes territoriaux de production

Le succès manifeste des districts industriels italiens a inspiré d'autres pays et chercheurs à concevoir et considérer des concepts alternatifs qui permettent une promotion du développement économique basé sur « le local »[4]. C'est ainsi qu'une communauté s'est créée autour de ce « paradigme » considéré comme un moyen avantageux de développement local et une source non négligeable d'avantages concurrentiels (*cf.* Porter, 1993).

Cependant, à cause de la diversité des approches conceptuelles, des écoles disciplinaires et des théorisations illustratives, la littérature ne procure pas un axe d'idéation uniforme, même si certains chercheurs ont eu tendance à vouloir formaliser l'existence d'un modèle unique, aussi bien pour ce qui concerne l'Italie que pour d'autres pays (Fuà, 1985, Ganne, 1989). En effet, des caractères d'unicité et d'homogénéité ont été attribués au concept de STP par certains auteurs (Saba, 1997 ; Ciciotti 1998).

Toutefois, d'autres auteurs ont rejeté ces suggestions et ont plutôt mis l'accent sur les aléas inhérents à la concentration spatiale d'entreprises diverses, tels que les conflits, les crises, le croisement d'intérêts, les échecs, etc. Ainsi, l'idée de modèle unique étant écartée, d'autres concepts ont été proposés, en s'efforçant de toujours expliciter chaque modèle en fonction de préoccupations, d'attentes et de configurations territoriales bien précises. C'est le cas des « systèmes industriels localisés » conceptualisés sous l'égide

[4] Cependant, il convient de préciser que la réussite du modèle italien de district industriel avait tardé à être reconnue du fait que ses réseaux étaient à la base, composés essentiellement de PME, donc vouées à une précarité selon les appréhensions traditionnelles. De même, il y avait une certaine indifférence à l'égard des aspects territoriaux du développement économique et un certain refus à donner de l'épaisseur sociale à l'analyse du concept, ce qui d'après Daumas (2007) représentait aussi des obstacles enracinés dans la théorie économique dominante de l'époque. Leur reconnaissance incombe surtout au concours de chercheurs étrangers qui ont eu à défendre les avantages du phénomène de concentration spatiale en tant que « paradigme ». Ainsi, à travers différents supports tels que des revues (notamment le *Sviluppo locale*[4]), des ouvrages collectifs, des manuels, des colloques et séminaires, des chercheurs de disciplines diverses (économie, gestion, sociologie, géographie régionale, histoire et sciences politiques), ont propagé ce modèle en mettant en exergue différents postulats et illustrations.

de Courlet et Pecqueur (1991, 1992), de Gilly et *al.* (1993) qui ont travaillé sur l'aspect territorial de l'industrialisation et de l'innovation, de Piore et Sabel qui ont basé leurs études sur le post-fordisme, de Scott avec l'école californienne de géographie, d'Aydalot avec ses milieux innovateurs, les systèmes productifs localisés de Courlet, etc.

Les résultats des recherches ont permis d'identifier plusieurs formes de structurations organisationnelles et de modèles de productions localisées dans presque tous les niveaux de l'économie mondiale (pays avancés et industrialisés, pays émergents et en développement), hormis les pays pauvres et sous-développés où il n'y a pas eu d'études approfondies. Dans les pays en développement, des chercheurs comme Schmitz (1990, 1994, 1999) et Ferguène (1996) ont identifié des formes de localisations qui rappellent celles des districts industriels. Cependant, Schmitz parle plutôt de *cluster* à la place de la notion de district (*cf. 1.1.2.2. consacré aux STI*). En effet, « dans ce type d'industrialisations localisées à petites échelles et flexibles », *« il y a bien concentration sectorielle et géographique de PME comme dans les districts industriels, mais d'autres caractéristiques, tels que la coopération inter-firmes, le rôle du milieu social, ne sont pas toujours vérifiées sur le terrain »* (Courlet, 2002).

Dans les pays développés, de multiples logiques de réseaux semblables aux districts ont été identifiées, avec pour certaines, une longue tradition tirée de la période fordiste. En France, les résultats sont issus des recherches de Raveyre et Saglio (1984), Ganne (1992), Courlet et Pecqueur (1991, 1992), Gilly et Crossetti (1993) et Dupuy et Gilly (1993,1995). Pour d'autres pays développés, nous pouvons citer Herrighel (1987) pour l'Allemagne, Itakura (1988) et Houssel (1990) pour le Japon, et Kristensen (1989) pour le Danemark. De même, dans d'autres pays industrialisés, l'avènement de ce type de dispositif est en phase avec la progression tardive de leur industrialisation (Courlet, 2002). Il s'agit notamment de pays d'Europe du Sud tels que le Portugal (Silva-Rui, 1988) et l'Espagne (Costa, 1989). De ces réseaux avec une orientation *production*, nous relatons ci-après les trois approches les plus représentatives du post-district industriel : la spécialisation flexible, les nouveaux espaces industriels et le concept de systèmes productifs locaux.

FIGURE 1.2 – SYNOPSIE DE SPECIFICITES DES SYSTEMES TERRITORIAUX DE PRODUCTION

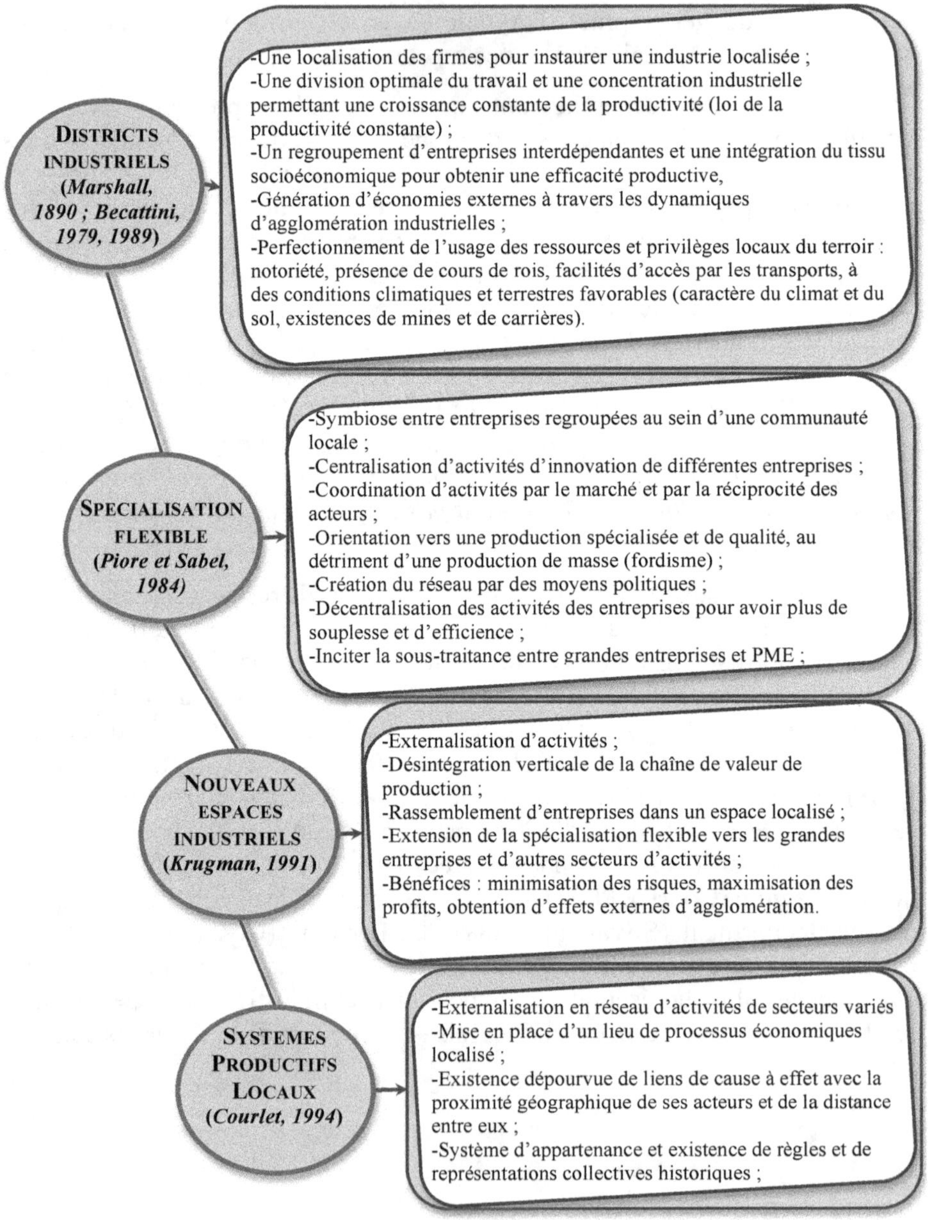

[Source : Auteur (Cheikh A. L. Thiaw)]

A/La spécialisation flexible

En réponse à la crise qui sévissait dans le monde et à travers l'essoufflement du fordisme, Piore et Sabel (1984) ont proposé un modèle plus en phase avec les réalités économiques de l'époque et permettant en partie aux entreprises, de se confronter aux nouveaux défis en vigueur. Les auteurs définissent la spécialisation flexible, ou « spécialisation souple », comme *« une stratégie d'innovation permanente, un parti pris de s'adapter au changement perpétuel plutôt que de tenter de le contourner. Cette stratégie est fondée sur l'utilisation d'équipements souples, à usages multiples, l'emploi d'ouvriers qualifiés et la création par des moyens politiques, d'une communauté industrielle capable d'éliminer toutes formes de concurrence qui ne favorisent pas l'innovation »* (Piore, Sabel, 1989, p.35).

TABLEAU 1.1 – PRINCIPES CLES DE LA SPECIALISATION FLEXIBLE

	CARACTERISTIQUES
La spécialisation flexible	-Mode d'organisation productive reposant sur des équipements flexibles (c'est-à-dire à usages multiples) et sur une main-d'œuvre polyvalente, ce qui confère au système une forte capacité d'adaptation et de réactivité face aux évolutions de la demande (Thiaw, 2013) ;
	-Mode de régulation qui implique une combinaison des règles du marché et des relations informelles de réciprocité ; l'effet positif de cette combinaison étant de limiter la concurrence par les prix au profit d'une concurrence axée sur la qualité des produits ;
	-Existence d'une symbiose entre les entreprises regroupées sur un territoire et la communauté locale (Courlet, Ferguen, 2003) ;
	-Développement du professionnalisme et de la qualification de la main-d'œuvre ;
	-Décentralisation de l'innovation ;
	-Une coordination (par le marché et par la réciprocité) entre les firmes, (Benko et *al.*,1995) ;
	-Amélioration de l'efficacité et de la performance des acteurs grâce aux relations de sous-traitance externes entre grandes entreprises et PME. Les grandes industrielles mettent à profit leurs forces : spécialisations, savoir-faire, souplesse et réactivité élevée » (Schmitz, 1990 ; Courlet, Ferguen, 2003).

B/Les nouveaux espaces industriels

Les nouveaux espaces industriels sont issus de travaux des géographes Scott et Storper. Influencés par les approches néomarxistes ou néo-classiques de Coase (1937) et Williamson (1975), ils sont particulièrement fondés sur la « dynamique de la division du travail et des effets externes d'agglomération ». Dans ce cadre, le rassemblement des entreprises dans un espace géographique flexible et matérialisé, a pour objectif principal de faire face à l'accroissement des coûts (Scott, 1988), d'où la résultante d'une convergence vers la théorie des coûts de transaction qui donna naissance au paradigme Coase–Williamson–Scott. Ce paradigme permit d'étendre le modèle de « la spécialisation flexible » par la prise en compte des grandes entreprises et l'élargissement des activités vers d'autres secteurs. Cependant, l'étude de relations purement économiques ne semble pas suffisante pour rendre compte d'une réalité beaucoup plus complexe, notamment dans le secteur de la haute technologie. Ainsi, à la suite d'une étude opérée en Californie sur le secteur des biotechnologies, Liebeskind et *al.* (1996) concluent que le succès d'une concentration géographique d'acteurs n'est pas automatiquement permis par les coûts de transaction obtenus, mais par l'accumulation au sein du réseau social, d'un ensemble de facteurs et de qualités parmi lesquels les connaissances et l'apprentissage.

Comme complément d'analyse, Storper (1997) rajoute que le succès des agglomérations requiert une prise en compte des « *interdépendances entre les acteurs, notamment les conventions et les règles informelles, ainsi que les habitudes qui permettent de coordonner les parties prenantes* ». En définitive, il s'agit de compléter l'aspect purement économique avec une approche sociologique des relations sociales (Chabault, 2006).

C/Les Systèmes Productifs Locaux

L'émergence du concept de Systèmes Productifs Locaux (SPL) nous est apparue comme une régénération du concept marshallien de districts industriels. En effet, du point de vue théorique, il est très souvent fait état d'une corrélation évidente entre les deux notions, surtout à travers la contribution des auteurs italiens sur les districts industriels de la troisième Italie. À l'image de Garofoldi (1985) et de Becattini (1987), ces derniers s'étaient orientés vers une approche qui consistait à identifier dans d'autres pays, des « *configurations territoriales similaires aux districts* ». C'est pourquoi, Courlet et Ferguen (2003) définissent précisément le SPL « *comme notion dérivée du concept de district marshallien, mais tel que celui-ci a été repris et enrichi dans les années 70 et 80, par Becattini (1989, 1992) et d'autres auteurs italiens (Brusco, 1990), mais aussi à partir de travaux sur les milieux innovateurs et l'innovation et les espaces ruraux* ». Cependant, cette affirmation n'est exacte que partiellement, car il existe des dissemblances du point de vue des approches théoriques, mais aussi de leurs articulations pratiques.

D'une part, « *si les travaux sur les SPL isolent des processus qui se rapprochent de ceux analysés pour la troisième Italie, ils illustrent également des dispositions qui s'ancrent dans les trajectoires industrielles de chaque pays considéré* » (Régis, 2008). Ainsi, les modèles de réseaux d'innovations identifiés dans d'autres pays autres que l'Italie, ont d'un côté permis d'enrichir le concept de district industriel, mais de l'autre, l'ont fait perdre en partie de son originalité et de sa rigidité ; d'où une orientation novatrice des formes d'organisation en réseau. Par conséquent, ce qui différencie les districts industriels des SPL se trouve à l'échelon de la participation des entreprises aux différents niveaux des étapes de production. D'après Régis (2008), « *à la différence des districts industriels, les entreprises des SPL ne participent pas nécessairement aux multiples étapes d'un processus dédié à la production d'un bien industriel, elles peuvent exercer leurs activités dans des secteurs distincts* ». En somme, l'auteur affirme que dans un marché de moins en moins standardisé, avec un rôle de plus en plus important de l'externalisation d'activités accomplies désormais, « par un réseau de sous-traitants beaucoup plus flexibles », les SPL présentent l'avantage d'avoir une meilleure « capacité d'adaptation » aux contraintes inhérentes à cette nouvelle situation.

D'autre part, « *le SPL est une notion synthétique qui est au carrefour de plusieurs approches théoriques tendant à repenser la question de développement à partir d'une réflexion centrée sur les dynamiques productives et organisationnelles et leurs rapports à l'espace* » (Courlet, Ferguen, 2003).

De plus, une des particularités des SPL et qui les distingue également du district industriel réside sur leurs structurations organisationnelles. En effet, s'ils apparaissent comme des formes d'organisation socio-territoriales et « comme lieux de processus économiques collectifs "situés" » (Salais, 1996), leur existence est quasiment dépourvue de liens de cause à effet avec la proximité géographique de leurs acteurs. D'ailleurs, c'est le cas aussi pour bon nombre de dispositifs économiques territorialisés. Les SPL se caractérisent aussi par l'existence de systèmes d'appartenance et une histoire commune qui s'incarne « dans des règles et des représentations collectives (Courlet, Pecqueur, Soulage, 1993). De même, du point de vue de Courlet et Ferguen (2003), « *la contribution de l'approche par le SPL au renouvellement de l'analyse spatiale se situerait donc autant du côté de l'histoire et du temps historique que de la géographie et de la distance* ».

De manière prioritaire, les SPL concernent des types d'activités particulières, notamment celles « *pour lesquelles il est possible de morceler le processus de production en plusieurs phases et produits* » (Courlet, Pecqueur, Soulage, 1993, p. 58). Dans ce type de réseaux, la cadence des échanges et des transferts d'informations entre les différentes parties prenantes est importante, de même que l'existence d'un véritable mécanisme d'auto-gouvernance élaboré collectivement afin de réguler la cohésion de l'ensemble des acteurs et les activités de production. Cependant à l'inverse des SPL, le district industriel est caractérisé par une structure organisationnelle de type « socioéconomique ».

Cette évolution des réseaux s'est poursuivie au fur et à mesure de l'évolution globale des économies. Avec l'essor de l'économie mondiale et ses mutations successives, la demande constante d'innovations causée par l'avancée des technologies, les changements d'habitude de consommation et l'évolution des besoins des sociétés a fait apparaître de nouveaux concepts de RIT, convergeant vers des modèles avec de nouvelles bases référentielles, dénommés *systèmes territoriaux d'innovation* (STI). C'est l'objet de la section suivante.

1.1.2.2. Les Systèmes Territoriaux d'innovation

Vers le début des années 1990, l'accélération du processus de globalisation des économies et la métamorphose des facteurs de compétitivité des entreprises ainsi que des spectres de la concurrence ont fini par susciter des questionnements sur le rôle des *réseaux territoriaux* dans une économie où les TIC, en tant que facilitatrices des échanges, permettent d'outrepasser les frontières naturelles physiques des pays.

En effet, puisque ces réseaux confèrent aux pays une valeur ajoutée qui favorise la performance des entreprises et stimule leur croissance (Rocha, 2004), les contours changeants de l'économie moderne doivent forcément avoir une répercussion sur leurs formes et la manière d'y générer des facteurs de compétitivité. C'est ainsi que dans ce contexte, l'innovation est redevenue le thème central des nouvelles formes de *réseaux territoriaux* et a été mise en avant comme un élément important de la compétitivité des entreprises et de la croissance économique des pays. Ces nouveaux modèles s'orientent vers un point de convergence qui traite les perspectives de développement des territoires en fonction de paradigmes fondés sur la variable « innovation ». Basé sur l'innovation, ce nouveau système de configuration territoriale se présente comme *« l'organisation d'un ensemble d'acteurs et d'entités (entreprises, organisations publiques et privées, institutions) interagissant pour générer ensemble de nouvelles connaissances économiquement utiles, qu'ils utilisent et diffusent dans le cadre de leurs processus de production »* (Thiaw, 2013).

Ainsi, l'innovation couplée à la notion de territoire permet d'élargir le concept initial de système territorial de production (STP) au bénéfice de celui de système territorial d'innovation (STI). Il s'agit même d'un construit utilisé en tant que nom générique pour évoquer les différents modèles régionaux d'innovation dans lesquels les dynamiques institutionnelles locales jouent un rôle significatif (Moulaert et Sekia, 2003 p. 291). Ces STI peuvent être regroupés en deux types d'approches qui constituent la division de ce paragraphe :

– Des approches économiques fondées sur le concept d'économie externe de Marshall (1919) : Cluster de Porter (1990, 1998), Nouvelle économie géographique de Krugman (1991) ;

– Des approches par les réseaux : Géographie de l'innovation, Milieux innovateurs d'Aydalot et des chercheurs du GREMI, l'école nordique de l'innovation et de l'Apprentissage et l'approche institutionnelle.

De manière extrapolative, nous observons que les approches regroupées sous l'appellation de RTI sont développées d'une part, sous l'assise et l'influence des travaux de Marshall (1919), mais cette fois-ci suivant le concept d'économies externes et, d'autre part, selon la théorie des réseaux.

En tout état de cause, le point corollaire de tous ces concepts a trait à l'innovation générée en réseaux par des acteurs économiques localement regroupés pour perfectionner leurs performances et concourir au développement de leur localité, et en contrebalance à celui de l'économie nationale. En effet, la proximité est partie prenante des facteurs qui forgent la force de l'ensemble constitué par le rassemblement des acteurs autour d'un réseau. Par l'accroissement des avantages compétitifs locaux, elle permet de stimuler l'innovation et la dynamique de développement à travers le renforcement de la compétitivité. De cette sorte, l'instauration de relations de confiance entre les différents acteurs locaux (même s'ils étaient jadis rivaux) crée entre eux des synergies qui leur permettent, à l'unisson, d'avoir des objectifs identiques sur le plan du développement et de la croissance.

La place de ces réseaux d'innovation dans l'économie est importante, notamment dans celles des pays développés. Ainsi, à la fin du dix-huitième siècle, il y avait aux États-Unis une forte concentration des activités économiques, avec notamment 40 % de l'emploi qui se trouvait localiser sur 1,5 % de la surface, et même une progression constante de sa densité géographique (Salvador, Chorincas, 2006). La part des clusters dans la création d'emplois est considérable. D'après Morgan (2004), plus de 50 % des emplois créés aux États-Unis sont l'œuvre de seulement 18 clusters localisés (*cf.* « *US Department of Housing and Development Report* », *2004.*). Cette importance dans l'économie explique le fort intérêt porté à cette forme de configuration et a suscité de la part de plusieurs gouvernements, des actions en faveur de la mise en place de réseaux d'innovation. Dans le cadre de notre étude de la littérature, cela nous a amenés à nous intéresser aux travaux d'Adam Smith (1904), notamment à travers son ouvrage « *An inquiry into the Nature and Causes of the Wealth of Nations* ». D'ailleurs, le titre de cette œuvre considérée par certains comme « fondateur de l'économie moderne » est assez évocateur. D'emblée, il nous permet de savoir qu'Adam Smith s'y intéresse à l'étude des mécanismes de création de richesse et de prospérité par une nation. Dans cette perspective, il y analyse le rôle du marché, mais aussi de l'action gouvernementale. Il considère que les pouvoirs publics peuvent jouer un rôle important dans cette quête de succès par le réseau, et estime que ce rôle est limité pour la compétitivité des acteurs agissant isolément. Depuis Adam Smith, beaucoup d'économistes se sont affèrés à donner des variables explicatives à la croissance de l'économie, notamment en usant d'analyses théoriques sur les mécanismes d'allocation des ressources. Dans la littérature moderne, notamment depuis la fin de la Seconde Guerre mondiale, nous trouvons également d'autres analyses favorisant des modèles mathématiques et statistiques de tous genres pour donner des explications sur la croissance économique.

D'après Hefner (2009), *« la pensée dominante dans la littérature est que dans une économie, en particulier dans un pays, l'absence d'inspiration en provenance d'un administrateur serait préjudiciable à une croissance et un développement convenable ».* Il existe alors des obstacles au développement économique que l'auteur appelle « *economic failures* » et qui légitiment les programmes interventionnistes des États et les concepts théoriques développés en ce sens. Cependant, d'autres économistes comme Kruger (1991) estiment que les échecs de l'action publique pour le développement économique ne peuvent être ignorés.

Cette importance caractérisant les réseaux d'innovation territoriaux dans l'économie a occupé la littérature académique de ces trente dernières années qui s'est largement intéressée au développement économique du point de vue régional. Dans ce cadre, les clusters de Michaël Porter analysés ci-après se situent à l'orée entre une intervention des pouvoirs publics et une auto-émergence suscitée par les acteurs eux-mêmes.

FIGURE 1.3 – PARTICULARITE DES RESEAUX D'INNOVATION BASES SUR L'APPROCHE ECONOMIQUE

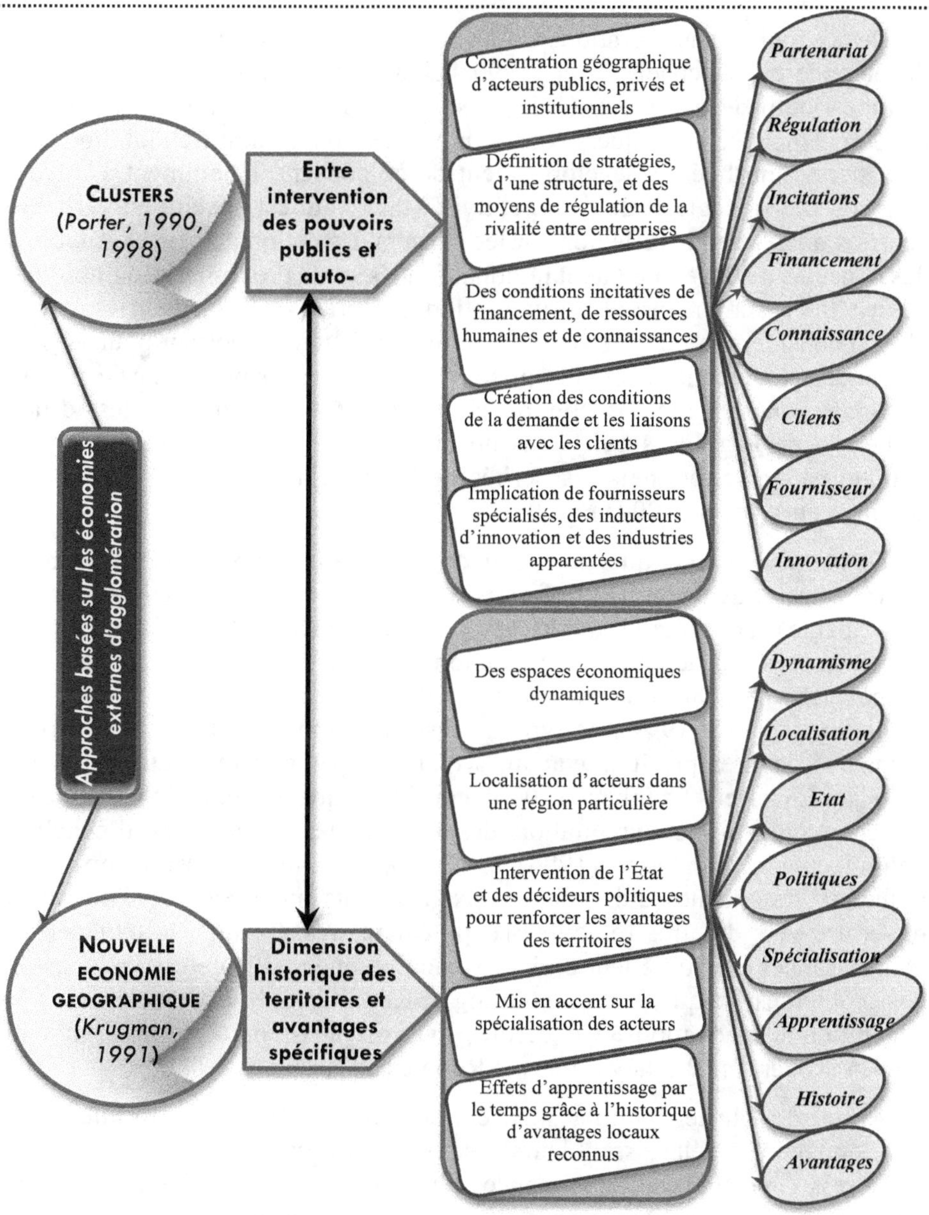

[Source : Auteur (Cheikh A. L. Thiaw)]

A/ Les clusters de Michael Porter : Entre intervention des pouvoirs publics et auto émergence

De nos jours, dans la pratique comme dans ses aspects théoriques, l'analyse développée par Michael Porter (1990, 1998) sur les clusters est considérée comme l'outil de base accepté de tous, et la référence phare en matière de développement économique. Professeur au Havard Business School, Porter[5] a fortement contribué au développement de ce concept, notamment à travers l'Institut de Stratégie et de Compétitivité (ISC)[6] qui est devenu un véritable centre d'analyse et de réflexion sur les clusters. La notion de cluster renvoie à des concepts de développement régional fondés sur la proximité géographique des acteurs et sur une forme d'organisation territorialisée des industries. Porter (1990) considère la mise en réseau comme un facteur important pour le gain d'avantages compétitifs des entreprises et des régions. Dans ce type de réseau, il s'agit, pour les régions comme pour les entreprises imbriquées, d'une recherche de gage de survie dans un monde en changement permanent et marqué par les effets néfastes hérités de la mondialisation (Van den Berg, Braun, Van Windenn, 2001).

De manière synthétique, nous pouvons à ce stade de notre analyse, donner quatre rôles et avantages des clusters d'innovation au profit des entreprises participantes et des régions qui les abritent. De manière globale, ils permettent aux entreprises d'obtenir une réduction des coûts *(1)* et une incitation à l'innovation *(2)*. Du point de vue de la théorie des coûts de transaction de Williamson (1985, 1999), ce type de réseau permet aux différentes parties prenantes de tirer profit d'avantages octroyés par une intégration de sens vertical. En effet, Tremblay (2000) considère que la réduction des coûts s'accompagne d'une exploitation des externalités (économies d'échelle). Selon Kumar et Van Dissel (1996), la mise en commun est aussi un moyen de réduction des risques qui procure aux différents membres du réseau, une ouverture vers d'autres ressources supplémentaires. Ensuite, le partage des connaissances conduit à leur enrichissement et une meilleure compréhension des problèmes, ce qui d'après Tödtling et Kaufmann (1999) est propice à la génération d'innovations. Ce dernier avis est aussi partagé par Camagni (1991), Roberts et Bradley (1991) et Roome (2001).

Aussi, le cluster permet aux entreprises intégrées de stimuler leur développement en élargissant leurs bases de compétences. Il leur offre l'accès à des ressources et des connaissances plus vastes et de manière plus rapide, qui peuvent même leur permettre de créer de nouvelles activités. Les

---

[5] Michael Porter: 1985, 1990, 1992, 1993, 1998, 2000, 2004.

[6] ISC: *Institute For Strategy and Competitiveness*

entreprises peuvent aussi s'engager dans des actions de recherche et d'opérations conjointes basées sur le *codéveloppement* et le *joint-marketing*, ce qui par la suite, va permettre d'obtenir des avantages compétitifs et d'éviter des problèmes relatifs à la taille (Bocquet et *al.*, 2006).

De manière propre aux petites entreprises avec des moyens limités et une incapacité à se développer de manière isolée, la mise en réseau leur permet d'intégrer un groupe et de faire partie du processus décisionnel *(3)* (Erkus Ozturk, 2009).

Enfin, les clusters s'accompagnant d'actions politiques permettent aux régions et aux pouvoirs publics d'avoir une meilleure coordination des politiques d'incitation au développement régional *(4)*. Cela peut aussi être le cas des actions menées dans le cadre de stratégies de développement, notamment en mettant en avant des études économiques, sociales ou encore environnementales.

Cependant, qu'est-ce qu'est véritablement un cluster ? Qu'est-ce qui le différencie des autres concepts évoqués *supra*, ou autrement dit qu'est-ce que Michael Porter a apporté de nouveau par rapport à Alfred Marshall, Becattini et les autres auteurs ? Les paragraphes suivants nous permettent de donner quelques éléments de réponses à ces questionnements.

– Les contours des clusters de Porter : Le diamant en tant que base du concept

C'est au début des années 1980 que Michael Porter a développé sa théorie sur l'existence de phénomènes de concentrations géographiques d'acteurs publics, privés et des institutionnels, et dont les activités ainsi corrélées influencent la croissance économique. À travers son « fameux » diagramme en forme de losange, il schématise son analyse pour caractériser le fonctionnement des clusters tout en élaborant des parallèles avec la conduite d'entreprises ou le fonctionnement d'une nation.

FIGURE 1.4 – LE MODELE DU LOSANGE (DIAMANT) DE PORTER

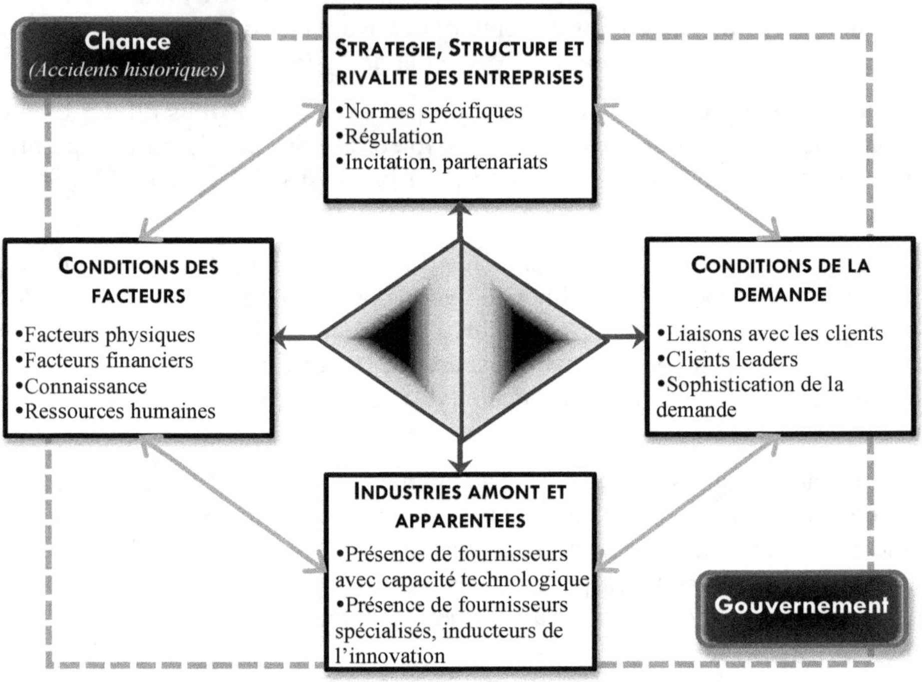

[Sources : Porter (1990, p. 127)]

Basé sur les mécanismes de créations d'avantages concurrentiels par une organisation (entrepreneuriale, interorganisationnelle de type cluster ou étatique), Porter place de manière concrète, l'avantage concurrentiel au niveau des quatre coins majeurs du diamant. Nous présentons dans le tableau ci-après, une description synthétique de ses éléments constitutifs clés.

TABLEAU 1.2 – DESCRIPTION DU DIAMANT DE PORTER

ÉLEMENTS	CARACTERISTIQUES
Stratégie, structure et rivalité des entreprises	Cela comprend le comportement envers la concurrence, les institutions du marché, le degré de concurrence au niveau local, de même que d'autres types de facteurs culturels et historiques qui affectent la manière dont les entreprises cohabitent et font des affaires les unes avec les autres, leurs employés et les pouvoirs publics. L'existence de concurrence au niveau local est un facteur de stimulation de l'innovation et de perfectionnement des performances, mais la coopération entre firmes locales peut aussi avoir un rôle capital dans la croissance économique locale.
Industries amont et apparentées	La présence d'industries *amont* et apparentées stimule la coopération et une forme de concurrence positive. La concurrence va inciter les entreprises à innover. Les industries apparentées sont des firmes avec des activités connexes qui peuvent interagir avec les entreprises du cluster. Le partage de connaissances et d'idées innovatrices est facilité par la proximité spatiale des acteurs.
Conditions de la demande	Il s'agit des conditions ou de la nature de la demande locale en termes de produits ou de services. À titre d'illustration, une entreprise serait motivée et incitée à innover dans le domaine d'une technologie particulière, par exemple l'hybride, si le nombre de consommateurs exigeant ce type de technologie est important. C'est l'étude des besoins du marché qui permet aux entreprises de pouvoir anticiper et de prévoir des produits et services permettant de répondre aux besoins des consommateurs.
Conditions des facteurs	Il s'agit de l'ensemble des facteurs environnementaux et structurels existants, à savoir la main-d'œuvre, les infrastructures, les ressources naturelles, le capital, les institutions, les organismes universitaires et de formation, etc.

Afin de compléter cette représentation schématique du fonctionnement des clusters, Porter (1990) utilise les deux éléments externes au diamant pour mettre en évidence leurs facteurs de réussite, d'une part, à travers la part des « accidents » historiques ou de la chance et, d'autre part, par le rôle des politiques publiques conduites par le gouvernement ou les collectivités territoriales.

Les quatre éléments majeurs sont interdépendants au sein du cluster et doivent être étudiés de manière systémique. Dans cette schématisation, Porter (1990) a connecté, à l'aide de flèches, les différents éléments de chaque « bloc » du diamant, afin de représenter le caractère d'interconnexion qui est le lot des clusters. Il considère que le rôle des détenteurs du pouvoir public (le gouvernement) est crucial dans la création de clusters viables, même si la plupart de ces types de réseaux sont établis sans un rôle contributif quelconque de l'État[7].

Par ailleurs, Porter (2000) note aussi que les actions consenties en faveur du développement de nouveaux clusters doivent être précédées de tests et de vérifications préalables sur le marché. Ainsi, dans une perspective mercantile (de marché), il estime que l'intervention de l'État ne sera pas nécessaire si le test est concluant. Dans ce cas, les pratiques habituellement usitées font ressortir que la participation des pouvoirs publics (par des subventions, prêts et exonérations fiscales) sera surtout indispensable en cas d'échec des tests d'introduction des dispositifs sur le marché. Toutefois, les pratiques démontrent aussi que l'intervention de l'État est beaucoup plus utile et efficace en tant que catalyseur des clusters, car par son action, il influence de manière anticipée les quatre éléments qui composent le diamant de Porter. Ce constat est corroboré par Woodward (2005) à la suite de son analyse d'une étude réalisée par Porter en 2003 sur les clusters de la Caroline du Nord. Il considère que Porter s'efforce surtout à identifier précisément les formes de clusters que les pouvoirs publics doivent cibler et mettre en avant afin d'assurer une croissance pérenne à leur économie.

En outre, par le second élément situé en dehors du diamant (c'est-à-dire « chance »), Porter caractérise l'ensemble des éléments factoriels imprévisibles que renferme la vie des affaires. Il s'agit du rôle du « hasard » dans le développement économique. Il ressort de notre recherche bibliographique que cet élément n'est pas assez étudié par les spécialistes des réseaux d'innovation territoriaux. D'après Hefner (2009), il englobe un ensemble d'aspects allant des innovations imprévisibles aux domaines de l'entrepreneuriat, en passant par les évolutions aléatoires de la conjoncture économique mondiale. L'étude de l'analyse de Porter ne permet pas d'obtenir des explications relatives à l'émergence spontanée des clusters. De la même manière, rien au niveau de l'analyse des clusters ne permettrait à un chercheur de prédire la probabilité de survenance d'un évènement lié à la conception d'un entrepreneur.

Dès lors, ce n'est que de manière rétrospective au développement d'un cluster qu'un chercheur pourrait expliquer comment, à partir de rien (*from scratch*), il est apparu. S'inscrivant dans cette lecture des faits, Krugman (1991) donne l'exemple du cluster de *Dalton* en Géorgie, spécialisé dans l'industrie du tapis et qui a émergé « au hasard ». Il estime que le développement de l'industrie du tapis dans cette localité est le fruit de l'esprit ingénieux d'une certaine Catherine Evans (1895) qui, après avoir créé un

---

[7] "*Most clusters form independently of government and sometimes in spite of it*" [Porter (2000), p. 26].

couvre-lit destiné à être offert en guise de cadeau de mariage, s'est rendu compte qu'elle vient de trouver, par hasard, une meilleure façon d'élaborer ce type de produit. Finalement, c'est à partir des ramifications générées autour de ses activités qu'ont émergé les circonstances qui font aujourd'hui du cluster de Dalton la capitale mondiale de l'industrie du tapis.

De nos jours, la multiplication des stratégies visant à instaurer des réseaux d'innovation de type clusters s'explique en grande partie par le caractère analogue des modes d'analyse que les États, mais aussi les régions emploient les uns vis-à-vis des autres pour des fins de rivalité (Hefner, 2009). Ainsi, les États prennent des actions en fonction des indications résultant d'études et d'analyses socioéconomiques. À titre d'illustration, l'exonération fiscale sera mise en avant pour inciter les acteurs à intégrer les réseaux si les résultats le présentent comme l'unique source de compétitivité, de même que le ciblage de certains secteurs d'activité. Cependant, l'inconvénient est qu'en sélectionnant des clusters pour promouvoir le développement économique, l'État peut arbitrairement favoriser certains secteurs d'activités au détriment d'autres secteurs.

Toutefois, « *bien que le concept de cluster de Porter n'apporte aucune innovation théorique importante, il a l'avantage d'être un outil pragmatique qui, grâce à l'inventaire des pointes du diamant et des facteurs externes au cluster (accidents historiques, politiques), se prête à l'analyse de cas concrets. C'est l'examen détaillé de chacune des pointes du diamant qui s'avère un guide pratique d'analyse (ayant recours à des enquêtes, analyses statistiques, interviews) et d'identification des points forts et faibles d'un cluster particulier* » (Salvador, Chorincas, 2006).

— La définition d'un cluster

Dans son analyse, Porter retient deux visions centrales qui aujourd'hui, fournissent la plupart des définitions octroyées aux concepts de cluster et de réseaux d'innovation. D'abord dans son ouvrage de 1998 (*Clusters and the new economics of competition*), il propose une cartographie de la configuration de l'économie mondiale, et présente le concept de clusters comme un élément prépondérant pour le développement économique et un « facteur clé de succès » pour les nations ou les régions qui en ont créé. En effet, il avance :

> « *Today's economic map of the world is dominated by what I call clusters: critical masses—in one place—of unusual competitive success in particular fields. Clusters are a striking feature of virtually every national, regional, state, and even metropolitan economy, especially in more economically advanced nations.* » (Porter, 1998, p. 78).

Deux années plus tard, dans un autre ouvrage intitulé « *Locations, Clusters, and Company Strategy* », il donne clairement sa définition des clusters en insistant sur le facteur de proximité géographique et la mise sur l'interconnexion entre des entreprises d'horizons et de formes disparates et différentes institutions associées. Il affirme alors que :

> « *Clusters are geographic concentrations of interconnected companies, specialized suppliers and service providers, firms in related industries, and associated institutions (e.g. universities, standards agencies, and trade associations) in particular fields that compete but also cooperate.* » (Porter, 2000, p. 253).

De manière synthétique, nous définissons le cluster comme « un groupement ou un agglomérat d'entreprises et d'organismes proches géographiquement, œuvrant dans un domaine particulier, pouvant avoir des rapports de rivalités mutuelles, mais qui, pour tirer profit des avantages procurés par leurs synergies, nouent des relations de coopération pour conduire ensemble des activités génératrices d'externalités positives pour l'ensemble » (Thiaw, 2013).

Nous pouvons retrouver le concept de cluster sous des terminologies différentes, ou utilisées pour dénommer des réseaux qui lui sont proches. Ainsi, si certains utilisent la notion de « *filière* » ou de « *grappe industrielle* », nous avons vu dans les sections précédentes, que d'autres notions évocatrices de ce type de réseaux, mais présentant de subtiles différences conceptuelles, sont aussi employées (SPL, district industriel, milieu innovateur, ou encore technopole et plus récemment en France *pôle de compétitivité)*. La forme est le caractère le plus partagé par l'ensemble de ces types de réseaux qui s'apparentent à des configurations d'organisation de travail basées sur la proximité d'acteurs situés dans un territoire identique, et qui profitent de leur collaboration pour dégager des synergies. Cette proximité peut être à la fois spatiale (ayant trait à la distance physionomique), économique (pour ce qui concerne les potentielles synergies) ou encore institutionnelle (relative aux règles, valeurs et routines).

B/ La nouvelle économie géographique de Krugman

Comme Porter, Krugman (1991) fonde son concept de *nouvelle économie géographique* sur les bases de l'approche par les économies externes développées par Marshall (1919). L'abord de Krugman porte sur l'étude des espaces à travers leur dynamique économique (Bobulescu, 2004). Par une analyse du concept de concentration, de ses facteurs et de sa nature, il cherche à réaliser une description du phénomène de concentration géographique de la localisation industrielle. Il estime même que « *la concentration de l'activité économique dans une région particulière représente l'aspect le plus important de l'étude de l'économie géographique* ».

Dans son ouvrage « *Geography and Trade* », il met en exergue le rôle précurseur du rôle des décideurs politiques dans le dynamisme des phénomènes de spécialisation et de concentration. Il y véhicule un parti-pris prononcé pour une intervention de l'État dans un but initial de renforcement des avantages des territoires par la promotion d'une dynamique locale.

L'autre point majeur prôné par Krugman dans son analyse concerne la dimension historique. Selon lui en effet, l'évolution des conditions de production dans la localisation industrielle génère des effets d'apprentissage et crée un dynamisme et des effets d'échelle cumulatifs qu'il présente comme le traçage du temps historique. Son analyse de l'historique d'évolution des Pôles technologiques des États-Unis, notamment celui de la Silicon Valley, lui permet d'appuyer ses propos. Il précise que « *la Silicon Valley a été créée à l'initiative de Fred Terman, le vice-président de l'Université de Stanford. Grâce à son initiative, l'université a permis le démarrage de Hewlett Packard, qui est devenue le noyau dur de la Vallée. Il a également établi l'espace de recherche de l'université où d'abord Hewlett Packard, et ensuite d'autres firmes ont amorcé leurs activités. Un remarquable processus cumulatif eut lieu à travers l'université : les revenus de la recherche ont aidé à financer l'accès à Stanford au statut mondial en sciences et ingénierie et la montée de l'université a fait de la Silicon Valley un endroit attractif pour les firmes de la haute technologie* » (Krugman, 1991, p. 64).

De manière synthétique, les points majeurs de la conception de Krugman peuvent être résumés selon deux dimensions :

– L'existence préalable d'un avantage local principal : *une main-d'œuvre qualifiée.*

– L'impulsion par une initiative politique : *celle de Fred Terman.*

Cette volonté étatique a permis de perpétuer le développement de la Silicon Valley à travers « *un processus (historique) cumulatif de développement* » (Chabault, 2006), puis les économies externes générées par la concentration des acteurs permettent d'attirer de nouveaux entrants, ce qui par extrapolation, accentue davantage le phénomène de concentration. Ce rôle de l'État dans l'impulsion donnée à la Silicon Valley s'observe initialement à travers les nombreuses subventions accordées aux Universités de Berkeley et de Stanford par des agences militaires d'espionnage qui avaient pour intérêt principal de promouvoir pour les USA un avantage compétitif dans l'industrie des ordinateurs (Kuttner, 1991).

Par ailleurs, le point de convergence des travaux de Porter (1990, 1998), Krugman (1991) et Kuttner (1991) est que ces auteurs se limitent essentiellement à la prise en compte de facteurs économiques.

Par l'élaboration d'approches basées sur l'étude des spécificités territoriales et sur des considérations socioculturelles, d'autres auteurs ont émis des formulations alternatives pour expliquer le phénomène d'agglomération des entreprises. C'est le cas de celles basées sur les réseaux (Powel, 1990 ; Conti et al. 1995) et qui accordent une importance particulière à la notion d'innovation considérée sous l'angle d'une vision socioéconomique. Outre cet aspect innovateur, ces modèles soulignent aussi les facteurs territoriaux, sociaux, institutionnels et culturels que sous-tend la dynamique des STI (Rocha, 2004).

Sans rentrer dans les détails de théorisation conceptuelle de ce courant, nous présentons ci-après une figure synthétique qui relève ses spécificités notionnelles clés, ses principaux auteurs et les caractéristiques de ses différents éléments paradigmatiques.

FIGURE 1.5 – SPECIFICITES DES RESEAUX D'INNOVATION BASES SUR L'APPROCHE PAR LES RESEAUX

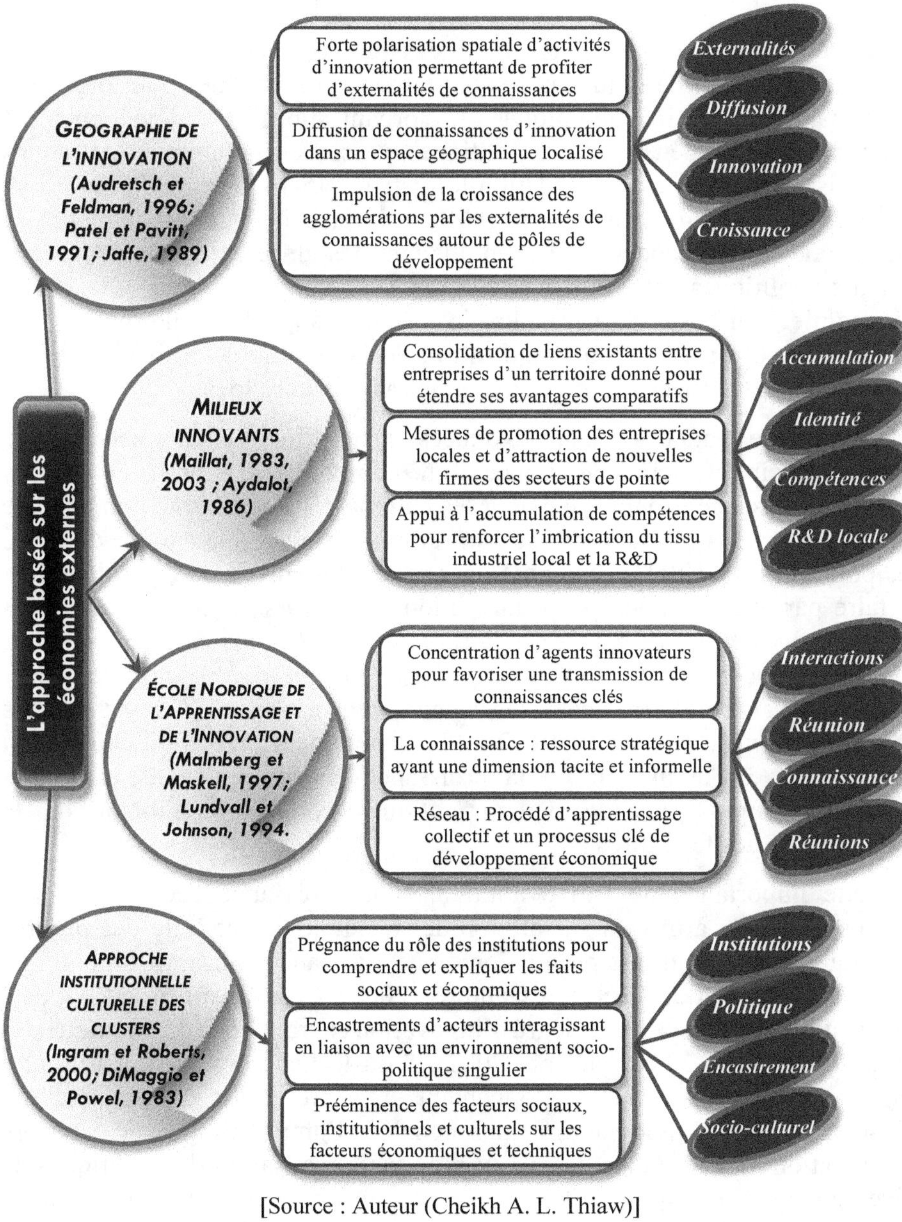

[Source : Auteur (Cheikh A. L. Thiaw)]

1.2. Innovation localisée pour le développement économique territorial

Au début des années 1980, les politiques de développement orientées pour la régulation des milieux locaux se sont largement répandues pour organiser les dynamiques socioéconomiques des organisations. Ce développement s'était amplifié au détriment des politiques classiques, notamment des suites de la crise du régime d'accumulation fordiste (1945-1975) et de la remise en cause de l'État-providence (Morin, 1998). À la base, il s'agissait de mettre en œuvre une gouvernance locale, en incitant les différents acteurs locaux (acteurs politiques et socioéconomiques) à coopérer pour dynamiser l'économie sur une sphère locale. Cette approche alternative du développement basée sur la mobilisation de la communauté locale vise en premier lieu à valoriser les ressources et les savoir-faire locaux.

Par la suite, pour les raisons évoquées *supra,* l'innovation s'est imposée comme principal facteur d'assurance d'une compétitivité pour les entreprises et d'une croissance économique pour les nations. C'est ainsi que l'encrage de cette idée dans les esprits provoqua un réflexe systématique dans le domaine des politiques de développement. Désormais, « les sorties de crise devraient se faire par le haut, donc par l'innovation », et « *lorsque des responsables politiques, des élus, des acteurs socioéconomiques locaux, des représentants de l'État se penchent sur le futur d'un territoire en mal de développement économique et social, une des pistes venant immédiatement à l'esprit est celle de l'innovation* » (Durand, 2010). D'ailleurs, comme le prédisait Schumpeter, l'innovation est le moteur de la croissance économique. Elle est aussi considérée auprès des décideurs politiques comme le moteur de la compétitivité des territoires.

Cette importance de l'innovation dans la croissance économique des nations s'articule à travers l'évolution des technologies et celle des progrès techniques résultant d'une production de connaissances faisant l'objet d'une possible accumulation (Belze et Gauthier, 2000). C'est à ce titre qu'il existe une relation persistante entre degré d'innovation et croissance économique des nations (Gauthier, 2004 ; Nelson, 2002), d'où le lien connexe apparu entre l'approche territoriale du développement et la promotion de l'innovation. C'est donc cette association qui mena à l'amplification du concept d'innovation localisée dans les choix d'opérationnalisation des politiques de développement, et explique dans une large mesure le lien évident que nous relatons entre l'innovation promue localement et les mécanismes de renforcement du développement économique des territoires. Concrètement, il s'agit d'un glissement conceptuel qui induit une imbrication entre les politiques de développement territorial et les logiques d'innovation, soit un état de fait impliquant une redéfinition des approches politiques, professionnelles, techniques et technologiques du développement territorial.

Dans l'optique d'une vulgarisation de tels dispositifs, des processus de changement sont mis en avant pour valoriser les ressources territoriales et permettre aux acteurs locaux d'acquérir des compétences nouvelles à travers une connexion avec d'autres acteurs disposant de savoir-faire complémentaires aux leurs. Ainsi, l'innovation est dynamisée par les mécanismes d'investissement mis en œuvre dans la localité et l'articulation d'un environnement propice à une alliance entre la recherche et l'industrie autour d'activités de R&D. L'articulation des ressources au profit du développement d'un territoire par la recherche et l'innovation incite à un rapprochement des universités entre elles, mais aussi avec d'autres structures de recherche et le monde socioéconomique, ce qui en retour, bénéficie aussi bien aux étudiants qu'à l'efficacité de la recherche et de l'innovation. En effet, elle dynamise la R&D du territoire et affecte positivement l'esprit de créativité des acteurs, de même que leur niveau de performance et de compétitivité, et stimule leur état d'esprit (curiosité, prise d'initiatives, besoins de remise en cause, etc.).

Dans cette section, nous proposons une étude de la notion de « *territoire* » afin de la rapprocher par la suite au principe de « développement territorial » avec lequel il s'est « accouplé » pour former le concept « d'innovation localisée ». Après une étude « ramassée » de la notion de territoire et des leviers stratégiques de l'innovation localisée (1.2.1.), nous présentons la nature et la structuration des acteurs qui cohabitent au sein des réseaux d'innovation localisée, c'est-à-dire les composants du modèle dynamique d'imbrication des ressources territoriales et son opérationnalisation à travers l'organisation des acteurs localisés autour de l'innovation (1.2.2).

1.2.1. Innovation localisée : Notion de territoire et leviers stratégiques

L'optique de cette section n'est pas de revenir sur la notion de territoire suivant une analyse de ses acceptions relatives à la formulation d'une structuration industrielle et économique, et une prise en compte de considérations ayant trait au regroupement en son sein, d'entreprises et d'autres types d'organisations socioéconomiques. Ces questions ont déjà été largement évoquées *supra*. Notre analyse est limitée ici à ses préceptes définitionnels, ses contours opérationnels ainsi que sa dimension physico-existentielle.

Le territoire recouvre des contours assez variés faisant référence à des dimensions géographiques, économiques, sociologiques et politiques. Il peut être défini comme un espace géographique avec des particularités naturelles, culturelles et économiques accaparées par des groupes d'individus qui prennent possession de ses ressources et y aménagent des moyens matériels et d'expressions symboliques. Du fait de l'action d'appropriation qui le caractérise, le territoire recouvre une perspective historique qui évoque un « vécu », des « pratiques » et des « significations » qui lui sont octroyées (Di Méo et Buléon, 2005, p. 85 ; Saives et Desmarteau, 2010).

Du point de vue de Di Méo et Buléon (2005, p. 97), le territoire « *témoigne d'une appropriation délibérée à la fois économique, idéologique et politique de l'espace géographique ». Cette appropriation est le fait de groupes sociaux localisés qui se donnent une représentation particulière d'eux-mêmes, de leur histoire, de leur singularité et de leur identité. Le terme territoire signale d'abord un mode de partage et de contrôle de l'espace terrestre garantissant la spécificité et la permanence, la puissance, les ressources (matérielles et symboliques) et la reproduction des entités sociales qui l'occupent* (ibid.).

Cependant, attribuer à la notion de territoire une définition opérationnelle paraît complexe. Au stade de notre analyse et compte tenu de ses perspectives, il paraît plus pertinent de ne retenir le phénomène d'appropriation du territoire qu'en tant que processus d'exécution de projets à la fois individuels et collectifs. D'où l'idée de Bréchet et Desreumaux (2006) selon laquelle le phénomène d'appropriation revêt « *les mêmes dimensions que celles du projet, à savoir une dimension existentielle et une dimension opératoire* » pour laquelle les perspectives d'actions de l'individu ou du collectif sont très distinctes (Saives et Desmarteau, 2010).

La dimension existentielle questionne, à partir d'opérations de recherche de significations et de légitimité (Bréchet et Desreumaux, 2006), un intervalle temporel (entre le présent et l'histoire) afin d'entrevoir un futur possible basé sur un lien de cause à effet entre des actions et des moyens mis en œuvre (Gabriel et Cadiou, 2005 ; Laufer, 2000 ; Suchman, 1995). Cela amène à invoquer la question de la légitimité « territoriale » des entreprises. Pour (Marchesnay, 1998, p.101), cette légitimité est « *d'autant plus forte que l'entrepreneur assume un rôle, remplit une fonction qui répond aux attentes du milieu environnant* ». De ce fait, il incombe à l'entrepreneur de chercher à bien comprendre son environnement et les attentes (exprimées ou non) des différentes parties prenantes, pour pouvoir pouvoir par la suite y répondre efficacement et avoir l'espoir de pérenniser ses activités. C'est au travers de ses activités et ses agissements que l'entreprise élabore à partir de sa compréhension de son environnement, les stratégies adéquates en matière d'objectifs convenables économiquement et socialement.

D'ailleurs d'après Saives et Desmarteau (2010), cette propension vers la notion de « légitimité » est un des points centraux défendus par les tenants de la responsabilité sociale de l'entreprise (RSE) qui estiment cette adéquation entre les activités de l'entreprise et son comportement comme cruciale pour l'acceptabilité et l'atteinte de ses ambitions socioéconomiques. Cependant, dans un monde de plus en plus globalisé, complexe et exposé à un lot d'incertitudes grandissant (ouverture des frontières, tendance à l'uniformisation, etc.), les exigences sociétales en matière de besoins et de responsabilisation des entreprises ont tendance à se renouveler rapidement (Pasquero, 2005 ; et Gervais, Larue et Rastoin, 2004).

En tant que législateurs et pilotes des moteurs du développement économique du pays, les pouvoirs publics sénégalais doivent apporter les réponses concevables aux questions fondamentales aux premières desquelles, figurent le déploiement de moyens pour orienter les activités des entreprises vers la satisfaction de besoins socioéconomiques et la pérennisation de leur croissance sur le long terme.

En outre, la dimension opératoire de l'action d'appropriation des territoires fait référence à l'implémentation d'activités et d'actons visant l'émergence d'organisations socio-industrielles, puis de la mise en œuvre de moyens opérationnels en tant que solutions et fins stratégiques. En d'autres termes, la territorialisation des firmes consiste à rapporter des moyens à des fins pour atteindre des objectifs stratégiques et de développement économique. À cet égard, Bréchet et Desreumaux (2006, p.17) précisent que les règles n'ont de sens que si elles sont rapportées aux fins d'une action commune.

Ce faisant, au-delà d'une typicité des productions des entreprises selon les territoires (ou produits de terroirs), l'objectif de ce travail est surtout d'explorer les voies et moyens permettant d'asseoir au Sénégal, des mécanismes pour pérenniser des stratégies territoriales visant des phénomènes de co-construction entre les organisations. Dans ce cadre, nous devons penser le territoire sénégalais en tant que « construit », et non pas uniquement pour ses contenances en ce qui concerne les ressources. En fait, il s'agit de considérer les localités en fonction de l'appropriation qu'en ont faite les populations. C'est à partir de là que situe le passage d'une logique d'allocation et de *localisation* à une logique d'ancrage de *territorialisation*. C'est pour rendre compte que cette territorialisation que nous prônons « *consiste à penser les logiques spatiales des firmes comme des processus compétitifs (créateurs de rentes diversifiées) de co-construction et d'activation (plus ou moins complexe) combinatoire et dynamique de ressources et de compétences territorialisées* » (Saives et Desmarteau, 2010). L'activation des ressources est facilitée par le contexte des proximités plurielles (Boschma, 2005, Torre

& Rallet, 2005 ; Rychen & Zimmermann, 2008) des acteurs du territoire des organisations.

Ainsi, en tant que construction sociale, le territoire est un axe d'émergence et de développement de capacités dynamiques d'interaction entre des acteurs diversifiés, et un vecteur d'apprentissage pour des entreprises localisées. Dans ce cadre, l'étude de la littérature permet d'identifier différentes formes de territorialisation ou encore d'activation et de co-construction de ressources et de compétences territoriales. Selon Saives (2002), prenant en référence le territoire des firmes agroalimentaires françaises, il existe quatre constructions stratégiques contingentes qui permettent aux entreprises de renforcer leur compétitivité : la consommation, la conservation, la contagion et la cooptation (*voir* figure 1.6).

FIGURE 1.6 – MODES DE TERRITORIALISATION ET AVANTAGES POUR LES ENTREPRISES LOCALISEES

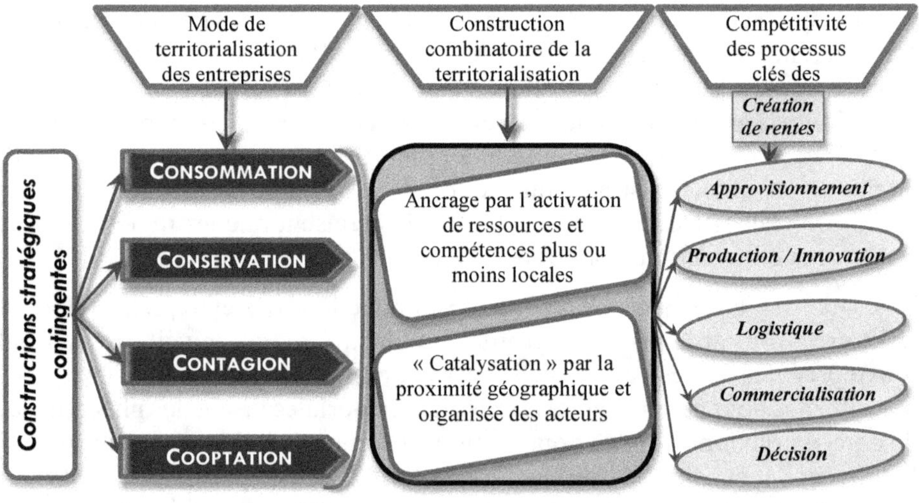

[Sources : Auteur (Cheikh A. L. Thiaw), Adapté de Saives (2002) : Cas des entreprises du secteur agroalimntaire français]

D'après cette conception, les modes de territorialisation identifiés font état d'une propension de l'entreprise à prendre des formes de structurations disparates. En effet, elle peut s'orienter vers une approche le substituant au territoire, c'est-à-dire avec une conservation des ressources et des compétences locales, ce qui lui octroie la capacité de « création de rentes de monopole patrimoniale » (Saives, 2002). La firme peut également parfois se mouvoir vers une approche la qualifiant d'édificatrice du territoire, avec une « contagion, par la coopération entre entreprises, et la construction de capacités dynamiques sur la base d'expertises locales et supra-locales pour encourager l'innovation et le changement » (*ibid.*).

De même, l'entreprise peut aussi s'approprier le territoire au travers de cooptation, c'est-à-dire par une affectation de ressources et compétences extra-locales et un pilotage à distance d'une entreprise localisée. Enfin, l'entreprise peut également se réserver le territoire à travers une consommation d'activités de R&D locales sur la base d'un rapport contractuel marchand et d'une minimisation de ses coûts de transaction.

Toutefois, force est de constater que de nos jours, les aléas de la mondialisation et de l'ouverture des marchés, avec des facteurs de production plus « globalisés », il y a une forte métamorphose de l'angle de cadrage des modèles de territorialisation qui amène aujourd'hui les pouvoirs publics à se questionner sur une prédominance de modèles de territorialisation qui seraient peu ou prou nomades (Zimmermann, 1995) par rapport à d'autres. De même, la suppression des frontières permise par les avancées des technologies et les possibilités offertes en matière de travail à distance conduisent à envisager d'autres formes de mise en réseaux des entreprises sans une base spatiale commune (nous y reviendrons).

Dans cette perspective, mettre à niveau l'économie sénégalaise à travers le déploiement de réseaux d'innovation territorialisés de type clusters (*cf.* Chapitre 4), impose une prise en considération des nouvelles donnes de l'économie mondiale. Dans le cadre de cette analyse portant sur le terrain sénégalais, nous considérons que les logiques de territorialisation à adopter et l'organisation en réseaux des entreprises qui les composeront pourraient être développées de manière disparate selon différents niveaux : local, national et international. En d'autres termes, il s'agit pour l'économie sénégalaise d'asseoir une base de développement territorialisée de ses acteurs économiques, en mettant à leur disposition un ensemble de facteurs incitatifs sur le plan des ressources et compétences qu'elles se devront de s'approprier pour accroître leurs performances. Ces ressources, à la fois génériques et singulières, sont à la fois d'ordres économiques, idéologiques et politiques (Colletis et Pecqueur, 2001), voire spécifiquement locaux et supra-locaux (Saives et Desmarteau, 2010).

À cet égard, l'innovation localisée prônée dans cet ouvrage répond à un ensemble de critères et vise des objectifs spécifiques en termes de création d'emplois, de support de performance des entreprises et de stimulation de la croissance économique à partir des contrées locales vers la sphère nationale et supranationale.

Pour en revenir à la notion d'innovation[8], il s'agit d'un processus clé de la création de valeur au cœur des clusters et des réseaux territorialisés contemporains. Dans cette optique, il importe d'élaborer de manière réfléchie des mécanismes de construction de cette innovation territorialisée (localisée), car le territoire des entreprises est une co-construction d'acteurs, en quête ou non d'une forme de légitimité et de ressources et compétences clés. D'après Marshall (1890), la « localisation de l'industrie » s'apparente à une structuration géographique comportant un ensemble de traits clairement définis. Ces traits représentent :

– Une concentration de l'industrie sur un territoire géographiquement délimité ;

– La spécialisation de l'industrie dans une seule production, le rassemblement d'un grand nombre d'entreprises de petite taille, spécialisées dans une phase (ou un petit nombre de phases) de la fabrication d'un produit ;

– Le développement d'activités industrielles et commerciales auxiliaires ;

– La mise en place d'une atmosphère industrielle favorable à l'apprentissage et à l'innovation ;

– L'établissement d'un réservoir de mains-d'œuvre qualifiées et mobiles.

Cette perspective de Marshall, combinée aux considérations de Porter (1990, 1998) qui incitent l'implication des pouvoirs publics dans l'émergence, nous permet d'émettre quelques éléments de stratification des différents composants des réseaux d'innovation territoriaux sénégalais que nous présentons dans la figure 1.7 suivante.

[8] « *Innovation* » comprise ici au sens de l'OCDE comme étant la mise au point/commercialisation d'un produit plus performant dans le but de fournir au consommateur des services ou services objectivement nouveaux ou améliorés.

FIGURE 1.7 – FACTEURS D'ATTRACTION FAVORISANT LE SUCCES D'UN RESEAU D'ACTEURS LOCALISES

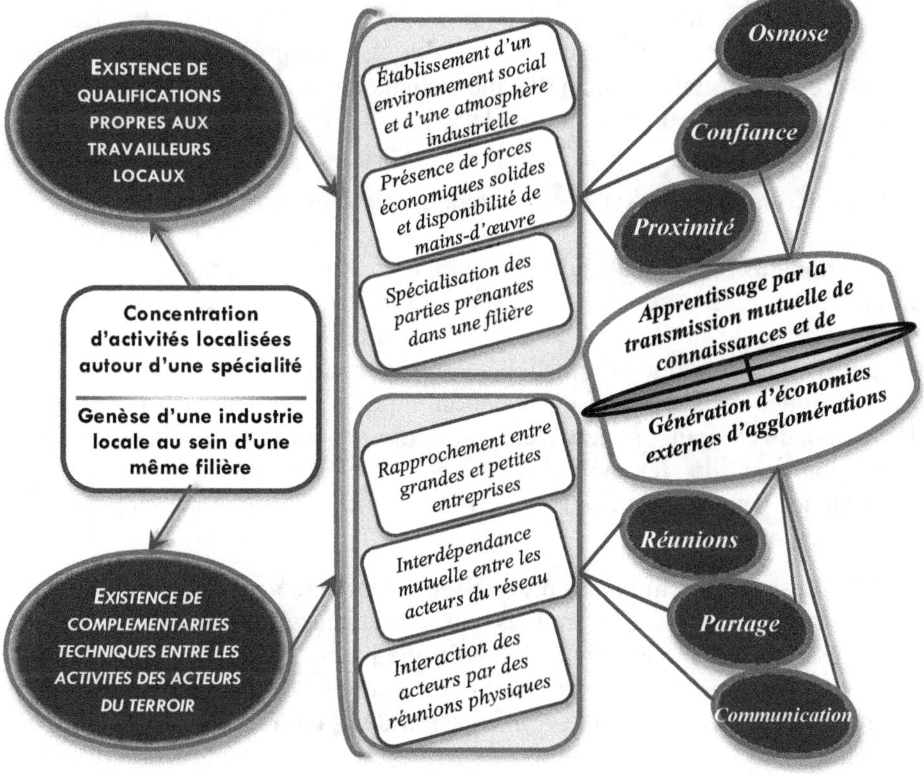

[Source : Auteur (Cheikh A. L. Thiaw)]

Dans un territoire-cible donné, l'efficacité de la mise en réseau d'acteurs publics et privés implique l'existence dans cette localité, de ressources et compétences particulières, notamment en ce qui concerne la main-d'œuvre qualifiée et les expédients infrastructurels. Cette efficacité suppose également l'édification de facteurs d'incitation et de promotion de l'innovation (financement, ressources humaines, conditions de la demande, liaison avec les clients, etc.). En effet, par l'instauration d'un environnement social et d'une « atmosphère industrielle » basée sur la proximité, la confiance et l'osmose entre les parties prenantes, le réseau territorialisé favorise l'apprentissage de nouvelles capacités technologiques par l'apprentissage et la transmission mutuelle de connaissances et des compétences clés.

De même, la complémentarité entre les acteurs du réseau territorialisé permet à ces derniers de mieux compléter et parfaire leur soubassement technologique, ce qui leur permet ainsi d'être aptes à mieux innover et à se confronter à la compétition économique. Comme le met en exergue la figure précédente, cette imbrication partenariale génère une interdépendance mutuelle qui incite les acteurs à s'ouvrir entre eux pour favoriser des interactions positives utiles pour l'ensemble. Les rapprochements se font par le partage d'informations ainsi que par le biais de réunions et des procédés de communication interorganisationnelle.

1.2.2. Composants d'un modèle dynamique d'innovation localisée

L'innovation localisée s'apparente donc comme un concept permettant de mobiliser les ressources d'un territoire afin d'encourager un transfert croisé entre le monde de la recherche scientifique et celui des entreprises (l'industrie). Elle s'opérationnalise selon divers formats : clusters, pôles de compétitivité, technopôles, parcs technologiques, etc. Il s'agit à travers ce type de réseaux de créer un pôle de R&D économique pour favoriser la genèse d'un développement de technologies et de nouvelles pratiques, ainsi que l'émergence d'un tissu industriel fécond en matière d'innovations propices à l'accès aux marchés.

La dynamique d'innovation localisée est obtenue par l'accumulation de différents composants qui, animés par des acteurs qui leur sont propres, permettent, par la coopération, d'obtenir une jonction de plusieurs formes de compétences complémentaires. Parmi ces composants, l'université, à travers son rôle dans l'évolution et la transmission des savoirs, se situe à l'orée des sources d'innovation. Au-delà de sa qualité d'unité d'enseignement et de sa fonction de pourvoyeuse de « capital humain », l'université possède en son sein des structures de recherche productives et généralement moins onéreuses. De même, ses équipes de recherche très performantes en recherche fondamentale permettent d'apporter des réponses aux « verrous » technologiques, de résorber certains « goulots d'étranglement » et de couvrir les étapes critiques des processus de développement des innovations.

La deuxième catégorie d'acteurs concerne celle du monde industriel. La présence de grandes entreprises est un avantage crucial pour la constitution d'un modèle d'innovation localisée réussie. C'est un facteur d'attractivité territoriale permettant, avec l'implication active de PME innovantes, de parfaire les processus de construction de l'innovation au travers de relations d'interdépendances réciproques. Ancrés dans le territoire et soutenus par l'État et ses institutions dans le cadre de collaborations interorganisationnelles, ces acteurs peuvent avoir des fonctions de clients, de fournisseurs, de prestataires, et ceci par des relations sociales et institutionnelles s'étendant dans l'espace territorial du milieu innovant.

Afin d'assurer la cohérence d'ensemble des actions de ces différents acteurs partenaires, des dispositifs incitatifs sont mis en œuvre pour provoquer la création et le développement d'entreprises innovantes et susciter l'émergence d'un terreau favorable au déploiement d'activités de R&D collaboratives.

En résultante, l'interrelation entre ces différents acteurs permet de faciliter la valorisation des résultats de la recherche. Pour cela, des problématiques de recherche sont formulées en tenant compte de besoins spécifiques des entreprises en matière d'innovation, mais aussi des problèmes socioéconomiques du pays. D'ailleurs, la formalisation de la connexion entre universités et autres acteurs socioéconomiques est un moyen reconnu concluant pour obtenir une validation des résultats issus de la recherche tout en facilitant leur appropriation dans la société.

FIGURE 1.8 – COMPOSANTS D'UN MODELE DYNAMIQUE D'INNOVATION LOCALISEE

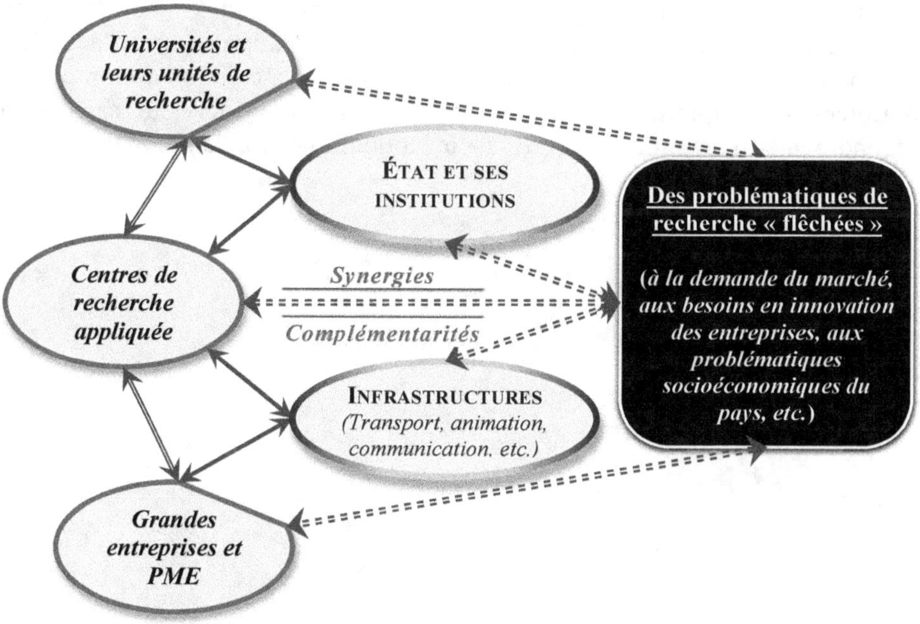

[Source : Auteur (Cheikh A. L. Thiaw)]

Outre ces composants d'ordres structuro-humains et stratégiques, d'autres sous forme d'infrastructures (de transport, de communication et d'animation) sont mis en évidence dans la figure précédente. Ces derniers sont nécessaires pour la fluidification des échanges entre les différentes structures organisationnelles censées collaborer sous le sceau d'une logique visant l'instauration d'un cadre d'émergence de nouvelles pratiques et de développement local sur la base de leurs complémentarités.

Dans ce cadre d'innovation localisée, les politiques de développement économique visent à mettre les acteurs locaux et leurs activités au cœur du processus de territorialisation en provoquant une cohabitation harmonieuse entre les communautés et les personnes. Elles les amènent, à travers l'optimisation et la mutualisation de leurs ressources, à construire une synergie nouvelle susceptible d'octroyer un développement plus efficace et plus durable de leurs activités. Pour ce faire, des solutions novatrices adaptées spécifiquement à chaque territoire sont ainsi expérimentées pour impulser un développement localisé. Pour certains pays comme la France[9], l'opérationnalisation de cette forme de politique est passée par la création d'un cadre propice à l'émergence de projets d'innovation collaboratifs (PIC) déclinés selon une approche territoriale des acteurs. En effet, les territoires des pôles de compétitivité français sont présentés comme des laboratoires du développement économique local où la R&D collaborative permet d'accroître la génération de richesses des territoires, de stimuler la création d'emplois, de renforcer la compétitivité des entreprises et de consolider leur capacité à répondre positivement aux besoins socioéconomiques fondamentaux.

[9] Voir la politique des pôles de compétitivité français (chapitre 2, section 2.1. Cas illustratifs de succès du concept d'innovation localisée : Modèles issus de pays développés)

1.3. Innovation dans les économies émergentes

Depuis maintenant plusieurs années, « les nouveaux marchés » issus des pays émergents ont rejoint le peloton de tête des pays qui dominent l'économie mondiale (Chine, Inde, Russie, Brésil, Argentine, ou Afrique du Sud). Ce sont de nouvelles puissances économiques qui contraignent à une reconfiguration des rapports économiques et politiques sur l'échiquier mondial. De ces pays émergents s'ajoutent d'autres, moins développés, mais qui recèlent en leur sein d'importantes potentialités de développement et de croissance peu ou non encore explorées. Ces économies représentent des endroits dynamiques où les grandes entreprises multinationales opèrent pour stimuler l'innovation, mais aussi dans lesquels les entreprises domestiques se remuent pour trouver des solutions innovantes aux problématiques socioéconomiques de leur population. Cependant, parallèlement à ces potentialités de développement situées au niveau interne, il y a également dans beaucoup de ces pays d'importantes contraintes à l'innovation. Il s'agit en particulier du défaut de moyens des acteurs (infrastructures, équipement, ressources humaines, faibles capitalisation, financement, manque d'instruction, etc.), de l'absence de structures d'appui et de soutien à l'innovation, de la disparité et du caractère dichotomique des sociétés en place (ou très pauvres, ou très riches), ou encore des principes d'encadrement des modes de vie des populations (politique, us et coutumes, religion, etc.).

Pour faire face à ces difficultés et offrir des produits et services à destination des populations de ces économies émergentes ou sous-développées, les entreprises locales et les multinationales sur place adoptent des stratégies et des orientations opérationnelles originales. En effet, passant outre les écueils et l'absence de mécanismes de soutien à la R&D, ils ont développé des capacités d'innovation novatrices. Au cours de la dernière décennie, la *géoéconomie* de l'innovation s'est métamorphosée du fait des évolutions constantes des pays émergents en matière d'innovation. Ainsi, portant sur l'évaluation et la comparaison de plus de 140 pays dans le domaine de l'innovation, le Global Innovation Index (GII)[10] 2015 permet de constater

[10] Rapport publié chaque année depuis 2007 par INSEAD, Cornell University et l'OMPI (Organisation mondiale de la propriété intellectuelle) : www.globalinnovationindex.org
Le GII offre une vision composite des performances nationales en matière d'innovation qui ne se limite pas uniquement au nombre de brevets et de licences obtenus par telle ou telle nation, mais offre une combinaison de 79 indicateurs dont la valorisation du capital humain, l'investissement dans la recherche, le perfectionnement des entreprises et les résultats dans le domaine de la création d'entreprises innovantes.

que « *la situation des économies émergentes au regard de l'innovation n'a cessé de s'améliorer* » depuis plusieurs années (Lanvin, Miroux, 2016).

TABLEAU 1.3 – CLASSEMENT DES PAYS LES PLUS INNOVANTS EN 2015

DIX PREMIERS PAYS DU GII 2015		DIX PREMIERES ECONOMIES EMERGENTES ET EN DEVELOPPEMENT	
Pays	**Classement**	**Pays**	**Classement**
Suisse	**1**	Singapour	**7**
Royaume-Uni	**2**	Hong Kong	**11**
Suède	**3**	Corée du Sud	**14**
Pays-Bas	**4**	Chine	**29**
États-Unis	**5**	Malaisie	**32**
Finlande	**6**	Barbade	**37**
Singapour	**7**	Chili	**42**
Irlande	**8**	Arabie Saoudite	**43**
Luxembourg	**9**	Émirats arabes unis	**47**
Danemark	**10**	Maurice	**49**

[Sources : Rapport du Global Innovation Index (GII), 2015]

Ce rapport fait état de progrès remarquables et relate une importance particulière de l'innovation dans les priorités nationales de ces pays (notamment ceux de l'Asie du Sud-Est et les pays du Golf). Ainsi, certains d'entre eux ont dépassé des pays industrialisés comme l'Italie et le Portugal et talonnent même les pionniers de l'innovation que sont les USA et certains pays du Nord.

Dans cette section dédiée à l'innovation dans les économies émergentes, nous étudions les mécanismes développés dans ces pays pour porter la mise sur l'innovation localisée dans l'optique de renforcer leur développement économique. Nous verrons que c'est face aux écueils qui complexifient le processus d'innovation, et du fait des nombreux défis de développement locaux (nécessité d'une satisfaction des besoins de populations pauvres ou faiblement éduquées) que l'exploration de solutions novatrices a permis à ces pays d'ouvrir de nouvelles voies d'innovation qui aujourd'hui, changent la nature originelle de l'innovation et de son processus, tout en affectant qualitativement les démarches qui permettent son obtention. Il s'agit du concept communément appelé « innovation frugale » (1.3.1.). Si les pratiques assimilées à cette nouvelle forme d'innovation ont vu le jour sous l'action des acteurs économiques des pays émergents et ceux en développement (d'Asie, d'Amérique du Sud et d'Afrique), des initiatives proches de ce modèle commencent aussi à se répandre auprès de très grandes entreprises multinationales issues de pays développés (1.3.2).

1.3.1. Émergence d'une nouvelle forme « d'innovativité » : Innovation frugale

Le concept d'innovation frugale est défini selon des connotations disparates, mais concordantes entre elles. On lui accorde souvent un rôle économique dans la mesure où il permet d'innover en réduisant les coûts. Il est aussi compris comme celui de « *jugaad* innovation » (Radjou et al., 2013), c'est-à-dire une ingénierie spécifique permettant de faire plus avec des moyens moindres, en minimisant l'usage des ressources naturelles rares. En cela, elle *« aboutit à un construit technologique peu sophistiqué, mais qui répond directement (et totalement) à un besoin sans le simplifier* », d'où son assimilation parfois « *au bricolage, au système D, à la débrouillardise* » (Haudeville et Le Bas, 2016).

En parallèle, il est aussi présenté comme ayant une finalité sociétale, car l'innovation frugale vise à servir prioritairement les populations les moins riches et est présentée comme un moyen d'inclusion des populations fragiles. C'est en cela qu'il est aussi parfois assimilé à un moyen d'apport de réponses à des segments ou besoins nouveaux, à du « *low-cost* » et offrant une accessibilité étendue (Eagar *et al.*, 2011).

De manière schématique, l'innovation frugale (ou inversée) n'est pas un concept exclusivement *low-cost*, c'est-à-dire proposant des prix bas, mais présente aussi d'autres dimensions ayant trait à la simplicité et l'accessibilité des technologies, à une finalité sociale et durable et à la qualité. De manière générale, elle octroie aux acteurs économiques des possibilités de développement de nouveaux procédés de conception de produits et de services, tout en ayant des impacts économiques généraux liés à une réduction des coûts et l'apport de réponses à des besoins basiques. Ainsi, elle permet aux entreprises (multinationales y comprises) d'ouvrir de nouvelles orientations pour desservir des segments de marché alternatifs à leurs segments traditionnels (*cf.* tableau 1.4).

TABLEAU 1.4 – DIFFERENTS CONCEPTS D'INNOVATION : DEFINITION ET IMPACTS

FORMES D'INNOVATION	DEFINITION	IMPACTS ECONOMIQUES GENERAUX	IMPLICATIONS STRATEGIQUES POUR LES FIRMES	REFERENCES
Innovation frugal	Nouvelle conception des produits	Réduction des coûts + réponse aux BOP	Nouveaux segments de marché desservis	Basu et *al.* (2013) Radjou et *al.* *(2013)*
Low-Cost innovation	Même fonctionnalité que les produits du Nord, mais couts moindres	Minimisation des coûts par baisse du nombre de fonctionnalités	Attaque de nouveaux segments de clientèles	Zeschky et Ial. *(2014)*
Good-enough innovation	Nouvelles fonctionnalités	Bonnes correspondances avec la demande des consommateurs	Similaire à la *low-Cost* innovation	Zeschky et Ial. *(2014)*
Innovation inverse	Transfert des idées du Sud vers le Nord	Ce sont les marchés qui priment et non la technologie	Au cœur des stratégies des FMN du Sud comme du Nord (en concurrence)	Brem et Ivens (2013)
Innovation durable	Mix d'innovations environnementales et sociales	Participe de l'économie circulaire	Les firmes se positionnent sur les produits vers et la RSE	Ketata et *al.* (2014)

[Source : Haudeville B., Le Bas C., (2016)]

Aujourd'hui, si son développement reste encore limité, l'innovation frugale s'opérationnalise de plus en plus dans de nombreux pays émergents. D'après une étude du cabinet BearingPoint, ce principe d'innovation novateur pourrait s'articuler en quatre temps que nous conceptualisons dans la figure suivante. De manière concrète, l'innovation frugale consiste pour des populations à faibles revenus, à générer des innovations permettant de répondre aux besoins locaux non encore satisfaits, et ceci grâce à des procédés de simplification, de détournement et d'adaptation d'innovations déjà conçues ailleurs. Il s'agit d'un processus inversé du cycle d'innovation traditionnel qui permet d'obtenir, à partir de faibles coûts de production, des produits à très fortes valeurs ajoutées. Ces produits issus de l'innovation inversée vont être proposés à des marchés de masse, à des prix faibles, tout en ayant un rapport prix/performance satisfaisant (*cf.* figure 1.9). Une fois les marchés domestiques conquis, ils sont par la suite propagés dans d'autres pays aux marchés comparables et avec des niveaux de développement équivalent.

Le concept d'innovation frugale s'est d'abord propagé en Inde, puis a conquis d'autres pays. Si depuis 1999, la Chine se distingue en matière d'innovation par l'augmentation substantielle et constante de ses dépenses en matière de R&D[11], l'innovation en Inde se développait avec la prise en considération de contraintes et d'un environnement économique assez « hostile ». Il s'agissait d'une intégration des réalités relatives à la rareté de ressources pour tenter de trouver des solutions qui contribuent au bien-être socioéconomique de la population. De ce fait, l'innovation frugale, à la fois source de performance pour les entreprises et d'utilité sociétale, est une intégration des niveaux macro et microéconomique de l'économie. C'est de la part de cette démarche originale que le concept a été défini comme étant la capacité ingénieuse à « faire plus, avec moins », ou l'art de se débrouiller dans des conditions d'hostilités intenses.

[11] La part de l'innovation représentait 1,70 % du PIB de la Chine en 2009, et ses dépenses en R&D ont passé de 3 % à 12 % de l'effort mondial en 2009. Le défi pour la Chine est désormais de « passer de la recherche et développement, celle menée par les entreprises (près de 70 % du budget R&D) et axée sur l'adaptation de produits, à celle dite « fondamentale », ou recherche pure, celle qui donne lieu à la vraie innovation »23

FIGURE 1.9 – LES PHASES DU PROCESSUS D'INNOVATION FRUGALE OU INVERSEE

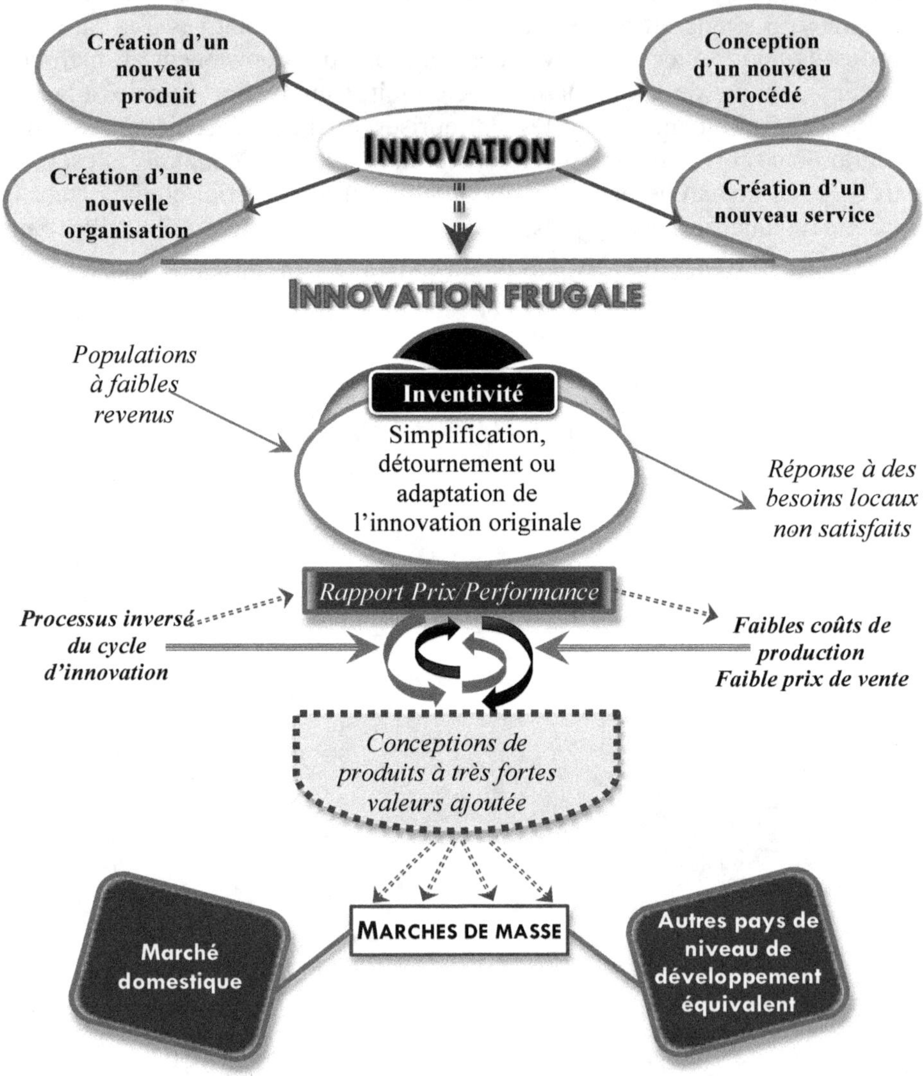

[Source : Auteur (Cheikh A. L. Thiaw)]

1.3.2. Portée et cas illustratifs d'innovation frugale

Si des pratiques comparables à l'innovation frugale existent dans d'autres pays aux conditions économiques similaires à celles de l'Inde, les initiatives allant en ce sens abondent et le modèle commence à se répandre même auprès de très grandes entreprises multinationales occidentales (Siemens, Gemalto, Orange, Danone, etc.)

Au niveau africain, les exemples d'innovation frugale foisonnent également de plus en plus. L'exemple le plus « parlant » aujourd'hui concerne les usages faits des téléphones mobiles pour des fins de paiement. À titre d'illustration, face aux défauts de bancarisation de la grande majorité des populations locales, certaines entreprises comme Orange au Sénégal et en Côte d'Ivoire (OrangeMoney), ou encore Safaricom au Kenya (M-Pesa[12], M-Farm), ont développé des solutions de paiement basées sur l'usage des téléphones. Dans ce cadre, l'outil technologique (le téléphone ou le Smartphone) provient des pays développés (ceux dits du Nord), mais est « détourné » pour prendre un envol considérable dans les pays émergents et en développement, avec son emploi pour d'autres pratiques.

On peut également noter l'exemple de la Grameen Bank/Grameen Phone du célèbre prix Nobel économique Muhamad Yunus au Bangladesh qui démontre comment l'innovation contribue à faire face à des défis sociétaux (Yunus, 2009). Dans une logique analogue, c'est le cas aussi de la conception de pompes d'irrigation sans moteur ou l'usage d'applications mobiles dans le domaine de l'agriculture ou de la pêche (M-Farm au Kenya, Katalyst au Bangladesh, Fisher Friends en Inde).

Dans d'autres secteurs d'activité, le développement de ce concept gagne également du terrain. C'est le cas de celui de la biométrie où une entreprise comme Gemalto s'active dans la fabrication de cartes d'identité biométriques (notamment au Gabon). Dans le domaine de l'agroalimentaire, une entreprise comme Danone a su développer au sein de certains pays africains, des usines spécialisées dans la fabrication de produits spécifiquement destinés à la consommation des populations locales. Là aussi, il s'agit d'une adaptation aux marchés locaux en usant de technologies de production conçues d'ailleurs.

De même, le concept fait également référence à *l'Open innovation (*ou *innovation* ouverte) puisqu'il permet à des entreprises du sud de collaborer de manière intense avec des partenaires issus du Nord pour générer ensemble des

---

[12] Lancée en 2007, M-Pesa est une application de services financiers (dépôts, retraits et transferts) pour téléphones mobiles, qui a révolutionné l'accès de la population kenyanes à ces services. Depuis lors, elle a connu un succès grandissant, s'étendant à d'autres pays tels que l'Inde, l'Afrique du Sud ou plus récemment la Roumanie.

innovations. Ainsi pour son cas, l'entreprise allemande Siemens a collaboré avec des ingénieurs indiens afin de développer des technologies bon marché spécifiquement destinées aux marchés des pays émergents. Dans ce cas précis, il s'agit pour Siemens de substituer un système de moniteur cardiaque très coûteux avec des ultrasons et destiné aux marchés occidentaux, à un moniteur cardiaque « intelligent » doté de micros à bas prix, pour viser des marchés potentiels de plusieurs milliards de dollars (pays émergents et en développement).

Au-delà de ces cas illustratifs loin d'être exhaustifs, il convient surtout d'analyser la portée et les incidences que les bouleversements du cycle d'innovation traditionnel ont d'une part, auprès des habitants des pays concernés et, d'autre part, chez les grandes entreprises traditionnelles, notamment européennes et américaines.

Pour les populations des pays émergents et en développement, il s'agit à travers les bénéfices des effets de la mondialisation, d'une « surabondance » de travail qui octroie aux entreprises locales, une manne d'activités supplémentaires à occuper du fait des nouvelles idées produites, et l'apparition de nouveaux acteurs économiques locaux. De même, ces nouveaux modèles d'innovation sont adaptés aux besoins spécifiques de leurs marchés internes : importante pauvreté, infrastructures insuffisantes, faible capitalisation, etc. De ce fait, ce sont les habitants des pays émergents qui en sont les plus profitables et cela fait travailler leurs entreprises locales.

Pour les entreprises des pays développés, l'innovation devient également de plus en plus déstructurée pour s'adapter au monde d'aujourd'hui caractérisé par une complexité et une volatilité persistante. C'est pourquoi d'après Radjou (2013), les entreprises se doivent d'alléger leur processus d'innovation afin d'adopter cet état d'esprit « jugaad » et frugal, ce qui leur permettra de « *passer d'un modèle de développement de produits "just in case" à un modèle "just in time"* ».

C'est pour dire que dans un marché mondial globalisé, les entreprises occidentales se doivent également d'opter pour l'esprit de frugalité afin d'avoir les capacités d'adaptation et d'exploration des évolutions des marchés. En effet, dans les pays avancés comme ceux qualifiés d'émergents, c'est la nature même du processus d'innovation qui est en train de changer radicalement. Aujourd'hui, on tend vers un monde où l'innovation, en tant que moteur de la croissance, est beaucoup moins efficace. Ainsi dans les pays avancés, les effets sur la croissance économique des grandes innovations du vingtième siècle s'amenuisent de plus en plus. En particulier, « la troisième révolution industrielle, celle des technologies de l'information et de la communication » (notamment internet), « *qui a eu un réel impact sur la productivité dans le passé immédiat, n'entraîne aujourd'hui que peu de changements sur la productivité du travail et sur le niveau de vie* » (Haudeville et Le Bas C., 2016). De même, la part de l'innovation technologique en tant que source de compétitivité (et donc de profits) baisse continûment, par opposition à celle de l'innovation sur le plan des modèles d'affaires (*business models*) qui, elle, croît de plus en plus (Lanvin et Miroux, 2016).

C'est pourquoi les entreprises qui réussissent aujourd'hui sont celles qui ont su proposer (et souvent imposer) des modèles d'affaires originaux, s'appuyant sur des sources de profits et des mécanismes de partage de la valeur inédits (Apple, Google, Facebook, Uber, etc.). Ainsi, les succès retentissants enregistrés dans l'industrie musicale (plates-formes en lignes), le transport, l'hôtellerie et dans un nombre croissant d'autres domaines (ex. : phénomènes *d'Ubérisation*) ne sont pas uniquement permis par les progrès des TIC.

Par ailleurs, l'innovation frugale occasionne également un véritable bouleversement de la *géoéconomie* de l'innovation qui fait que les innovations générées dans les pays émergents présentent souvent des qualités novatrices qui, pour la plupart du temps, sont destinées à se répandre vers les économies avancées.

Cependant, si des modèles d'innovation frugale se développent de plus en plus dans les économies émergentes (notamment par le biais des réseaux sociaux et de l'économie circulaire), Lanvin et Miroux (2016) estiment qu'ils ne « *représentent pas nécessairement le futur de l'innovation dans les pays émergents* ». Ils considèrent qu'ils correspondent surtout *« à un état transitoire de ces économies* » et que, *« une fois les principaux écarts en matière de capitalisation, d'éducation et de niveaux de vie comblés (ou au moins réduits), pays émergents et pays avancés seront bien proches les uns des autres lorsqu'il s'agira de décider pourquoi et comment innover* ».

Toutefois, force est de constater que les pays émergents n'ont pas actuellement donné la pleine mesure de leurs capacités en matière d'innovation et que leur avenir promet des perspectives encore plus spectaculaires, même si certains écueils demeurent. En effet, le succès d'une innovation dépend de la capacité de combinaison entre une idée, un financement et un marché (ex. : Silicon Valley)[13]. Cette règle sous-tend la

[13] La *Silicon Valley* a fondé son succès retentissant sur la réunion combinatoire d'idées novatrices et de talents diversifiés (sciences, ingénierie, design, gestion) en provenance de grandes universités californiennes (Stanford, Berkeley, UCSD, Caltech par exemple), mais aussi d'apporteurs de moyens financiers (capital-risqueurs, aidée par une culture locale favorable à la création d'entreprise et tolérante

présence de capitaux locaux optimistes ayant le goût du risque, un marché local dominé par une classe moyenne dynamique offrant une multitude de besoins à satisfaire (urbanisation, transports, énergie et santé) et la disponibilité d'une manne de main-d'œuvre qualifiée permise par la présence de véritables pourvoyeurs de talents et d'idées (universités, centres de recherche, grands groupes industriels). C'est ce que nous schématisons à travers la figure suivante.

FIGURE 1.10 – 3 DIMENSIONS CUMULATIVES POUR LE SUCCES DES INNOVATIONS

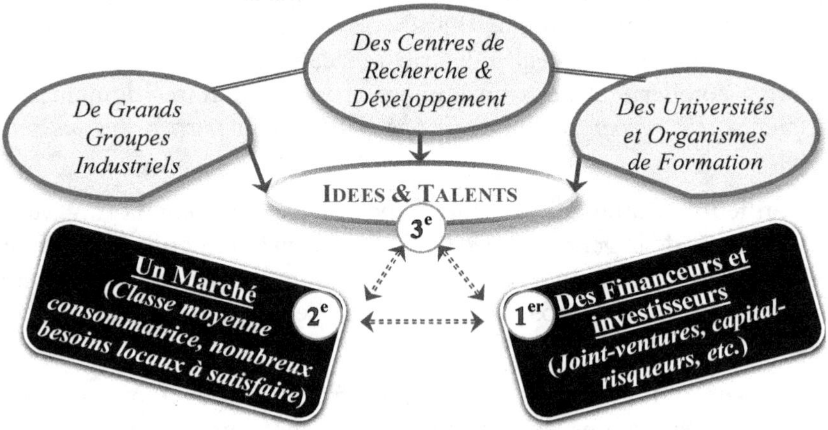

[Source : Auteur (Cheikh A. L. Thiaw)]

Dans les pays pauvres et ceux en développement, c'est la première dimension ayant trait au financement et dans une moindre mesure la troisième (idées et talents) qui constituent les principaux freins à l'innovation. Dans certains pays émergents comme la Chine, cette première exigence a été remplie grâce à la présence d'entrepreneurs du « cru » et d'investisseurs fortunés composés d'anciens émigrés de retours des États-Unis ou d'autres pays industrialisés. Puis, l'opération de choix stratégiques en matière d'investissements publics (Chine) et l'utilisation de fonds souverains et d'incitations fiscales (Singapour) ont permis de remplir la condition de financement et de réduire drastiquement le gap avec les pays avancés. De même, des investisseurs étrangers, initialement attirés par le dynamisme des marchés émergents, ont aussi participé à l'effort de financement de

à l'égard de l'échec) et d'un marché nord-américain à la fois porteur et fort consommateur d'innovations (voire chapitre 2, Section 2.1.1. La *Silicon Valley* en tant qu'archétype mondial).

l'innovation dans ces pays. C'est le cas de multinationales qui avaient établi des centres de R&D dans des pays comme l'Inde (Cisco), la Chine (HP) ou le Costa Rica (Intel).

Pour ce qui est des obstacles relatifs aux idées et talents, les pays émergents et ceux en développement ont un retard encore plus important. Tandis que le *Global Talent Competitiveness Index* 2016 (GTCI) renforce l'idée selon laquelle, les capacités d'innovation d'une nation sont fortement liées à la qualité et à la quantité des talents disponibles en son sein ? Le GTCI 2016 indique aussi que les économies émergentes ont besoin de cadres, de concepteurs, de stratèges, de communicants, mais aussi d'ingénieurs, de programmeurs, et d'autres profils techniques indispensables pour relever des défis en matière d'innovation.

Toutefois, il y a aujourd'hui une amélioration de la situation. Du fait des effets de la mondialisation de l'innovation, avec en substance des mécanismes de coopération internationaux entre entreprises des pays du Nord et celles des pays du Sud, le décalage entre pays avancés et pays émergents semble se réduire relativement. D'une part, les écarts constatés jadis diminuent grâce aux effets des complémentarités d'activités générées par les relations de partenariat internationales et, d'autre part, dans beaucoup de pays développés, les variables « éducation » et « formation » sont désormais considérées comme des priorités des politiques publiques et des organismes internationaux (OMD des Nations Unies, banque mondiale, etc.).

CHAPITRE 2.

APPROCHE OPÉRATIONNELLE DE L'INNOVATION LOCALISÉE : *ÉLÉMENTS DE BENCHMARKING*

Introduction

La transposition des méthodes théoriques dans la sphère économique des phénomènes d'innovation localisée s'opère de manière disparate. Dans la plupart des cas, elle provient de l'action des pouvoirs publics à travers des initiatives visant le développement des emplois et l'assurance d'une stabilité socioéconomique par la recherche d'une compétitivité forte et une croissance économique pérenne. De la même manière, elle peut également s'opérationnaliser de façon indépendante des contingences politiques, et plutôt sous l'instigation d'acteurs socioéconomiques soucieux de dynamiser un secteur d'activité ou de renforcer le développement de leur terroir d'implantation. Dans beaucoup de pays — qu'ils s'agissent de ceux sur la voie de l'émergence ou de ceux en phase d'industrialisation déjà avancée —, la mise est davantage portée sur l'essor d'activités technologiques et sur le développement d'une industrie territorialisée forte basée sur le rapprochement des acteurs locaux au travers de réseaux d'innovation.

Les formes de réseaux développées prennent différentes configurations et s'opérationnalisent selon des actions et des politiques publiques plus ou moins disparates. En France, la promotion par le gouvernement de ce type d'écosystèmes d'affaires s'est essentiellement orientée vers la création de réseaux de connaissances à travers le dispositif des pôles de compétitivité

(PdC) émis en 2005. Aux États-Unis, on parle plutôt de clusters basés sur des initiatives privées d'opérateurs économiques soutenues par des entrepreneurs institutionnels et de multiples parties prenantes venant en support des projets collectifs conduits en leur sein. D'ailleurs, l'origine des clusters américains provient souvent de la constitution de plates-formes industrielles ou *servicielles* avec en substance, la présence d'une firme pivot en position nodale qui va piloter les actions du réseau local. Les PdC français se sont inspirés des clusters américains avec la seule différence qu'ils sont basés sur une approche *top down*, avec un rôle important de l'État français aussi bien dans leur mise en place que dans leur fonctionnement. Alors que les clusters américains sont plutôt orientés vers une approche *bottom-up*, avec un rôle plus persistant des acteurs industriels dans leur éclosion et leur mise en œuvre.

Cependant, si ces réseaux d'innovation épousent des formes protéiformes, leur point commun principal reste la recherche d'une fertilisation de l'innovation en réseau associée à une dynamique de territoire. Ils offrent à leurs parties prenantes des opportunités réelles de développer en leur sein des processus d'innovation ouverts multipliant les liens entre différents acteurs (essaimages, octroi de licences, partenariats en R&D, etc.). À ce titre, ils contribuent à accroître l'efficience et l'efficacité de la R&D, puis de l'innovation (Chesbrough et Brunswicker, 2013). Les finalités recherchées à travers la mise en place de ce type de réseaux d'innovation peuvent être scindées en deux groupes d'objectifs relatifs à la recherche de compétitivité. D'une part, la recherche d'une compétitivité spatiale et territoriale et, d'autre part, la quête d'une compétitivité commerciale.

La recherche d'une compétitivité spatiale et territoriale vise trois points d'amélioration. Le premier point fait référence à la recherche d'un renforcement dans le territoire, du dialogue politique avec le secteur privé. Le deuxième point a trait au renforcement des infrastructures, à l'amélioration de l'environnement des affaires et du soutien public. Et le troisième point vise le renforcement de l'accès à l'information, aux financements et à des services spécifiques.

Quant à la recherche d'une compétitivité commerciale, elle est également basée sur trois points d'objectifs. Le premier s'intéresse particulièrement aux conditions d'obtention d'économies d'échelles à travers la mise en commun des acteurs. Le deuxième vise l'amélioration des compétences et des connaissances des acteurs. Et le troisième concerne des actions à conduire pour permettre l'accroissement de la productivité à travers les investissements et l'innovation.

Ce chapitre est divisé en deux sections qui traitent de l'opérationnalisation du concept d'innovation localisée. Ainsi par des analyses empiriques et l'apport d'éléments de *benchmarking*, il permet de rendre compte de cas d'illustration de son succès dans les pays industrialisés et développés comme la France et les États-Unis (2.1). Dans ce cadre, l'exemple du cluster de la *Silicon Valley* représente la meilleure illustration. Ce cluster est reconnu aujourd'hui comme un modèle qui a permis l'éclosion d'entreprises devenues aujourd'hui des multinationales de renom. Nous avons également souhaité associer à notre analyse, la citation du cas des pôles de compétitivité français qui diffèrent relativement du modèle américain, notamment dans la phase d'émergence et leur façon de fonctionner. De manière subséquente, nous avons considéré utile d'approfondir notre travail d'observation empirique en pointant notre curseur sur des cas d'innovation localisée promue au sein de pays émergents et d'autres en phase de développement retardé (2.2). Il s'agit principalement de réseaux d'innovation locaux basés dans des zones économiques plus ou moins semblables à celle du Sénégal : clusters de Bangalore en Inde, clusters du Ghana et du Kenya en Afrique.

2.1. Cas illustratifs de succès du concept d'innovation localisée : *Modèles issus de pays développés*

Comme déjà relaté ci-avant, la localisation de l'innovation et des activités de R&D, par exemple par le biais de clusters, permet de faire face aux problématiques régionales et des besoins spécifiques locaux. En effet, s'il existe des besoins homogènes, d'autres ne sont pas forcément partagés par tout un chacun et font référence à des spécificités locales dépendant de coutumes et de normes édictées par un ensemble de facteurs tels que le niveau de développement, les réalités culturelles et religieuses, les ressources disponibles, etc. De même, des produits, services et applications fonctionnellement homogènes (c'est-à-dire qui sont indifféremment consommés ou utilisés par les consommateurs) et élaborés pour répondre à des besoins globaux peuvent en réalité se différencier par leur localisation, leur dimension temporelle ou encore leur présentation (Grubel et Llyod, 1975).

Plus que la satisfaction de la demande locale, les clusters (Porter, 1990, 1998, 2000) sont des lieux où des acteurs-détenteurs d'idées innovatrices vont avoir accès à des ressources qui leur ouvrent l'accès à des marchés-cibles. Ce sont des lieux d'échange et de valorisation de la recherche publique et privée grâce aux efforts conjoints d'une multiplicité d'acteurs engagés sur un territoire donné : organismes de recherche publique, universités, investisseurs, grands groupes industriels, PME et start-up. Dans ce cadre, « *les succès commerciaux mondiaux des dernières décennies sont pour une large part nés dans les clusters technologiques qui se sont développés autour des grands campus américains, israéliens, allemands...* » (Deloitte, 2012).

C'est pourquoi, à l'heure où le Sénégal élargit sa carte universitaire et émet une multitude d'initiatives pour développer l'industrie du savoir et des connaissances, il convient également de rassembler tous les atouts à portée afin d'exploiter au mieux ces ressources et infrastructures novatrices au service des acteurs socioéconomiques.

En effet, le Sénégal se dote actuellement de grandes universités orientées vers l'excellence et ambitionne de s'offrir des moyens de rivaliser avec les meilleures du monde (avec notamment la création de l'Université Amadou Mohtar Mbow — UAM et l'Université du Sine Saloum El Hadji Ibrahima NIASS — USSEIN). Il y a aussi dans le pays le déploiement d'un réseau d'Instituts Supérieur d'Enseignement Professionnel (ISEP), la création d'Espaces Numériques Ouverts (ENO) au profit de l'Université Virtuelle du Sénégal (UVS), la mise en place de Centres de Recherche et d'Essai (CRE) pour valoriser et vulgariser la recherche auprès de la population, et d'autres démarches visant la construction d'un écosystème de recherche et d'innovation efficace.

De même, avec le projet d'implantation de la Cité du savoir (CDS) et à l'orée de la mise en place du Pôle Urbain de Diamniadio (PUD) et de son Parc des Technologies Numériques (PTN) pour « contribuer à promouvoir le Sénégal comme centre d'excellence des Technologies de l'Information et de la Communication (TIC) et comme cadre d'implantation de centres d'appels, d'e-commerce, de services internet sans fil, de pôles de développement de logiciels ainsi que d'autres segments du marché des TIC »[14], il convient aussi de centraliser l'amas d'atouts à portée des acteurs pour l'exploitation judicieuse de ces ressources et infrastructures pionnières.

Au vu de l'ensemble de ces perspectives annonciatrices d'un avenir encourageant, il est important de mieux comprendre les clés du succès de ces clusters. Les grandes universités mondiales qui réussissent s'insèrent dans ce type de réseaux pour capitaliser leurs compétences et valoriser efficacement leur recherche. Il importe notamment de mieux cerner les problématiques liées aux mécanismes de passage des idées aux marchés, de celles en corrélation avec l'attrait de centres de R&D de grands groupes internationaux, d'enracinement d'incubateurs et de start-up, etc.

Dans ce cadre, l'objectif de cette section est donc de pointer notre curseur sur les meilleures pratiques internationales afin d'indiquer dans les sections suivantes, des voies et moyens pour mettre en place au Sénégal, des clusters de niveau international. Il ne s'agit pas de copier littéralement des modèles conçus ailleurs, mais plutôt d'une part, d'identifier de bonnes pratiques transposables au Sénégal et, d'autre part, de repérer des clusters comparables à la situation socioéconomique et culturelle du Sénégal. L'objectif *in fine* est de proposer des clusters qui prennent en considération la « sculpture » domestique de l'économie du Sénégal, tout en se conformant aux modèles standards approuvés par les spécialistes du domaine et usités dans les économies avancées.

2.1.1. La Silicon Valley en tant qu'archétype mondial

À chaque fois que le nom de la *Silicon Valley* est évoqué, il vient tout de suite à l'esprit l'histoire mythique d'un terroir d'audace, un emblème de la *High-Tech* qui a vu éclore des empires industriels qui aujourd'hui encore, assurent une domination considérable dans leur domaine de prédilection

[14] Déclaration de la Banque Africaine de Développement (BAD), à l'issue son Conseil d'Administration du 21 Octobre 2015, Abidjan, Côte d'Ivoire.

technologique. On pense tout de suite effectivement à Apple de Steve Jobs, mais aussi à d'autres multinationales américaines comme Hewlett Packard (de William Hewlett et David Packard) et Intel qui ont su profiter de la réussite entrepreneuriale permise par le cluster de la *Silicon Valley*.

Au niveau mondial, la *Silicon Valley* représente de nos jours l'archétype le plus représentatif de la performance écosystémique des clusters, avec des capacités d'innovation inégalables. Selon le *Compass' Global Startup Ecosystem Ranking* de 2015, le terroir de la Silicon Valley est de loin le plus prolifique en matière d'innovations au niveau international. Elle bénéficie de la présence d'une importante manne d'investisseurs de capital-risque, génère une très forte dynamique de création de nouvelles entreprises innovantes et dispose du bassin de talents le plus dense et choyé par les réseaux existants ainsi que les différents dispositifs de soutien à l'entrepreneuriat à sa disponibilité. Ce rang est toujours d'actualité aujourd'hui, même si d'autres régions dotées de clusters mondiaux commencent à gagner du terrain par rapport à la *Silicon Valley*, notamment relativement aux indices de croissance enregistrés : Berlin, Londres, Tel-Aviv, Chicago et Boston.

Au niveau interne aux États-Unis, la *Silicon Valley* regroupe près de 26 % des emplois innovants (Boston est classée deuxième, avec 18 %) et accueille la plus grande concentration des emplois dans le secteur des STEM (Science, Technologie, Ingénierie et Mathématiques) du pays[15]. De même, la concentration de fonds de capital-risque et de brevets dans le domaine des technologies de l'information y est plus importante qu'ailleurs.

Toutefois, cette réussite fulgurante n'a pas été sans cause et dépourvue d'un concours de facteurs décisifs. C'est d'abord avec la présence rayonnante de l'Université de Stanford (fondée en 1891), en tant que vivier de talents et pourvoyeuse d'une main-d'œuvre qualifiée de premier ordre. En effet, tout est parti de Frederick Terman, professeur au département d'ingénierie électrique de Stanford. Celui-ci « agacé » par le manque d'emplois en Californie et le fait de voir ses meilleurs élèves obligés de migrer vers « l'eldorado » constitué des contrées situées dans les côtes orientales américaines pour trouver du travail, a tenté d'émettre des stratégies pour infléchir la tendance. C'est ainsi qu'à travers la concrétisation d'initiatives individuelles audacieuses, il parvient à contrecarrer les flux traditionnels de « fuite des cerveaux » par la promotion de l'entrepreneuriat universitaire. Dans cette optique, il réussit d'abord à nouer des relations de partenariat avec le monde des entreprises, ensuite à créer le *Stanford Research Institute* pour répondre aux demandes de recherche de l'État fédéral, puis à ouvrir ses cours aux salariés des entreprises ; et puis encore et surtout à convaincre ses étudiants à fonder

[15] Sources : *Silicon Valley Competitiveness and Innovation Project* (2017)

leur propre entreprise dans la région au lieu de s'exiler vers l'Est des États-Unis. Parmi ces étudiants, figurent d'illustres noms comme ceux de William Hewlett et David Packard, fondateurs de l'emblématique firme connue aujourd'hui sous l'acronyme HP.

C'est ainsi qu'en tant qu'homme visionnaire de la *Silicon Valley*, le professeur Terman est parvenu à transformer une « vallée » de vergers et de vignes, en un terreau fertile en matière d'innovations et d'entrepreneuriat. De son action, procède l'instauration d'un écosystème d'innovation et une culture entrepreneuriale toujours dynamique et qui, aujourd'hui encore, continue à drainer des inventeurs d'entreprises, notamment en provenance du monde académique. Aujourd'hui encore, des enseignants-chercheurs et étudiants audacieux s'y démêlent pour se muer en créateurs de nouvelles entreprises (spin-off).

De même, il convient de rappeler que la *Silicon Valley* a également profité des grands programmes militaires lancés dans sa région d'implantation par l'État américain. En pleine période de *guerre froide*, l'objectif des pouvoirs publics américains était d'accentuer leur puissance martiale et d'asseoir une domination mondiale incontestable. Il s'agissait en particulier de renforcer le niveau d'investissement dans la R&D pour perfectionner leurs moyens de communication en leur conférant davantage de rapidité et de permettre un déploiement avec une sécurité optimale.

De même encore, dans un souci de rééquilibrage de son économie, l'État fédéral américain avait piloté et encouragé des efforts d'investissements massifs pour développer les régions situées sur sa côte ouest par la mise à disposition de ressources entrepreneuriales circonstanciées : ressources humaines académiques, financières et juridiques.

C'est cet ensemble d'états de fait généralisé qui a conféré au cluster de la *Silicon Valley* une dynamique endogène et un avantage structurel qui manque à beaucoup d'autres réseaux d'innovation qui ambitionnent de nos jours, de jouer des rôles identiques au sien.

TABLEAU 2.1 – DATES CLES AUTOUR DU DYNAMISME DE LA *SILICON VALLEY* (USA)

DATES CLES	PRINCIPES DU DYNAMISME
1891	-Fondation de l'Université de Stanford, conçue comme une alternative à l'université de Harvard de l'Est du pays.
1891	-Fondation du premier cluster de hautes technologies autour des radio-télécommunications par des étudiants de l'Université de Stanford.
1933	-Création de la Base militaire aéronavale de Sunnydale ; -Installation de fournisseurs de l'armée, parmi lesquels Lockheed ; -Création du *Stanford Industrial Park* spécialise dans la production de matériel militaire de haute technologie, comme le radar.
1953	-Création de *Hewlett-Packard* par deux diplômés de Stanford ; -Installation dans le *Stanford Industrial Park*
1954	-Création du *Honors Cooperative Programme* qui permet à des employés de HP et d'autres entreprises volontaires de suivre des formations à Stanford en cours du soir ; les frais sont payés par les entreprises
1950	-Émergence de l'industrie des transistors, fondée sur le Silicon. -Plusieurs vagues de fondations d'entreprises, dont celle propulsant Intel, se succèdent, avec en général à leur tête des ingénieurs d'entreprises du secteur qui souhaitent lancer de nouveaux produits fondés sur de nouvelles technologies.
1970	-Adoption du terme de « *Silicon Valley* » pour désigner le cluster. -Installation dans la même période, de sociétés de capital-risque, « venture capital ».
1980	Le développement des start-ups est encouragé par la croissance rapide d'un secteur juridique spécialisé et l'introduction de lois restreignant les clauses anti-concurrentielles des contrats d'embauche. Ces mêmes dispositions favorisent également les transferts d'équipes de chercheurs ou de managers d'une société à l'autre : par exemple de Xerox à Apple. Parallèlement, l'introduction en bourse de start-ups comme Apple rend le capital-risque beaucoup plus abondant
1990 2000	Le campus de Stanford et la Baie deviennent un terrain d'expérimentation, un laboratoire vivant pour beaucoup de jeunes entreprises en forte croissance, dont Cisco ou Google. Stanford avait déjà servi de lieu de test pour les réseaux précurseurs de l'internet. Mais cette dimension de laboratoire vivant est désormais de plus en plus mobilisée par des start-ups. Par exemple, Cisco se lance en grande partie par la vente de solution développées pour répondre aux besoins croissants du réseau Ethernet de l'Université de Stanford. Google fonctionne à l'origine sur le site web de l'Université. La voiture sans chauffeur de Google a été testée dans la Baie avant d'être autorisée (27 septembre 2012) par l'Etat de Californie, etc.
2012	Des investissements massifs sont réalisés depuis quatre ans dans les technologies vertes ou propres. Mais ceux-ci n'ont pas encore profondément modifié l'orientation générale du cluster. Leurs produits entrent à peine en phase de commercialisation.
2012	Des investissements massifs sont réalisés depuis quatre ans dans les technologies vertes ou propres, mais qui n'ont pas encore réussi à modifier profondément l'orientation stratégique générale du cluster. Leurs produits entrent à peine en phase de commercialisation.

De cet historique d'évolution apparaît le fait que le dynamisme ambiant positif qui caractérise la « *Silicon Valley* » est le fruit d'une longue maturation qui fait qu'aujourd'hui, ce cluster est reconnu mondialement comme l'un des deux premiers, voire le premier. Ses réussites entrepreneuriales sont des modèles internationaux. Aujourd'hui cette fibre entrepreneuriale et l'émulation permanente autour de l'innovation commercialisable ainsi que la course effrénée au profit entre étudiants, professeurs, investisseurs et entrepreneurs, a fait de la *Silicon Valley* un cluster High-Tech où se côtoient les principaux géants technologiques mondiaux : Apple, Hewlett-Packard (HP), Intel, Mozilla, Oracle, Yahoo, Google, Facebook, eBay, Amazon, PayPal, Microsoft, Sony Ericson, Siemens, Hitachi etc. Selon Deloitte (2012), en 2011 le cluster de la *Silicon Valley* a drainé en matière d'investissements près des 41 % des fonds de capital-risque des USA.

FIGURE 2.1 – ATOUTS ET FAIBLESSES DU CLUSTER DE LA *SILICON VALLEY* (USA)

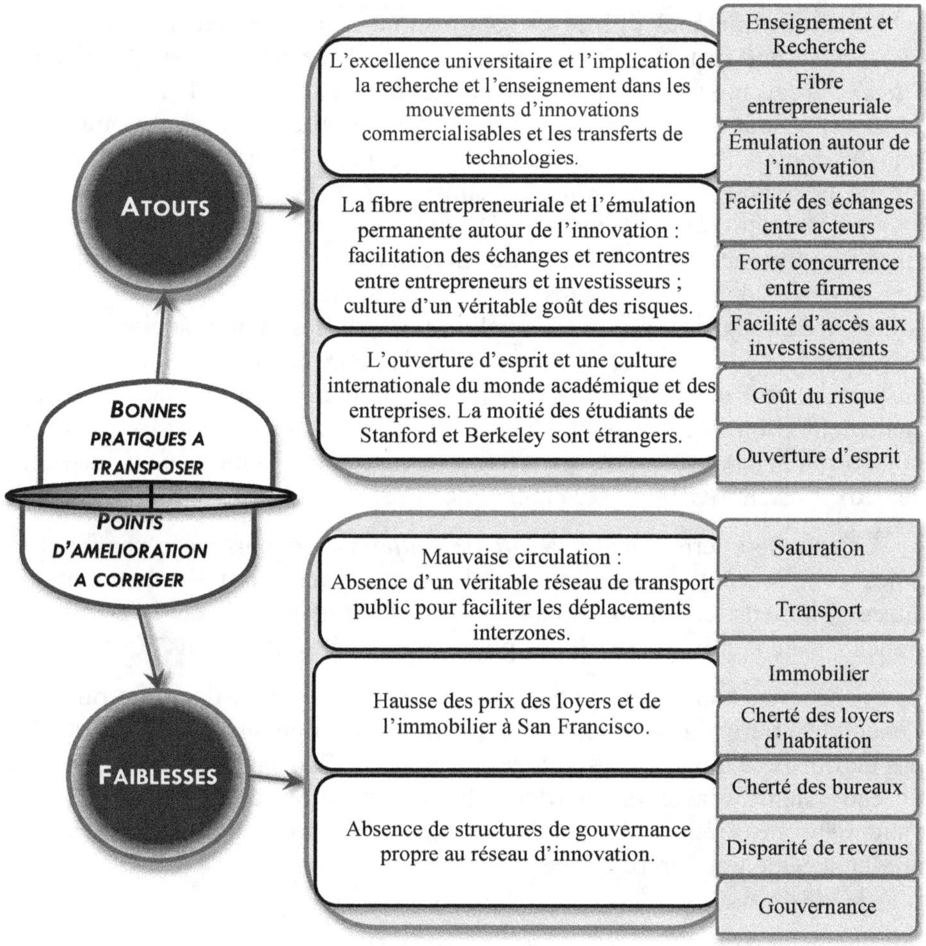

[Source : Auteur (Cheikh A. L. Thiaw)]

L'hyper compétitivité qui caractérise le cluster de la *Silicon Valley* lui octroie des avantages non négligeables. Ainsi, « l'ensemble de facteurs constitué de l'esprit entrepreneurial, du goût du risque, de l'attrait pour la nouveauté, et de la liberté de pensée constitue la première clé du succès de la *Silicon Valley* ». De plus, il s'agit d'un écosystème favorable aux échanges et communications entre investisseurs et entrepreneurs, à travers l'organisation quasi quotidienne d'évènements professionnels, ce qui permet l'éclosion rapide de start-up grâce au concours de moyens d'investissements rapidement mobilisables et ciblés sur le succès, ainsi qu'un véritable goût du risque partagé par les parties prenantes.

Toutefois, quelques faiblesses sont à signaler, au premier lieu desquelles l'absence d'une structure de gouvernance centralisée et propre au cluster de la *Silicon Valley*, même si l'Université de Stanford remplit un rôle indispensable dans son fonctionnement. De même, on dénote un certain nombre de maux sociaux comme les problèmes de circulation dus à la forte concentration qui touche la région de San Francisco, ainsi qu'une forte hausse des prix des loyers d'habitation et des bureaux. Du point de vue socioéconomique, il y a aussi l'importance de la disparité des niveaux de revenus entre les employés du domaine des technologies et ceux des autres secteurs d'activités. Nonobstant tous ses points d'amélioration et des maux sociaux qui la caractérisent de nos jours, la *Silicon Valley* demeure encore considérée comme un paradis de l'industrie de la technologie. C'est en tout cas ce qui ressort également d'un rapport publié par la *Silicon Valley Competitiveness and Innovation Project* (2016) et qui relate en même temps la montée en puissance de deux clusters rivaux au sein même des États-Unis : Seattle et New York.

À l'échelle internationale, la *Silicon Valley* est concurrencée par d'autres pôles comme celui de Berlin en Allemagne, mais aussi l'avènement des clusters indiens et chinois, sans oublier le dynamisme de l'écosystème français avec la mise en place des pôles de compétitivité depuis 2005.

En somme, comparativement aux autres cas illustrés dans cet ouvrage, l'exemple américain nous démontre que le succès d'un territoire ne se décrète pas uniquement à partir du sommet de l'État. La *Silicon Valley* s'apparente à un écosystème d'acteurs interdépendants entre eux et qui se sont donnés tacitement des règles de conduite communes, sans un rôle décisif en provenance de l'action publique.

2.1.2. L'exemple des pôles de compétitivité français

Du fait de l'âpre concurrence qui sévit au niveau mondial et des effets néfastes liés au nomadisme industriel de ses entreprises multinationales, la France a été contrainte de revoir son modèle de politique industrielle en mettant en place en 2005 le concept des pôles de compétitivité (*cf.* Encadré 2.1). Ce modèle inédit vise à déployer une aptitude à riposter en misant sur la promotion de l'innovation. Il est basé sur la combinaison et la mutualisation de ressources et de compétences situées dans des territoires-cibles prédéterminés. Par la vulgarisation de l'innovation localisée, les pôles de compétitivité (PdC) mettent en réseau dans des zones géographiques données des entreprises, des organismes de recherche et des centres de formation. Cette mise en réseau est formalisée concrètement par la conduite, par les parties prenantes des PdC, de projets mutualisés.

Du point de vue bibliographique, la récente et dynamique littérature sur le concept de PdC abonde de définitions. Pour des considérations d'affiliation, nous retenons celle proposée par l'initiateur des PdC, à savoir l'État français, inspiré par le rapport Blanc :

« *Un pôle de compétitivité se définit comme la combinaison, sur un espace géographique donné, d'entreprises, de centres de formation et d'unités de recherche publiques ou privées, engagés dans une démarche partenariale destinée à dégager des synergies autour de projets communs au caractère innovant. Ce partenariat s'organise autour d'un marché et d'un domaine technologique et scientifique qui lui est attribué et doit rechercher l'atteinte d'une masse critique pour atteindre une compétitivité, mais aussi une visibilité internationale* ». (Blanc, 2004)

Les PdC représentent une approche novatrice des réseaux d'innovation territorialisés (RIT), avec un rôle central de l'État et l'incorporation dans la collaboration entre les acteurs, de partenaires autres que ceux du monde industriel, à savoir les laboratoires de recherche et les instituts de formation. L'objectif étant de conduire l'économie nationale vers une « masse critique » lui octroyant une visibilité internationale basée sur la compétitivité.

La labellisation en 2005 des pôles de compétitivité débuta par un appel à projets qui prit ses origines à partir des premières réflexions et des propositions du comité stratégique de la DATAR[16]. Présidé à l'époque par le Premier ministre d'alors, M. Jean-Pierre Raffarin (2002), ce comité avait préconisé l'identification, sur le territoire national, de pôles de compétitivité

[16] DATAR : Délégation à l'Aménagement du Territoire et à l'Action Régionale, remplacée par la DIACT.

de niveau européen. Par ailleurs, il convient de signaler que la mise en place des PdC fut le résultat d'un long processus qui s'est concrétisé par la succession de différentes démarches de la part de la CIADT[17] (*cf.* Tableau 1.6). C'est par le fruit de multiples travaux réalisés sur plusieurs années que la CIADT a pris des initiatives qui aboutirent à la mise en place des PdC en 2005 (Jacquet et Darmon, 2005).

Encadré 2.1 – Bref rappel de la politique des Pôles de Compétitivité (France)

L'initiative des PdC a été lancée par le gouvernement de Jean-Pierre Raffarin en 2004, avec pour objectif principal de renforcer la croissance économique et le développement des capacités d'innovation de l'industrie française. Pour ce faire, chaque pôle de compétitivité est fondé sur un territoire donné, et met en relation dans le cadre de projets collaboratifs, des entreprises (PME et GGI), des acteurs de la recherche et de la formation (laboratoire de recherche et organismes de formation), et des acteurs publics (collectivités locales et État).

C'est ainsi que sur la base d'un appel à projets, l'État français a sélectionné 71 pôles de compétitivité[1], répartis sur l'ensemble du territoire national, et classé selon trois catégories (*cf.* figure 2.2) : pôles mondiaux (7), pôles à vocation mondiale (10), pôles nationaux (54).

De manière concrète, un dispositif d'accompagnement des Pôles a été doté d'un budget de près de 1,5 milliard d'euros répartis sur trois ans, soit la durée prévue pour la première phase de cette politique (*Phase 1.0*). Ce budget se décompose en diverses lignes budgétaires parmi lesquelles :

– les financements des projets au travers d'appels d'offres lancés par les agences de financement;

– les exonérations fiscales ;

– les financements des structures de gouvernance des pôles et de certaines actions collectives.

Les collectivités territoriales[2] soutiennent aussi les PdC par le financement des structures d'animation et le cofinancement des projets collaboratifs avec le Fond Unique Interministériel (FUI), l'une des principales sources de financement des PdC.

Ces pôles ont fait l'objet d'une première évaluation nationale en 2008 qui s'est faite à deux niveaux : au niveau des pôles pris individuellement, puis au niveau du dispositif national d'accompagnement des pôles. L'évaluation confirme une dynamique locale suscitée par les pôles : plus de 9500 organisations sont devenues membres des pôles entre 2005 et 2007, près de 2500 projets ont été labellisés par les pôles. Mais des zones avec des besoins d'amélioration sont aussi identifiées et des propositions ont été faites aux pouvoirs publics (*cf.* plus loin : sous-section 3.3).

C'est ainsi qu'à l'issue de l'évaluation, le gouvernement français avait décidé de reconduire cette politique pour une durée de trois ans, avec un budget maintenu de 1,5 milliard d'euros. Cependant, pour garder leur label, 13 des 71 pôles de compétitivité devaient faire l'objet de reconfiguration profonde dans leur stratégie et leur fonctionnement. Les évaluateurs ont en effet jugé que ces pôles n'avaient pas su répondre aux objectifs de cette politique.

Depuis lors, la phase 2.0 (2008-2012) des pôles a été achevée avec de nouvelles évaluations, puis la phase 3.0 (2013-2018) s'était enclenchée avec de nouveaux points d'améliorations.

[1] : Plus précisément 67 pôles (devenus 66 après la fusion de deux pôles) sélectionnés en 2005 sur 105 dossiers déposés, rejoints par 5 nouveaux pôles sélectionnés en 2007.

[2] : Régions, Départements, Communautés d'Agglomération ou municipalités (dans certains cas).

[17] CIADT : Comité Interministériel pour l'Aménagement et le Développement du Territoire.

En effet, la construction de cette politique des pôles de compétitivité a pour principal soubassement deux rapports qui ont pointé du « doigt » le retard conséquent de la France en matière d'innovation et ont alerté les décideurs publics sur la nécessité de (re) penser le développement économique et industriel du pays à partir de partenariats technologiques (Chabault, 2009) : « La France, puissance industrielle » du DATAR (2004) et celui de Blanc (2004) « pour un écosystème de la croissance ».

Puis en 2004, le gouvernement français fit de la question de l'industrie et de l'innovation une priorité nationale pour promouvoir la croissance et la compétitivité du pays. Concrètement, le gouvernement décida de faire de l'innovation un vecteur prioritaire à travers le rassemblement sur un même territoire, d'acteurs du monde de la recherche et ceux de l'industrie autour de *clusters* comme l'a proposé le rapport Blanc (2004). C'est ainsi que la science fut présentée comme la base de cette nouvelle économie nationale de la France. Selon Jacquet et Darmon (2005, p. 77), les critères de sélection et de labellisations des pôles étaient basés sur :

- Le ou les marchés visés, les perspectives de croissance et la position concurrentielle de l'offre française ;
- Le caractère « critique » des technologies retenues et dont la maîtrise assure un avantage compétitif sur le ou les marchés, ainsi que la cohérence du « paquet » technologique proposé ;
- La stratégie de développement du pôle ;
- L'adéquation du volet « formation » à la stratégie de développement ;
- L'ampleur et la qualité des partenariats mis en œuvre ;
- Les caractéristiques de l'organisation du pôle, la qualité et la robustesse de la gouvernance envisagée ;
- Le réalisme des projets de R&D et leur adéquation à la stratégie du pôle.

Les pôles de compétitivité labellisés sont répartis sur l'ensemble du territoire français (*cf.* figure 2.2). Ils rassemblent un panel étendu de thématiques industrielles spécifiques aux territoires sur lesquels ils sont implantés. En effet, ces thématiques s'appuient sur des secteurs industriels traditionnels à ces territoires et porteurs de croissance (*arôme et senteurs, textile, mécanique, aéronautique,* etc.). Elles reposent aussi sur des industries stratégiques dans lesquelles un rôle prépondérant est accordé aux solutions technologiques (*Solutions communicantes, biotechnologie, nucléaire, aviation, audiovisuels,* etc.). Le point commun de l'ensemble de ces pôles repose sur cette focalisation sur les technologies et sur l'innovation localisée entre les différents corps homogènes d'acteurs de l'industrie, de la science, des technologies et de l'innovation (ST–I).

TABLEAU 2.2 – PHASES-CLES DE MISE EN PLACE DE LA POLITIQUE DES POLES DE COMPETITIVITE (FRANCE)

	CARACTERISTIQUES
2002	Mise en place du comité stratégique par Jean-Pierre Raffarin CIADT du 13 décembre 2002
2003	Mise en place du groupe de travail « industriels »
2004	– Rapport DATAR – « France, puissance industrielle » – Février : Rapport Blanc – « Pour un écosystème de la croissance » – Mars : Projet de loi de finances pour 2005 présenté par Nicolas Sarkozy (art. 24) - CIADT du 14 septembre 2004 – Lancement de l'appel à projets « pôles de compétitivité » - Novembre
2005	Clôture de l'appel à projets – 28 février 2005 : Achèvement de l'expertise technique des projets – 9 mai : Mise en place du Groupe des personnalités – 16 mai : Proposition du Groupe de travail Interministériel au Gouvernement – fin juin : CIADT du 12 juillet 2005 – labellisation de 67 projets de pôles CIADT du 14 octobre 2005 – validation des projets de contrats et des zones de R&D

[Jacquet et Darmon (2005)]

La carte de la figure suivante (2.2) donne un aperçu de la cartographie des pôles de compétitivité au niveau du territoire national français.

FIGURE 2.2 – CARTE DES POLES DE COMPETITIVITES FRANÇAISES

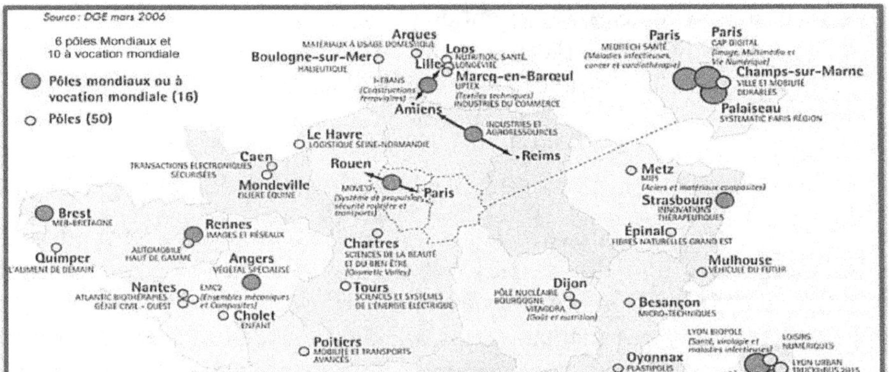

[Sources : DGE (Mars 2006)]

Dans cette quête de compétitivité et de visibilité internationale, l'innovation localisée est basée sur la mutualisation d'un ensemble de valeurs d'acteurs différenciés (entreprises, universités, centres de recherche, etc.). Elles peuvent prendre plusieurs formes : des ressources et compétences, des connaissances, etc. Cependant, pour établir une synergie propice à l'innovation localisée, l'efficacité de la mutualisation de ces valeurs ne se décrète pas. Il ne suffit pas que les acteurs soient ensemble pour que tout soit parfait et fonctionne automatiquement. C'est pourquoi la mise en place d'actions en faveur de la coordination des relations interorganisationnelles, à travers la gouvernance et l'animation par exemple, est essentielle. De même, puisque selon la tradition des territoires et de la disponibilité des ressources, certaines zones sont mieux enclines à ce type de travail en réseaux ou de coopérations industrielles que d'autres. De ce fait, les actions à entreprendre doivent faire l'objet de mesures d'adaptation.

D'ailleurs, les capacités de R&D ne sont pas similaires d'une localité à une autre. Par exemple, certains PdC français ont été labellisés sur la base de leurs expériences passées de réseaux territoriaux (Pôle Solutions Communicantes Sécurisées – SCS) ou de SPL (les pôles PASS, Cosmetic Valley, etc.). Ainsi, sur les 71 PdC labellisés, 54 s'inscrivent dans le prolongement d'une dynamique de collaboration préexistante sur leur territoire d'implantation (DIACT, 2008). Toutefois, comme relevé *supra*, la nouveauté avec le modèle de *cluster à la française* concerne l'intégration de partenaires du monde de la recherche dans les relations de coopérations industrielles préexistantes. Ces derniers se doivent désormais de suivre une trajectoire qui les mène vers des projets à dominance industrielle. Cette innovation collaborative qui porte sur des projets de recherche appliquée, particulièrement proches du marché, tout en incluant des acteurs à priori éloignés des préoccupations mercantiles (université, laboratoires de recherche), avait suscité des interrogations remettant en cause le bien-fondé d'une telle orientation. Dès lors, outre les problématiques de gouvernance et de fonctionnement des clusters, apparaissent de nouveaux enjeux de l'innovation localisée. Ils portent notamment sur la délimitation de nouvelles formes de relations partenariales entre des acteurs de nature, de visions et d'objectifs stratégiques différents (GGI, PME, LR & CR, OF) qui doivent apprendre à se connaître et à acquérir une nouvelle forme de culture du partenariat à laquelle beaucoup d'entre eux n'étaient pas habitués. De la même façon, l'on se pose également des questions ayant trait à la confiance et la divergence de finalités de ces acteurs aux natures disparates. C'est pourquoi l'adoption de modes de gouvernance et d'organisation spécifiques autour des acteurs de l'innovation localisée est indispensable à la fois pour coordonner leurs actions, mais aussi pour animer l'écosystème du pôle.

Subséquemment, ces réserves « prémonitoires » se sont vérifiées dès les premières années d'existence des PdC. En effet, ce modèle français fondé sur une course effrénée à l'innovation et se structurant autour de projets collaboratifs et régis par des modes de pilotage internes (gouvernance des PdC) et externes (relations avec les financeurs et les tutelles) (Feng Chong, 2009) a fait montre de déboires en matière de difficultés organisationnelles et d'obstacles à l'atteinte des objectifs d'innovation fixés. Les résultantes de cette forme de structuration novatrice ont influencé négativement les activités menées autour des projets collaboratifs. C'est le cas notamment de la diversité des acteurs qui, d'après certains spécialistes et au vu des résultats issus des premières recherches en la matière, nuirait à l'atteinte des objectifs assignés à la politique des pôles.

2.1.2.1. Spécificité des PdC français : Une approche orientée Top-down

Dans le dispositif des PdC, l'État français joue un rôle fondamental et primordial. Les PdC sont placés sous la « surveillance » et le suivi de différents ministères et des organismes publics étatiques parmi lesquels :

– Les ministères chargés de l'aménagement du territoire, de l'industrie, de la recherche, de l'agriculture, de la défense, de la santé, des transports, de l'intérieur, du budget, de l'emploi ;
– Des représentants d'OSEO innovation, de l'ANR[18], de la Caisse des Dépôts et Consignations, le Haut représentant pour la sécurité économique et le groupe des personnalités qualifiées.

Ces différents organismes sont impliqués dans les subventions financières déployées pour le fonctionnement des PdC et pour le soutien aux projets d'innovation collaboratifs (PIC).

Toutefois, le suivi quotidien des actions des PdC incombe à la DGCIS[19] et à la DIACT. Ces organismes servent de référents nationaux pour chacun de ces pôles. Les actions de l'État se poursuivent aussi à travers le soutien accordé aux PdC par les acteurs publics locaux (*Région, département, collectivités territoriales,* etc.). En général, considérant les PdC comme des outils d'animation ou de croissance de leur territoire, ces derniers les financent en partie leur développement (Dambron, 2008). Cependant, le chevauchement des initiatives locales et nationales rend cette participation des collectivités locales très disproportionnée (Scandella, 2008), ce qui laisse paraître des disparités selon les PdC. Par exemple, la région Provence Alpes Côtes d'Azur

---

[18] ANR : Agence Nationale de la Recherche

[19] DGCIS : Direction Générale de la Compétitivité, de l'Industrie et des Services

(PACA) a pris l'initiative de lancer sa propre politique de développement régional basée sur la mise en place de pôles régionaux d'innovation et de développement économique solidaire (PRIDES). Ces initiatives locales se superposent aux actions nationales, ce qui dans certains cas peut susciter des confusions.

2.1.2.2. Historique d'évolution des pôles de compétitivité : Phases 2.0 (2008-2012) et 3.0 (2013-2018)

Après la première phase de développement des pôles de compétitivité (*période 1.0, 2004-2008*), l'État français avait engagé deux cabinets internationaux de renom pour procéder à leur évaluation (BCG–Boston Consulting Group et CM International). L'objectif était d'évaluer *« la cohérence et la pertinence de la politique industrielle et les résultats des dynamiques engagées dans chacun des pôles pris individuellement »* (Chabault, 2009). En effet, cette évaluation *« consistait à prendre la mesure de l'efficacité de la politique des pôles au regard des objectifs initiaux, et d'y introduire, le cas échéant des modifications en vue d'améliorer le dispositif »* (ibid.).

À l'issue de cette première phase d'évaluation (2008), des recommandations de perfectionnement ont été formulées à l'État français, même si dans l'ensemble la conclusion était que « *le dispositif contribue efficacement à appuyer la dynamique locale de coopérations entre acteurs* » (DIACT, 2008, p. 71). En effet, les rapports établis par les deux cabinets font état d'une absence de prise en compte véritable des impacts en matière d'innovation et de développement économique, étant donné la jeunesse des pôles. Ils mettent aussi en exergue des problèmes d'intégration des PME et des TPE. Cependant, l'évaluation avait permis de mettre à jour de fortes disparités concernant les résultats des PdC, et les recommandations émises ont été prises en compte lors de la deuxième phase *(période 2008-2012*) qui témoignait du « renouvellement du bail » en juin 2008. Cette phase 2.0 devait permettre aux PdC moins bien « notés » de prendre la mesure de leurs difficultés pour gommer le retard qui les sépare des autres pôles aux performances satisfaisantes.

Subséquemment, l'évaluation de cette phase 2.0 (fin 2011 – deuxième trimestre 2012) confiée au consortium Bearing Point-Erdyn-Technopolis ITD a produit des conclusions qui ont révélé des dynamiques de coopération positives et prolifiques pour les membres des PdC. En effet, s'il admet la difficulté d'évaluation des résultats et des impacts d'une politique de

« *clusters* », le rapport admet néanmoins quelques effets et impacts positifs de la politique des PdC [20] :

- Les effets qui résultent des projets de R&D menés dans le cadre de la politique des pôles ;
- Les impacts directs sur les entreprises et organisations adhérentes des pôles ;
- Les impacts macroéconomiques.

Ainsi, « *les deux tiers des entreprises déclarent avoir créé des emplois et 84 % déclarent en avoir maintenu du fait de leur adhésion aux pôles », et « un tiers des entreprises adhérentes déclare que leur adhésion leur a permis d'augmenter leur chiffre d'affaires et d'améliorer leur capacité à exporter* » (Bearing Point-Erdyn-Technopolis ITD, 2012).

Toutefois, il n'est pas possible ici, dans le cadre de cet ouvrage, d'évoquer tous les points abordés dans ce rapport. Nous ne relevons que les grandes lignes de ses recommandations dans le cadre de la phase 3.0 des PdC en cours (2013-2018). Leur point corollaire est de rendre les actions des PdC plus pertinentes, plus cohérentes, plus efficaces, plus efficientes et plus pérennes :

- *Pour la pertinence* : reconduire la politique des pôles de compétitivité ;
- *Pour la cohérence* : redéfinir le positionnement de la politique des pôles dans la Stratégie industrielle de l'État français et dans le système d'appui à l'innovation ;
- *Pour l'efficacité* : réaffirmer la compétitivité comme objectif principal, au cœur du métier des pôles : de l'« usine à projets » à « l'usine à croissance » ;
- *Pour l'efficience* : consolider le rôle du fonds unique interministériel (FUI) ;
- *Pour la pérennité* : assurer une plus grande robustesse financière des pôles,

Par ailleurs, un autre point relevé par l'évaluation de Bearing Point-Erdyn-Technopolis ITD, et pas des moindres, concerne le caractère technologique des projets de R&D collaboratifs. En effet, seule « *une poignée des projets labellisés et financés s'inscrivent dans les domaines des sciences humaines et sociales, et si certains projets technologiques ont eu comme résultat des innovations de services, ce point reste à renforcer dans un contexte où plusieurs pôles s'orientent fortement vers les usages et les services. Les innovations de services, d'organisation et de marketing offrent des gisements de croissance importants pour l'ensemble des entreprises* » (*ibid.*) Cependant,

[20] Bearing Point-Erdyn-Technopolis ITD, (2012), Rapport d'évaluation des Pôles de Compétitivité.

seuls 25 % des projets ont généré des innovations, même si « *elles sont de surcroît à un niveau nettement supérieur à ce que la très faible part des sciences humaines et sociales dans les projets de recherche aurait pu laisser supposer* » (*ibid.*).

Dès la réception de ce rapport, l'État français avait ouvert une phase de concertation afin « *d'écouter et de consulter les principaux acteurs publics et privés impliqués dans la politique des pôles de compétitivité avant de fixer les principaux axes stratégiques* »[21] de la phase 3.0.

En fin de compte, l'un des enseignements tirés du dispositif des clusters français relève aussi des étapes d'évaluations cycliques qui jalonnent leur dynamique d'évolution. En effet, les pôles de compétitivité français sont évalués toutes les quatre années, ce qui permet à l'État instigateur de faire le point et éventuellement, de procéder à des améliorations en se mettant à jour de manière continue en fonction des nouvelles réalités de l'économie ainsi qu'au grès de l'évolution des technologies et des priorités de l'époque. Il s'agit aussi d'un moyen d'en apporter des critiques constructives sur ce qui a déjà été fait auparavant en matière de dispositifs stratégiques et opérationnels en soutien à la politique des PdC.

---

[21] Sources : www.competitivite.gouv.fr

2.2. Exemples de réseaux d'innovation issus de pays émergents ou sous-développés

La problématique des clusters ne laisse pas insensibles les pays émergents et ceux en développement. Depuis plusieurs années, l'approche par les clusters s'intègre de plus en plus dans les outils-clés d'opérationnalisation des politiques de développement industriel et de promotion de l'innovation. Que ce soit au niveau national ou régional, l'objectif est d'impulser une dynamique de développement économique localisée.

Ainsi les grands pays émergents comme la Chine et l'Inde, de même que de nombreux pays en développement ont opté pour une redéfinition de leurs stratégies de développement industriel et technologique en faveur de l'innovation et vers des perspectives « spatialisées » (Van Der Linde, 2003 ; Hamdouch, 2008). De manière explicite, cette redéfinition prend en considération le contexte actuel d'ouverture croissante des économies vers l'international tout en intégrant une dimension régionale et locale. Dans le cadre d'une économie mondiale plus concurrentielle et plus évolutive, il s'agit pour ces économies nationales, de titrer avantage des forces intrinsèques de leurs territoires pour faire face à l'ouverture des industries et des marchés imposée par la mondialisation. La politique indienne de développement de « *parcs technologiques* », de « *technopoles* », de « *villes spécialisées* » et de « *régions industrielles spéciales* » constitue sans doute l'exemple le plus « parlant » de cette nouvelle orientation de la stratégie industrielle dans les pays émergents (2.2.1).

De manière analogue, mais avec des différences de conceptualisation et d'opérationnalisation consubstantielles, des pays africains ont également développé des clusters basés sur des approches plus communautaires. Il s'agit d'organisations rassemblées volontairement pour former des « clusters » permettant de surmonter des difficultés liées au développement de l'entrepreneuriat et à la pérennisation des activités des TPE et PME : problèmes de financement et d'obtention de capitaux, accès à certains types de compétences et de technologies clés, ouverture de marchés, etc. (2.2.2)

2.2.1. De l'exemple des centres de R&D de l'Inde et du cluster de Bangalore

L'avancée fulgurante des économies de certains pays émergents au cours des deux dernières décennies s'explique en partie par l'arrivée massive d'entreprises multinationales qui décidèrent d'y installer des centres de R&D pour bénéficier d'une multitude d'avantages spécifiques (Cisco, IBM et Intel par exemple). C'est le cas de l'Inde en qui ces grands groupes industriels (GGI) voient une pourvoyeuse d'innovations grâce à l'abondance de sa main-d'œuvre qualifiée, et surtout de l'accessibilité du coût du travail dans ce pays (Mrinalini & Wakdikar, 2008) en comparaison aux coûts exorbitants applicables dans leurs pays d'origine. C'est ce qui explique le phénomène de nomadisme industriel[22] que connaît l'Europe, mais aussi les États-Unis et certains pays de l'Asie du Pacifique comme le Japon. Ainsi, en provenance de ces zones, de grandes compagnies multinationales sont venues investir massivement dans la R&D en Inde, dans des secteurs d'activités divers et variés tels que les TIC, l'industrie pharmaceutique et l'automobile (Basant et Mani, 2012). En dix ans (2000–2010), le nombre d'unités de R&D installées par des entreprises multinationales en Inde est passé de 162 à 700 centres (Zinnov, 2012).

Toutefois, la plupart de ces centres de R&D étaient à l'origine d'abord des capteurs de ressources ou des moyens d'extension des unités de R&D déjà existantes dans les pays d'origine (Jha et Krishnan, 2013). Ce faisant, durant cette période, ces centres ne travaillaient qu'en « *mode projet* » et n'étaient là que pour exécuter des directives spécifiques provenant des sièges de leurs maisons-mères. C'est pourquoi leur niveau de contribution aux principaux produits de ces GGI était marginal (Jha et Krishnan, 2013). D'après Jha et Krishnan (2013) en effet, ce n'est que bien après leur installation que ces centres de R&D aient mûri et soient désormais impliqués dans les processus de développement des produits, car ils ont su développer en interne des fonctionnalités techniques avancées dans des domaines variés. De nos jours, leur contribution aux activités de R&D des GGI est beaucoup plus substantielle et leur a permis d'être les principaux contributeurs techniques pour certains produits et de concourir à l'alimentation des marchés mondiaux que ces multinationaux détiennent notamment aux États-Unis, en Europe et au Japon (Kumar & Puranam, 2012).

De la même manière, force est de constater qu'il n'apparaît pas que ces centres de R&D de ces multinationales aient été tentés à s'intéresser aux spécificités des marchés locaux. Ce n'est que récemment que certains d'entre eux ont commencé à s'intéresser aux marchés locaux afin d'innover pour répondre aux besoins des Indiens et des marchés limitrophes qui ont connu des croissances rapides de leurs économies ces dernières années (Jha, 2013). Toutefois dans la majorité des cas, les innovations engendrées étaient prioritairement destinées aux marchés mondiaux pour répondre

[22] Nomadisme industriel : Phénomène de délocalisation des grandes compagnies multinationales vers des pays et des zones plus fournis en termes de main-d'œuvre attractive ou de ressources naturelles avantageuses.

primordialement aux demandes des populations des pays développés. À titre d'illustration, nous pouvons citer l'exemple d'Apple, leader mondial du marché des Smartphones (avec Samsung), qui fait fabriquer et assembler ses iPhones en Chine. D'après son PDG Tim Cook, le choix du marché chinois par sa multinationale s'explique plus par des questions de quête de « compétences » rares qu'une recherche de maximisation de ses coûts. Il explique ainsi qu'actuellement, les travailleurs américains cessent de cultiver certaines compétences, que les Chinois eux détiennent fièrement : « *Au fil du temps, l'Amérique a cessé d'avoir ce type de compétences professionnelles. Vous pouvez prendre tous les outilleurs et ajusteurs des États-Unis, ils pourraient tenir dans cette salle. En Chine, il vous faudrait certainement plusieurs terrains de football* »[23]. De ce fait, outre le coût de la main-d'œuvre plus élevée aux États-Unis, Apple est attiré par la qualité intrinsèque des travailleurs chinois. Nonobstant, il faut rajouter à cela d'autres avantages procurés par le marché chinois, notamment en matière de taxation sur les profits réalisés à l'extérieur des USA (2 % contre 35 % sur les profits réalisés localement[24]).

Pour l'intérêt naissant que les compagnies multinationales éprouvent pour les marchés locaux des économies émergentes et en développement, il s'explique en grande partie par la montée en puissance des classes moyennes de ces pays et de leurs fortes croissances économiques. Dans ces pays, les nouveaux riches et les classes moyennes « débordent d'appétits » de consommation et procurent d'énormes besoins à combler et un immense réservoir de croissance pour ces entreprises en provenance des pays développés. Parallèlement au cas indien, ces évolutions posent des problèmes en parallélisme avec la situation de certains pays africains comme le Sénégal. Il s'agit initialement de problèmes d'adaptation et de compréhension de l'environnement local des affaires qui vont au-delà des capacités techniques démontrées par ces centres de R&D, et notamment recherchées par Apple en chine. D'après Krishnan (2010), il s'agit d'un challenge non négligeable pour les centres de R&D qui n'avaient pas pour habitude de s'intéresser au contexte local des affaires, et encore plus en cas de méconnaissance totale des spécificités des chaînes de valeurs de l'écosystème de l'innovation locale. D'autre part, l'adaptation au contexte local pour ces centres de R&D habitués à suivre des *roadmap stratégiques* (RMS) bien définis amène une seconde difficulté qui a trait à la conduite de l'effort de développement de produits et de services pour des marchés nouveaux jusque-là inexplorés. Cela nécessite

---

[23] Extrait de l'entretien accordé par Tim Cook à la Chaine de TV américaine CBS dans l'émission 60 Minutes

[24] D'après le Magazine Forbes : « *If Apple Brought iPhone Manufacturing To The US It Would Cost Them $4.2 billion* », 25 Septembre 2013, par Tim Worstall.

d'importants changements en termes de compétences à mobiliser et d'attitudes mentales à mettre en avant (Govindarajan et Trimble, 2012).

Par ailleurs, si l'Inde et d'autres pays se situant dans des zones attractives ont pendant longtemps servi de lieux d'accueil d'unités de production et de centre de R&D délocalisés, c'est aussi surtout parce que ces pays ont massivement investi dans la formation de chercheurs, d'ingénieurs et de cadres de haut niveau très compétitifs. Aujourd'hui, à compétences et savoir-faire égaux, la main-d'œuvre attractive indienne coûte moins cher que celle des pays occidentaux. Cela fait de l'Inde et des pays aux caractéristiques analogues, de sérieux concurrents pour les pays développés, notamment dans le domaine de l'industrie des TIC. En effet, si la Silicon Valley est considérée comme la référence phare en matière de localisation d'innovations dans le domaine des TIC, le cluster du Bangalore en Inde et ceux localisés dans d'autres pays émergents comme Chine et Taiwan se sont positionnés depuis peu comme des concurrents directs sérieux. D'ailleurs, « *Bangalore est régulièrement présentée comme une "IT City" et plus généralement comme la déclinaison indienne de la Silicon Valley* » (Grondeau, 2009).

L'intérêt de l'étude de la trajectoire de l'Inde réside au fait que comme beaucoup d'économies africaines d'aujourd'hui, ce pays a été considéré pendant les récentes années passées comme une destination prisée par les multinationales, notamment à travers ces deux clusters emblématiques spécialisés dans le domaine des TIC : Bangalore et Hyderabad. Compte tenu de la fragilité économique de l'Inde et de ses caractéristiques intrinsèques, sa situation est plus ou moins comparable à celle de certains pays africains, dont le Sénégal. L'Inde est un pays gigantesque qui, en plus de très fortes inégalités, est aussi caractérisé par un fort taux d'analphabètes de sa population, une faiblesse de son PIB par habitant et de son indice de développement humain (127e rang mondial sur un total de 130 pays)[25].

2.2.1.1. Cluster de Bangalore : Fondements du succès de la localisation des entreprises

Aujourd'hui, la réussite des agglomérations d'entreprises de TIC au sein de Bangalore, dans une logique de cluster, n'est plus à démontrer, tant la concentration d'activités TIC a fait de cette localité la ville avec l'économie la plus dynamique de l'Inde. Cependant, la réussite de ce modèle indien de

[25] D'après Christophe Jaffrelot, directeur du Centre d'Études et de Recherche Internationale (CERI) : « Repères sur l'innovation en Inde », Conférence organisée par l'ANRT (*Association Nationale de la Recherche et de la Technologie*), le 3 juin 2004, Paris.

cluster n'a été ni soudaine ni sans efforts de la part des pouvoirs publics et un concours de l'*Indian Institute of Science (IIS).* Créé en 1909, l'IIS est considéré par *Current Science* comme le plus important centre de recherche du pays[26]. En effet, pour se hisser à cette place et se voir aujourd'hui présenter comme la *Silicon Valley* indienne, l'émergence du cluster TIC de Bangalore est la résultante d'un ensemble de facteurs incitatifs et la convergence de différents éléments. Parmi les conditions de réussite, il apparaît clairement que l'histoire de cette localité a joué un rôle primordial qui, d'après Grondeau (2009), date au mois de l'année 1537 avec l'installation dans cette zone du siège de l'administration britannique. Par la suite, le déploiement d'infrastructures de qualité, la qualité de vie qui y règne, les vertus reconnues quant à l'excellence de travail de la main-d'œuvre locale et les faveurs du climat (*situé à 900 mètres d'altitude est peu soumis aux températures élevées*) ont contribué à octroyer à Bangalore des spécificités déterminantes pour la réussite de la mise en réseaux de ses entreprises TIC.

De ces spécificités expédientes s'ajoutent les actions des pouvoirs gouvernementaux indiens qui ont contribué à y instaurer un marché du travail de qualité et une dynamique du secteur de la sous-traitance. C'est d'abord à travers la délocalisation d'importantes entreprises publiques comme « *Hindustan Aeronauticals Limited* » (HAL) et « *Bharat Electronics Limited* » (BEL), puis par des mesures de promotion du développement des TIC[27] couplées à des résolutions en faveur de la formation d'une main-d'œuvre de qualité, ensuite par le déploiement de politiques d'incitation à l'exportation de produits et services issus des activités TIC.

Finalement, la forte spatialisation d'activités des TIC à Bangalore a abouti aujourd'hui à la localisation de plus de 1700 entreprises, dont 35 % de PME, 5 % de grandes entreprises indiennes et surtout 60 % de grandes entreprises internationales (Grondeau, 2009). Plus de 80 000 personnes sont employées au sein du cluster de Bangalore et plus de 800 multinationales étrangères y sont accueillies. Ces entreprises TIC sont basées dans des zones franches spécialement conçues pour elles dans la capitale du Karnataka : les Software

[26] L'*Indian Institute of Science* (IIS) est le premier établissement postuniversitaire de Recherche et d'Enseignement Supérieur de Bangalore. Il a été fondé en 1909 et comprend aujourd'hui près de 2000 étudiants de troisième cycle répartis dans 48 départements. Les programmes de recherche allant de l'ingénierie aérospatiale, à la biophysique moléculaire ou au management sont déployés à travers le concours de plus de 400 membres du corps professoral. Aujourd'hui, l'IIS se classe au premier rang des universités indiennes d'après le classement académique des universités du monde (Asie du Sud et les universités).

[27] 1972 : Le « *Software Export Scheme* », 1983 : « *Technology Policy Statement* », 1984 : « *New Computer Policy*»

Technology Parks (STP). En 1998, l'ambition affichée par le Premier ministre d'alors *Atal Bihari Vajpayee* était de faire de l'Inde une « superpuissance des technologies de l'information ». Il créa la *Nationale Information Technology* et la *Software Development Task Force* qui orienta la politique de l'État indien en faveur des TIC et du *Department of Electronics* (DOE) qui encourage le développement de l'électronique.

FIGURE 2.3 – FONDEMENTS DU SUCCES DU CLUSTER DE BANGALORE ET DE LA LOCALISATION DES ACTIVITES DE TIC EN INDE

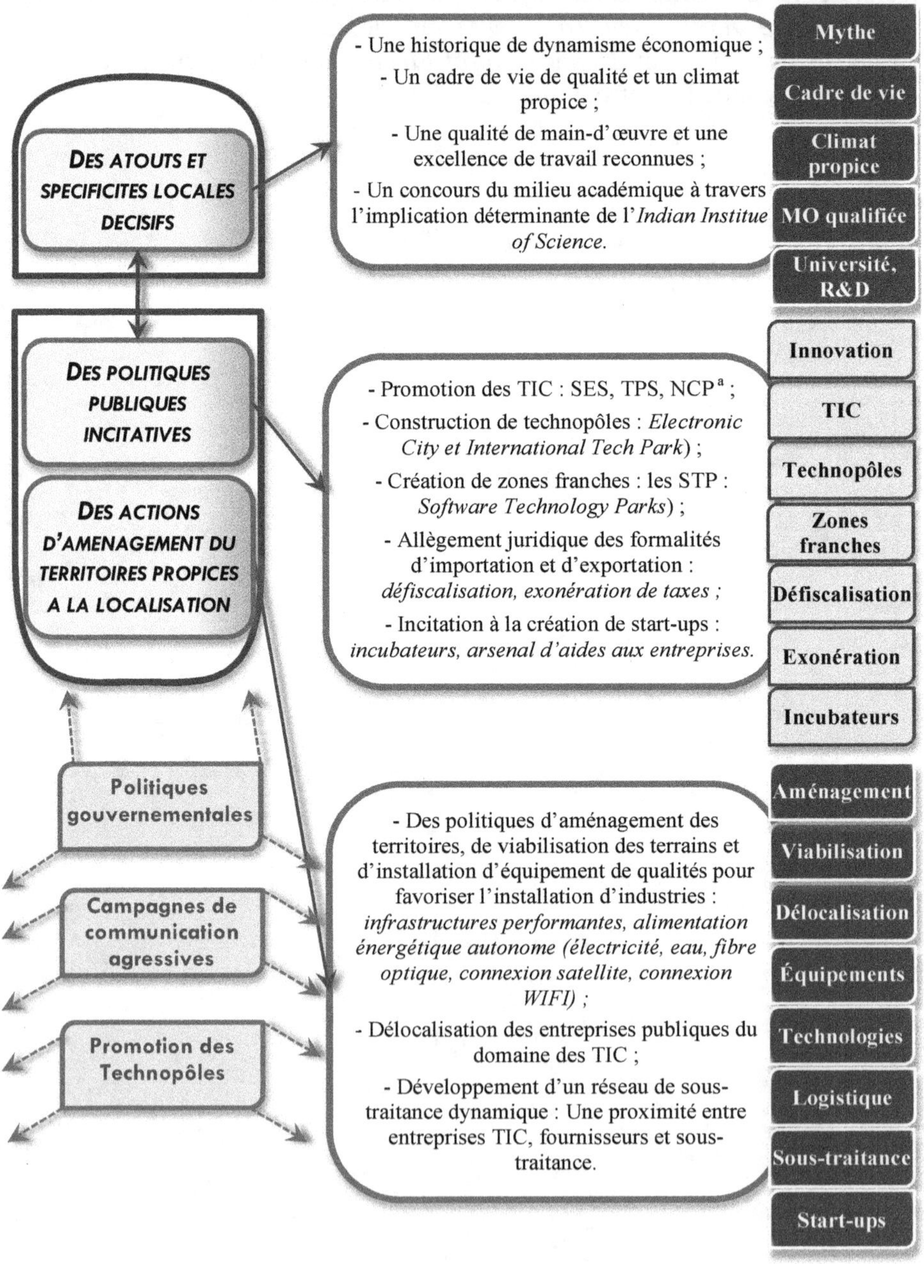

Ainsi, le gouvernement indien a capitalisé l'ensemble des atouts et spécificités locales en mettant en place des politiques publiques décisives pour l'attraction de la région de Bangalore, ce qui a permis l'installation de grandes entreprises multinationales (étrangères et nationales) ainsi que le développement d'un réseau de sous-traitance très dynamique. De même, ce dynamisme a favorisé un réaménagement spatial accompagné d'actions publiques pour la viabilisation et la mise à disposition de ressources infrastructurelles. De même encore, une fois toutes ces actions concrétisées et le dynamisme économique mis sous tension, le gouvernement indien a copieusement conduit, dès les années 1980, des campagnes de communication agressives pour promouvoir ses technopôles et présenter l'*Electronic City* comme la *Silicon Valley* indienne.

Conséquemment, toute cette politique gouvernementale a contribué à la mutation de Bangalore et à la concentration d'activités TIC dans des zones bien déterminées. Aujourd'hui, ces aménagements sont toujours d'actualité puisque le gouvernement du Karnataka vient d'instituer un IT corridor (reproduction d'une opération d'aménagement japonaise appelée cyber corridor) qui doit créer une continuité urbaine entre l'ITP et l'*Electronic City* (Grondeau, 2009), donc une reproduction réussie du modèle du nord de la Californie dans le sud de l'Inde. Il s'agit d'un véritable marketing urbain mené au travers de l'organisation de salons (les salons Bangalore IT présentés comme des réunions d'affaires internationales dans les activités de TIC).

Le modèle de politiques de développement indien basé sur la vulgarisation de clusters et des TIC reflète l'illustration parfaite d'une volonté manifeste d'adaptation aux réalités de l'époque moderne (globalisation des marchés, ère de l'économie des connaissances et de l'immatériel, etc.) et surtout l'adoption d'une posture stratégique anticipative des mutations technologiques et des changements d'habitude de consommation des populations (TIC, internet, économie numérique, etc.)

2.2.2. Clusters d'Afrique, pour un soutien au développement communautaire : exemple du Kenya, du Ghana et de l'Ile Maurice

Le développement de clusters à travers le monde concerne aussi l'Afrique. Si certains pays africains sont considérés aujourd'hui comme des pays émergents, l'Afrique comme « *l'avenir du monde* » et le temps actuel comme celui de l'Afrique (Severino et Ray, 2010) du fait des crises économiques successives qui ont orienté le vent favorable vers ce continent, force est de constater qu'une prise en considération de son poids dans l'économie mondiale force à relativiser ces postulats et ces conclusions en « demi-teintes ». En effet, le continent africain est toujours à la traîne. Pourtant, il y a en Afrique des niches d'activités économiques importantes encore inexplorées et propices au développement du continent et de ses entreprises. Dans beaucoup de pays africains (comme l'Afrique du Sud, le Ghana, l'Algérie, l'ile Maurice, le Kenya, le Maroc, le Nigeria, la Tanzanie, l'Uganda, etc.), des organisations se sont regroupées pour former des « clusters » domestiques afin de surmonter les difficultés liées à l'accès aux capitaux, à certains types de compétences, aux technologies et aux marchés (Zeng, 2008).

La localisation de ces clusters permet aux parties prenantes d'accroître leur niveau de croissance et de compétitivité, de perfectionner les connaissances acquises et en acquérir d'autres, rares ou stratégiques, d'améliorer la diffusion de leurs technologies, etc. Elle permet aussi une meilleure spécialisation des produits et services afin d'améliorer les réponses à formuler pour résoudre les besoins et les attentes des populations. Ainsi, la mise en réseau permet d'aboutir à des avantages comparatifs et compétitifs locaux auxquels une entreprise opérant isolément ne peut accéder (Thiaw, 2013). Ce faisant, les clusters contribuent de manière significative à la croissance économique de l'Afrique, créent des emplois pour les populations et permettent ainsi de lutter contre la pauvreté qui sévit dans la grande majorité de ses pays.

Toutefois, du fait de la globalisation de l'économie et de l'importance accrue des connaissances dans la compétitivité et la performance des entreprises, ces clusters sont également confrontés à de sérieux défis dans le domaine des technologies, des ressources naturelles, des infrastructures, de l'acquisition des compétences clés et du contrôle de la qualité (Zeng, 2008). L'étude de la littérature permet de constater qu'il y a un manque extraordinaire de références au sujet des réseaux d'innovation et des clusters en Afrique. Dans ce domaine, les références bibliographiques classiques (notamment Marshall, 1890, 1919) et contemporaines (Beccatini, 1979, 1990 ; Porter, 1990, 1998, 2000 ; Aydalot, 1986 ; Piore et Sabel, 1984 ; etc.) portent essentiellement sur des concepts illustratifs de situations connues dans des pays industrialisés occidentaux (USA, Italie, France, etc.). À la fin des années 2000, une étude menée par Douglas Zhihua Zeng (2008) sous l'égide de la banque mondiale a permis de comprendre la manière dont les clusters africains se sont formés et évoluent, leurs facteurs clés de succès ainsi que les types de connaissances et de technologies qui y sont mis à contribution pour générer une croissance économique durable. Pour arriver à une meilleure compréhension de ces questions, les auteurs ont étudié onze cas de clusters d'entreprises en mettant l'accent sur les questions ayant trait aux connaissances, à la technologie et aux stratégies politiques. Nous présentons ci-après une synthèse des caractéristiques de 11 de ces clusters (*cf.* Tableau 2.3).

TABLEAU 2.3 - APERÇU DE 11 CLUSTERS D'ENTREPRISES AFRICAINS (AFRIQUE SUBSAHARIENNE)

CLUSTERS	Nombre d'entre-prises	Taille des entreprises (*nombre d'employés moyen*)	Marchés	Principaux défis majeurs
Suame Manufacturing Cluster, Ghana	> 9,000	5–10	National et exportation (*Afrique de l'Ouest surtout*)	*-Inefficacité de la diffusion des résultats issus de la R&D auprès des entreprises, -Inadéquation des infrastructures physiques*
Kamukunji Metalwork Cluster, Kenya	> 2,000	1–3	National	*- Faiblesse des barrières à l'entrée et la congestion des micro-entreprises ; - Faiblesse des liens avec les institutions du savoir ; - Faiblesse du soutien en termes d'infrastructures.*
Lake Naivasha Cut Flower Cluster, Kenya	24 (*Grandes entreprises*)	250–6,000	National et exportation (*UE principalement*)	*L'épuisement des ressources et la pollution environnementale*
Nnewi Automotive Components Cluster, Nigeria	85	< 12	National et peu d'exportation	*La concurrence des asiatiques et la pauvreté des infrastructures publiques*
Otigba Computer Village Cluster, Nigeria	> 5,000	8	National et exportation (*Afrique de l'Ouest principalement*)	*- Manque de capitaux, en particulier les financements à long terme ; - Faiblesse du soutien en infrastructures ; - Vulnérabilité vis-à-vis des devises étrangères et des droits à l'importation.*
Mwenge Handicrafts Cluster, Tanzanie	2,200	15–20	National et peu d'exportation	*- Manque de financement ; - Faiblesse des marges de manœuvres des entreprises ; - Faiblesse des institutions publiques et des infrastructures.*
Keko Furniture Cluster, Tanzanie		2–130	National et peu d'exportation	*- Faiblesse des institutions publiques et des infrastructures ; - Manque de soutien en technologie et de l'accès aux financements.*
Lake Victoria Fishing Cluster, Uganda	17 (*fishing plants*)	35–200+	National et exportation (*UE surtout*)	*- Baisse des stocks de poissons ; - Normes de qualité de l'UE.*
The Textile and Clothing Cluster, Iles Maurice	260	170	National et international	*- Augmentation continue des coûts de main-d'œuvre ; - Accroissement de la concurrence internationale ; - Faiblesse du niveau de productivité.*
Wine Cluster, Afrique du Sud	> 340 (*exploitations viticoles*)		National et international	*- Manque d'efficacité des stratégies de marketing/branding et de l'expertise ; - Contraintes financières pour les petits producteurs.*
Western Cape Textile and Clothing Cluster, Afrique du Sud	327	103	National et international	*- Augmentation continue des coûts de main-d'œuvre ; - Accroissement de la concurrence internationale ; - Manque d'innovations, à la fois produits et procédés.*

Sources : Auteur (Cheikh A. L. Thiaw), adapté de Zeng (2008)

Les mécanismes d'éclosion de ces clusters prennent leurs sources d'origines disparates et leur évolution ne s'est pas faite de manière identique d'un cluster à l'autre. Selon le procédé d'émergence du cluster, les pouvoirs publics ont eu plus ou moins de rôles à jouer pour soutenir et faciliter la mise en réseau des acteurs et les actions de coopération interentreprises.

2.2.2.1. Origine et évolution des clusters africains

Ces clusters d'entreprises africaines ont emprunté des trajectoires de développement dissemblables. Toutefois, malgré leurs natures différentes dues aux spécificités de leurs acteurs et de leurs territoires d'implantation, une division en deux catégories peut être mise en exergue. Elle procède de leurs modalités d'émergence : d'une part, des clusters ayant émergé naturellement et, d'autre part, ceux qui sont nés pour donner suite à des décisions politiques. Cette différence constitue l'un des principaux points de distinction entre les clusters de Porter (1990, 1998, 2000) et les districts industriels (marshallien et ceux de la Mezzogiorno italienne [Beccatini, 1990]).

Ainsi, la première catégorie correspond à un regroupement spontané d'entreprises que Zeng et al. (2008) dénomment comme « *spontaneous agglomerations of enterprises* ». Quant à la seconde, elle émane de la volonté des pouvoirs publics de créer des réseaux de type technopoles, parcs industriels, incubateurs ou Zone Franche d'Exportation (ZFE). Hormis le cluster mauricien spécialisé dans l'industrie de l'habillement et du textile, la plupart des clusters étudiés font partie de la première catégorie. Les auteurs ont identifié cinq facteurs de base partagés par ces clusters comme ayant contribué à différents degrés à leur genèse (*cf.* annexes 2.1) :

- *(1)* L'émergence des RIT peut être favorisée par les ressources naturelles disponibles dans la localité. C'est le cas particulièrement pour les clusters composés d'entreprises dont les activités dépendent de ressources naturelles telles que la pêche ou l'agriculture pour lesquelles un climat favorable et l'existence de terres fertiles en abondance sont indissociables ;
- *(2)* La proximité avec certaines infrastructures (routes, autoroutes, ports, aéroports) et des zones commerciales stratégiques telles que des marchés locaux, des centres commerciaux, etc. ;
- *(3)* L'existence de connaissances et de compétences traditionnelles spécifiques à la localité du cluster et à ses entrepreneurs, que ce soit en matière de conception, de fabrication ou de commercialisation ;
- *(4)* L'existence de grands marchés locaux qui expriment des besoins dont les velléités de satisfaction ont conduit à la formation de clusters ;
- *(5)* Les pouvoirs publics peuvent aussi jouer un rôle primordial dans la création de RIT. Cependant, le rôle des gouvernements est limité dans la plupart des clusters africains étudiés.

2.2.2.2. Clusters africains : Du soutien des institutions publiques et gouvernementales

Dans les pays africains, le soutien des pouvoirs publics à la formation et au fonctionnement de RIT est limité. En effet, la plupart des clusters du continent se sont émergés en dehors d'intervention des pouvoirs gouvernementaux. Ce sont plutôt des regroupements spontanés d'entreprises sous forme d'associations qui leur ont permis d'émerger, mais surtout de fonctionner à travers la mise en relation des acteurs, puis de la définition et du suivi des actions de coopération.

Cependant, les actions associatives ne sont pas à elles seules suffisantes pour garantir la réussite des clusters et pour contrecarrer les difficultés liées à la compétitivité et à la performance des entreprises. En fin de compte, l'intervention de l'État est donc indispensable, surtout à cause de la faiblesse chronique des moyens financiers et matériels de la grande majorité des entreprises africaines. Toutefois, comme c'est le cas pour les PdC dans le dispositif de clusters français, une très forte présence de l'État peut aussi contribuer à réorienter les objectifs des clusters et l'approche des projets conduits en leur sein, en privilégiant une orientation *techno-pull* au détriment d'une approche *market-push* comme c'est le cas dans le cluster de la *Silicon Valley* (Thiaw, 2013). En effet, cette situation tend à imposer dans les PdC la propagation de projets d'innovation collaboratifs (PIC) qui ne génèrent que des innovations stériles et non absorbées par les marchés, car le processus pris en charge par le dispositif s'arrête en phase de prototypage (*cf.* Section 2.1.2).

2.2.2.3. Clusters africains : Mise en réseau des acteurs et actions de coopération

La configuration des clusters africains est différente de celle de ceux des pays développés, aussi bien suivant le format d'organisation que la composition en matière d'acteurs organisationnels. Si les RIT comme la *Silicon Valley* peuvent compter sur la contribution d'entreprises multinationales dotées d'une importante capacité d'innovation et des ressources financières (privées et publiques) considérables, la plupart des entreprises des clusters africains sont de petites tailles et démunies de moyens solides (financiers, matériels et technologiques). Elles n'ont pas non plus développé une culture de coopération. Dès lors, la coopération interorganisationnelle est encore beaucoup plus indispensable pour permettre aux acteurs de protéger leurs intérêts communs, d'échanger des informations et des idées, de former des synergies par des partenariats interentreprises ; mais aussi de bénéficier d'assistance technique, de services marketing et stratégiques, par exemple.

Dans un contexte économique de concurrence accrue, l'action collective par la mise en réseau est aussi un moyen pour augmenter le pouvoir de négociation des acteurs et un gage de survie pour eux (Zeng, 2008). Dans le processus d'industrialisation des pays en développement, le regroupement d'entreprises a longuement été débattu dans les années 1990 (Van Dijk et al., 1997) et est considéré comme un moyen d'atténuer les difficultés rencontrées par les PME (Nadvi, 1997, 1999). Ces difficultés sont notamment en rapport avec les échecs liés à l'accès aux marchés en matière d'*input* et de produits. Mais au cœur de ces difficultés résident également les problèmes liés à la faiblesse des institutions et des ressources financières disponibles dans les pays en développement, de même que le soutien technique et commercial (notamment marketing). C'est la raison pour laquelle, les difficultés sont encore beaucoup plus importantes dans les pays pauvres avec des capacités limitées en ce qui concerne l'élaboration et de mise en place de politiques de développement.

Pour contrecarrer ces difficultés, on trouve dans chacun de ces clusters africains des associations industrielles et professionnelles qui permettent, avec des rôles variés, de tirer profit des avantages des actions collectives pour soutenir leurs membres. À titre d'exemple d'actions de coopérations relevées dans les clusters tanzaniens, il y a l'aide apportée aux entreprises par des associations dans la formulation de leurs besoins, l'apport d'informations précieuses et l'offre de conseils techniques. Dans le cas du cluster kenyan spécialisé dans les fleurs, les associations jouent un rôle de « lobby » pour soutenir les politiques mises en place, permettre la protection de l'environnement pour le respect des normes et promouvoir la responsabilité sociétale auprès des entreprises (RSE). Dans ce cadre, deux associations industrielles majeures (*Kenya Flower Council* et la *Fresh Produce Association Exporters*) permettent aux entreprises membres du cluster de consolider le maintien des normes, rendent facile l'accès aux marchés et soutiennent la collecte de renseignements sur le marché.

D'autres associations peuvent jouer des rôles majeurs dans la diffusion des produits innovants issus de clusters. C'est le cas de la *Wines Of South Africa* qui contribue à la commercialisation des vins au niveau national et sur le plan international.

DEUXIÈME PARTIE : PROMOUVOIR LES INNOVATIONS LOCALISÉES POUR L'ÉMERGENCE ÉCONOMIQUE DU SÉNÉGAL

Chapitre 3

Carences et opportunités de l'innovation au Sénégal

[Analyse des carences et opportunités de l'innovation au Sénégal, puis évaluation de la place de l'innovation dans les politiques publiques antérieures et à travers les dispositifs du nouveau programme de développement en vigueur actuellement, le Plan Sénégal Émergent (PSE)]

↓

Chapitre 4

De la nécessité d'un développement de clusters pour impulser un modèle d'innovation localisée

[Modèles d'impulsion de l'innovation localisée au Sénégal pour renforcer son processus d'émergence économique par une coévolution efficace entre la science, les technologies et l'innovation (ST–I) ; le « quoi faire », le « comment faire, les « conditions-cadres » économiques et politiques requise, le rôle de l'action publique, etc.]

INTRODUCTION

Aujourd'hui plus que jamais, l'innovation est plus qu'importante et nécessaire pour permettre aux économies et aux sociétés de résister aux bouleversements de tous ordres. En effet, l'économie mondiale fait face à de nouvelles donnes qui complexifient ses réalités et plongent dans l'incertitude l'évolution des pays, notamment ceux en émergence et ceux en phase de développement retardé. Il s'agit d'un ensemble d'états de fait généralisés qui imposent aux gouvernements l'opérationnalisation de mécanismes de changements des paradigmes d'incitation au développement, notamment la nécessité d'élaboration d'actions ancrées sur l'immatériel, l'économie de la connaissance, l'innovation et les technologies. À cela s'ajoutent les aléas de la révolution numérique, les problématiques liées aux changements climatiques et à la pauvreté persistante dans beaucoup d'économies nationales. Analysant la situation du Sénégal, nos travaux nous ont conduits à élaborer des pistes d'actions concrètes et pertinentes. Il s'agit de leviers d'émergence stratégiques que nous proposons pour contribuer à répondre aux besoins d'élévation de l'économie du Sénégal selon ses particularités propres et suivant les modèles standards en vigueur dans les économies modernes à succès et approuvés par les spécialistes du domaine.

En effet, le progrès technique conduit à un changement de société qui passe par le développement des sciences et des techniques (Marx, 1977). De la même manière, l'évolution des technologies interpelle pour un changement institutionnel et pour une mise sur le développement du capital humain (au sens de Becker, 1964, 1975 ; et Schultz, 1961). Dans cette optique, élaborer un système d'innovation national par la promotion du concept d'innovation localisée nécessite de prendre en considération les réalités humaines et sociales pour pouvoir par la suite, opérer les changements adéquats et développer les capacités d'innovation de la société. En d'autres termes, la conception d'actions publiques pour impulser un modèle d'innovation localisée requiert de prime abord de comprendre les cultures et les réalités socioéconomiques du Sénégal. Dans un premier temps, cela permet de mettre à nu les difficultés liées à l'innovation dans le pays, ensuite dans un second temps, d'identifier les opportunités d'innovation à s'approprier et à explorer pour stimuler son développement.

Cette approche de contextualisation des politiques d'innovation s'impose, car on a pu remarquer des résultats contrastés lorsque des « *pays d'égal niveau de développement, et poursuivant des politiques économiques peu ou prou similaires s'engagent dans des trajectoires divergentes, les uns connaissant des succès durables tandis que d'autres s'enfoncent dans la stagnation ou le déclin* » (Aubert, 2017). En effet, si les aspects économiques ont leur lot d'importance dans le succès des politiques de développement, les fondements socioculturels quant à eux jouent un rôle essentiel dans la performance et la spécialisation des systèmes d'innovation.

De ce fait, l'innovation au cœur de cet ouvrage, sous-tend effectivement de manière corrélative, à la situation d'une nation. Pour le pays, il s'agit d'un ensemble de pratiques novatrices et le déploiement de technologies non connues auparavant, plus que d'une diffusion de nouveautés sous forme de produits, procédés ou services. À ce titre, on peut se demander d'où proviennent les sources d'innovation. L'innovation puise ses origines de la recherche. Il s'agit d'une appropriation, puis d'une transposition des résultats issus de la recherche par des entrepreneurs, en réponse à des problématiques de marché ou à des souhaits d'apports de changements aux réalités établies dans la société. Cette imbrication entre chercheurs, entrepreneurs (acteurs de l'industrie) et l'innovation qui les associe nous amène à discuter de la coévolution entre la science, les technologies et l'innovation. De même, ramenée au concept d'innovation localisée, cette question s'apparente à une incitation à la concentration territorialisée des dynamiques d'innovation propices à la croissance et à l'émergence économiques. Ces dynamiques d'innovation représentent les composants de l'innovation localisée, à savoir les organismes de formation et les universités, les organismes de recherche, les entreprises et l'industrie, la finance, etc. (*cf.* Chapitre 1, figure 1.8). En effet, la plupart des innovations résultent d'un processus collectif faisant interagir plusieurs acteurs et des sources de connaissances diverses. La structure de l'environnement économique mondiale décrite plus haut ne permet plus à chaque acteur (entreprise, chercheur) de se renfermer sur lui-même et d'être en capacité d'innover efficacement, tout en étant isolé.

Cette seconde partie de l'ouvrage expose notre contribution qui revendique la promotion de la territorialisation de l'innovation en tant que moyen indispensable pour permettre au Sénégal d'atteindre le statut d'économie émergente. À travers l'étude de l'environnement socioéconomique et de l'orientation des politiques publiques, nous analysons dans cette partie, les carences et les opportunités de l'innovation au Sénégal, puis nous proposons des modèles d'impulsion de l'innovation localisée par la création de processus de coévolution entre la science, les technologies et l'innovation (ST–I).

En effet, afin de justifier notre proposition de modèles de promotion des innovations localisées par le biais de clusters, il nous paraît utile de réaliser une étude de l'environnement d'émergence économique du Sénégal afin de comprendre les trajectoires de développement empruntées du fait des politiques publiques qui ont jalonné son évolution (Chapitre 3). Ce travail nous permet d'abord d'identifier les carences et les opportunités de l'innovation dans le pays ; ensuite de comprendre les orientations usuelles des initiatives publiques antérieures afin d'y discerner l'existence ou non d'un système d'innovation ; et en fin, d'analyser la place accordée à l'innovation dans la nouvelle politique de développement en vigueur aujourd'hui, à savoir le Plan Sénégal Émergent (PSE).

De manière subséquente, le dernier chapitre explique pourquoi il est aujourd'hui nécessaire de développer une innovation localisée au Sénégal par la création de clusters territorialisés. Il expose aussi les écueils à éviter et les mesures politiques à mettre en œuvre, de même que les mécanismes opérationnels nécessaires pour dynamiser le processus d'émergence économique du pays à travers l'impulsion du concept d'innovation localisée, par la création d'une atmosphère favorable à la coévolution efficace entre la science, les technologies et l'innovation (chapitre 4).

CHAPITRE 3

CARENCES ET OPPORTUNITÉS DE L'INNOVATION AU SÉNÉGAL

Introduction

Depuis son indépendance acquise en 1960, le Sénégal n'est toujours pas sorti des méandres du sous-développement. Malgré les efforts opérés par les différents gouvernements qui se sont succédé à la tête du pays, son économie est restée dans un état statique, marqué par une extrême pauvreté de la population et une insuffisance de croissance. Jusqu'au milieu des années 1990, la part des ménages sénégalais pauvres avoisinait les 61,4 %, soit 67,9 % de la population (ANSD). Ce n'est que vers la fin des années 1990 et le début des années 2000 qu'une réduction de la pauvreté s'est amorcée. Cependant, cette diminution n'a concerné que la population citadine, ce qui engendra comme effet principal l'accentuation de l'exode rural des populations campagnardes vers les villes, puis leur concentration dans la capitale. En effet en 2005, près de 2 452 656 Sénégalais vivaient à Dakar (3 529 300 en 2017), ce qui représentait environ 23 % de la population (ANSD, 2013). Cette période coïncide avec la mise en place, sous l'égide de différents organismes intergouvernementaux (BM, FMI, ONU), de mesures visant une réduction drastique de la pauvreté qui sévissait dans une grande partie du monde, et en particulier, dans beaucoup de pays africains. Aujourd'hui en 2017, la région de Dakar qui ne représente que 0,3 % du territoire national sénégalais regroupe toujours près de 23,2 % de sa population totale du pays estimé à 15 256 346 habitants.

Si cette démographie galopante de la population peut être « légitimement » considérée par certains « esprits bien penseurs » comme un frein à l'innovation et au développement, il convient plutôt de la considérer comme une source à l'innovation. En effet, derrière l'importance du nombre de consommateurs pauvres, se cache un potentiel énorme d'innovations très souvent inexplorées, et auquel il importe de s'intéresser pour élever le niveau de vie des populations et élargir le champ des possibilités pour les entreprises et les chercheurs du pays. D'ailleurs, cette prise en compte permet aussi une extension forcée de l'innovation en l'intégrant à toute la chaîne de valeur de l'entreprise. En effet, considérée comme de nouveaux clients pour le développement de l'innovation, la grande population sénégalaise offre aux acteurs socioéconomiques (de l'industrie et de la recherche) d'importants champs de besoins et d'usages (révélés ou non) à combler. Auprès des entrepreneurs innovants, il s'agit d'une manne de perspectives de développement, avec une tendance orientée vers la conception de produits et de services novateurs et vers l'émergence auprès des acteurs de l'innovation, de *business modèles* inédits.

Toutefois, si des opportunités d'innovation apparaissent clairement au Sénégal, beaucoup d'obstacles subsistent aujourd'hui encore et empêchent les acteurs économiques de les exploiter convenablement. Malgré cela, les politiques publiques émises pour impulser le développement économique du pays n'ont été orientées jusque-là, ni pour développer expressément l'innovation, ni pour la promouvoir et encore moins pour s'attaquer explicitement à ces écueils.

Ce chapitre débute par une évaluation des apparences économiques et sociétales du Sénégal (3.1), avec d'une part un accent mis sur les problèmes sociétaux et de compétitivité à l'international et, d'autre part, un exposé sur les opportunités en matière d'emplois et l'étendue des besoins en consommation à combler. Il se poursuit par une analyse des opportunités d'innovations et l'importance des besoins d'apports de technologies nouvelles (3.2).

Enfin, nous clôturons ce chapitre par un retour sur les trajectoires empruntées par les différentes politiques de développement pilotées depuis l'indépendance du Sénégal (3.3), avec une attention plus particulière sur les dernières en la matière : *Documents de Stratégie de Réduction de la Pauvreté* (DSRP), *Stratégie de Croissance Accélérée* (SCA) et *Plan Sénégal Émergents* (PSE). Il ressort de nos analyses qu'en plus de paraître obsolètes ou mal orientées, ces politiques occultent sensiblement la variable « innovation » considérée pourtant, par les spécialistes et praticiens, comme le moteur central d'accumulation de richesses des économies modernes. Ces politiques en effet n'ont pas eu pour priorités absolues de considérer l'innovation comme la base d'impulsion du développement du Sénégal. Si le dispositif du PSE semble bien être une bonne direction et une mobilisation intéressante des principales forces motrices économiques et sociales pour le développement du Sénégal pour l'avenir, quelques contraintes l'encadrent cependant et pourraient limiter ses capacités d'action. Le point de manquement principal que nous y relevons concerne la place minimaliste qu'y occupe la notion d'innovation. C'est pourquoi nous souhaitons apporter une contribution que nous présentons comme un complément du PSE et une révision du concept de « grappes de croissance » annoncé dans la SCA puis repris dans le PSE en tant que « pôles de développement » (PdD). En conclusion, l'innovation n'apparaît pas très souvent dans les dispositions du PSE ainsi que dans les mécanismes usités pour sa vulgarisation. De même, la non-implication de la recherche universitaire et des acteurs académiques d'une manière générale, représente également une carence certaine.

3.1. Évaluation des apparences économiques et sociétales : *Une démographie dense à « double tranchant »*

Selon l'Agence nationale de la statistique et de la démographie (ANSD), la population sénégalaise s'élève aujourd'hui à près de 15 256 34 habitants (le dernier recensement réalisé en 2013 indiquait 13 926 253 habitants). Elle se caractérise par une part importante de jeunes, avec un âge moyen de 22,4 ans, dont près de la moitié est composée de personnes de moins de 18,7 ans (âge médian). Cette compacité de la population est à « double tranchant ». Elle offre à la fois une main-d'œuvre abondante et de véritables besoins de consommations à combler, mais pose également un ensemble de problèmes à surmonter compte tenu des difficultés inhérentes à l'augmentation rapide de la population et la part importante des jeunes.

En effet, la densité qui caractérise la population sénégalaise ainsi que sa jeunesse abondante préfigure une situation de transition démographique qui pose des problématiques sociétales et économiques ayant trait aux niveaux de qualification et de formation de la population en âge de travailler, aux questions de l'emploi et au chômage, à l'accès aux technologies et aux services sociaux, etc. À l'inverse, elle procure aussi un lot d'opportunités en ce qui concerne l'abondance de main-d'œuvre ainsi que des besoins de consommation à combler, et donc forcément, de véritables perspectives pour la R&D et l'innovation technologique.

TABLEAU 3.1 – REPARTITION DE LA POPULATION DU SENEGAL SELON LES REGIONS : EFFECTIF, DENSITES, SUPERFICIE ET TAUX D'URBANISATION (EN 2013)

Régions	Population	%/population totale	Taux d'urbanisation	Superficie en Km²	%/superficie totale	Densité (hbts/km²)
DAKAR	**2 956 023**	*22,96%*	*96,40%*	*547*	**0,3**	*5 404*
DIOURBEL	**1 420 082**	*11,03%*	*16,10%*	*4 824*	**2,5**	*294*
FATICK	**684 652**	*5,32%*	*16,10%*	*6 849*	**3,5**	*100*
KAFFRINE	**544 011**	*4,23%*	*15,80%*	*11 262*	**5,7**	*48*
KAOLACK	**918 355**	*7,13%*	*35,50%*	*5 357*	**2,7**	*171*
KEDOUGOU	**152 134**	*1,18%*	*24,70%*	*16 800*	**8,5**	*9*
KOLDA	**633 675**	*4,92%*	*26,00%*	*13 771*	**7,0**	*46*
LOUGA	**835 325**	*6,49%*	*22,00%*	*24 889*	**12,7**	*34*
MATAM	**541 032**	*4,20%*	*22,10%*	*29 445*	**15,0**	*18*
SAINT-LOUIS	**870 629**	*6,76%*	*45,70%*	*19 241*	**9,8**	*45*
SEDHIOU	**434 877**	*3,38%*	*20,00%*	*7 341*	**3,7**	*59*
TAMBACOUNDA	**649 854**	*5,05%*	*23,90%*	*42 364*	**21,5**	*15*
THIES	**1 709 112**	*13,28%*	*49,00%*	*6 670*	**3,4**	*256*
ZIGUINCHOR	**523 840**	*4,07%*	*46,00%*	*7 352*	**3,7**	*71*
Ensemble SENEGAL	**12 873 601**	**100%**	**45,20%**	**196 712**	**100,0**	**65**

[Sources : ANSD – Recensement de la population et de l'habitat, de l'Agriculture et de l'Élevage (RGPHAE) 2013

3.1.1. Des problèmes sociétaux et de compétitivité à l'international

Le développement économique d'une nation peut être fortement influencé par sa structure démographique et par la rapidité de croissance de sa population. De la même manière, le niveau de peuplement d'un territoire donné peut avoir un impact direct sur son environnement ainsi que sur l'usage de ses ressources. Ainsi, le maintien d'un bien-être collectif au sein de la population nécessite le déploiement d'un effort à long terme, et requiert, dans le cas d'une urbanisation galopante ou d'une croissance démographique rapide, des modes de production et de consommation durables pour garantir un équilibre entre la population et son milieu naturel.

Au-delà des problèmes liés à l'environnement et à l'écologie, la croissance rapide de la population du Sénégal peut causer d'autres sources de paupérisation et avoir un impact négatif sur le bien-être des personnes, notamment la population juvénile. En effet, cette tranche de la population active est fortement confrontée à un problème criant d'insertion à la vie active et d'accès aux services sociaux basiques, c'est-à-dire le logement, les transports, la sécurité et les soins de santé. C'est pourquoi, cette double question relative à l'emploi et à l'accès aux services sociaux fondamentaux représente l'une des préoccupations primordiales auxquelles les pouvoirs publics s'attellent aujourd'hui à combler.

En effet, les problèmes d'accès aux services sociaux touchent une part importante de la société sénégalaise, notamment les jeunes. Ces derniers, étant non productifs et ultra-consommateurs de biens et services, contraignent l'État à l'allocation de ressources importantes dans les dépenses d'alimentation, de logement, d'éducation, etc. Dès lors, du fait de la priorité accordée aux secteurs primaires, d'autres secteurs socioéconomiques et stratégiques se voient dépourvus de ressources de développement. C'est le cas par exemple du soutien à la R&D et à l'industrie qui souffre d'un manque d'appuis significatif. Au Sénégal, l'activité de recherche universitaire ne bénéficie pas d'appuis étatiques et fait défaut d'une institutionnalisation qui devrait pourtant aider les chercheurs académiques à jouer pleinement leur rôle dans l'émergence, la promotion et la diffusion des connaissances scientifiques et techniques, et ainsi contribuer à l'innovation industrielle. Cette contribution de l'État devrait porter sur les mécanismes de financement, les normes de régulation et les mesures directives. Son insuffisance écarte de fait l'université du cœur de son dispositif économique et social.

Par ailleurs, les difficultés d'accès aux minima sociaux concernent aussi une partie de la population qui a quitté les campagnes pour s'exiler vers les villes et qui, pour la plupart, surplombent les bidonvilles et demeurent dans une situation de précarité importante tout en contribuant à accroître la rapidité de croissance démographique. En effet, ces derniers se rapprochent des villes, attirés par un ensemble de perspectives telles que l'espérance d'un accès à des emplois, d'un bénéfice de meilleures conditions d'éducation et de soins sanitaires de qualités, etc. Néanmoins, une fois sur place, la concrétisation de ces aspirations n'étant pas toujours au rendez-vous, ils se retrouvent très fortement éprouvés par les problèmes de sous-emplois et le chômage qui sévissent dans les grandes villes sénégalaises. Couplés à leurs faibles niveaux de qualification, ces aléas accentuent l'importance de la demande en produits vivriers.

En contrecoup, la croissance démographique rapide constatée dans beaucoup de grandes villes africaines, caractérisée par une densité et des taux de croissance extrêmement forts[28], doit forcément aller de pair avec la mise

---

[28] La répartition spatiale de la population du Sénégal est très inégale, avec une concentration dans les zones occidentales et centrales au détriment des autres régions (Nord, Sud et Est). La densité est plus forte dans la région dakaroise qui, en 2014, accueillait près du quart de la population (3 233 460 sur 13 926 253, soit 23,2%) sur une petite portion territoriale représentant que 0,3% du territoire (soit 547 sur une superficie nationale de 196 190 km^2). Cela représente une densité de près de 5 739

en disponibilité d'un ensemble de facilités en matière de logements pour lutter contre la propagation des bidonvilles. Dans ce cadre, il convient de rappeler que le quartier des parcelles assainies situé dans la banlieue dakaroise a été édifié en 1974, sous l'égide de la Banque Mondiale dans le but de supporter l'afflux important de populations pauvres qui quittèrent l'intérieur du Sénégal pour venir s'installer dans la capitale du fait des grandes sécheresses des années 70. Aujourd'hui, le quartier des Parcelles assainies, devenu commune d'arrondissement en 1996, abrite désormais plus de 300 000 habitants.

De même, l'augmentation rapide de la population a aussi des répercussions défavorables sur les possibilités d'emplois offertes aux nouveaux entrants dans la vie active si le rythme de création d'emplois dans l'économie ne suit pas cette croissance. La part de la population active d'un pays a tendance à suivre une augmentation logique proportionnelle au niveau de rapidité de la croissance démographique. Au Sénégal, le taux d'augmentation de la population active dépasse largement celui de la création d'emplois dans l'économie, impliquant ainsi une augmentation significative du taux de chômage au sein des jeunes, donc des problèmes d'accès à l'emploi. De la même manière, cette importance du surplus de main-d'œuvre a tendance à favoriser la multiplication de types d'emplois non productifs, procurant aux travailleurs des revenus de subsistance très faibles.

Ce faisant, le défaut d'absorption des demandeurs d'emploi par l'économie influence négativement la productivité du pays, tend à entraver l'industrialisation ainsi que le développement technologique et force la stabilité d'une situation de pauvreté extrême et généralisée (*cf.* figure 3.1). Dans cette situation, nul besoin de signaler que le faible niveau de qualification et la bassesse des revenus financiers des populations causent une influence négative et manifeste sur le développement du Sénégal et l'appropriation efficace des perspectives permises par les ressources naturelles. Subséquemment, les services liés au social, à la santé et à l'éducation sont relativement affectés par la croissance démographique rapide et aspire une part importante du budget de l'État.

---

habitants au km². A l'inverse, la région de Tambacounda, la région la plus vaste du pays (21,5% de la superficie du pays), ne comptait que 5,0% de la population du pays, avec une densité de 16 habitants au km² (Selon les données de l'ANSD).

FIGURE 3.1 – APERÇU DES CONSEQUENCES SUR L'ECONOMIE D'UN DEFAUT D'ABSORPTION D'UNE MAIN-D'ŒUVRE ABONDANTE

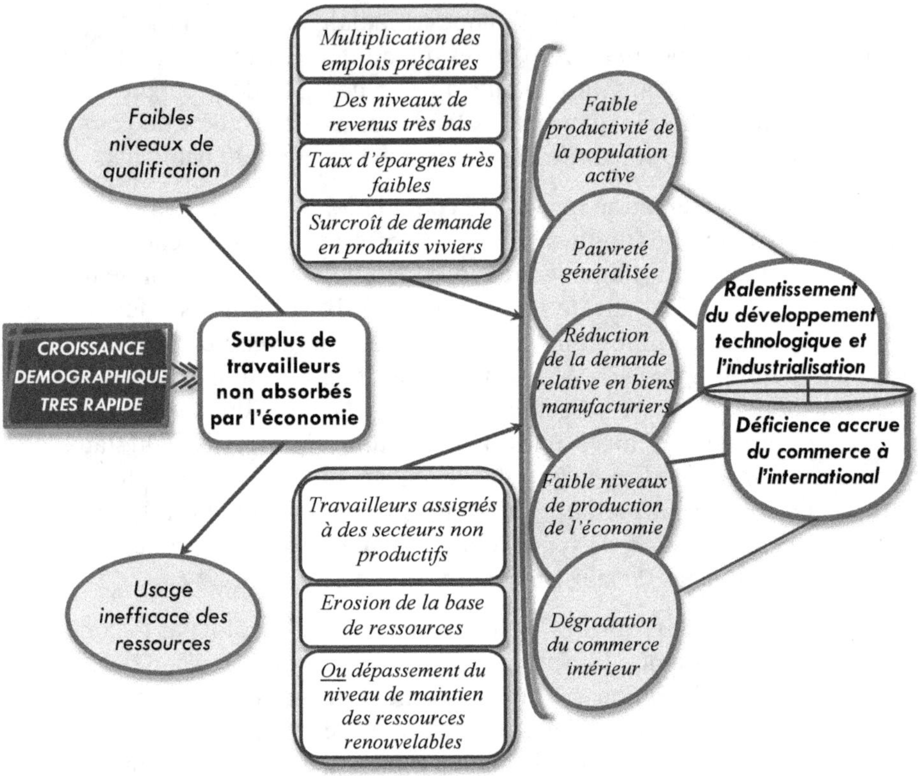

[Source : Auteur (Cheikh A. L. Thiaw)]

Cette figure relatant les conséquences d'un défaut d'absorption d'une main-d'œuvre abondante et disponible permet de montrer qu'en plus du bien-être de la population, la compétitivité du pays à l'échelle internationale est aussi considérablement attendrie. En effet, un important surplus de travailleurs disponibles et non absorbés par les secteurs économiques peut potentiellement engendrer :

– Une insuffisance du niveau de production de l'économie ainsi qu'une productivité faible de la part de la population active, ce qui a pour conséquence principale de favoriser une pauvreté généralisée du fait de la multiplication des emplois précaires et à faibles niveaux de rendement, causer une dégradation des niveaux de revenu et des taux d'épargne au sein de la population (*1*) ;

– Un ralentissement du développement des technologies et l'industrialisation, car les ressources naturelles et humaines sont mal ou sous usitées, et le manque de qualification est criant chez une grande partie des jeunes du pays (*2*) ;

– Une déficience du commerce à l'échelle internationale, car le commerce interne se dégrade et reste peu compétitif, la demande relative en biens et services manufacturiers s'estompe, alors que les demandes en produits viviers croissent ostensiblement (*3*).

De cette sorte, le développement économique d'un pays peut pâtir d'une situation de démographie abondante et débordante de jeunes, couplée à un manque d'emplois permettant d'accueillir, d'absorber et de « *caser* » cette main-d'œuvre grandissante.

Toutefois, et en tout état de cause, les tendances démographiques sont quasiment inévitables, même si elles peuvent être influencées par des politiques volontaristes engendrées par les États (par la planification familiale par exemple). Dans ce contexte, l'OMS recommande d'user de mécanismes de planification familiale afin de ralentir les conséquences négatives sur l'économie résultant d'une surpopulation galopante et d'une croissance de la population dont la viabilité à long terme est compromise. En effet, il considère que cette situation peut avoir des impacts négatifs sur l'environnement et tend à déprimer les efforts de développement économique consentis par les pouvoirs publics (OMS, 2015)[29].

En effet, force est de constater que la problématique de la population en tant que sources d'obstacles réels au développement (chômage, emplois non productifs, pauvreté persistante, bidonvilles, instabilité politique, crime, etc.) représente pour le Sénégal et l'Afrique un véritable défi à relever. C'est pourquoi, basés sur l'hypothèse selon laquelle les variables démographiques ont une emprise directe sur le développement économique, les plans de développement traditionnels mettaient davantage l'accent sur l'impérieuse obligation d'opérer des changements dans les composantes critiques de la croissance démographique des pays du continent (notamment la fécondité)[30].

---

[29] OMS (2015), Planification familiale/Contraception, Documents des Centre des médias de l'OMS, Aide-mémoire N°351, Mai 2015.
Sources : *www.who.int/mediacentre/factsheets/fs351/fr/*

[30] Par exemple : Mise en œuvre des recommandations du Programme d'Action de Kilimandjaro (PAK) et celles issues de la Déclaration de Dakar/NGOR portant sur la population, la famille et le développement durable, CEA Conférence Commune des Planificateurs, Statisticiens et Démographes (8ème Session : 1994, mar. 21-26 : Addis-Abeba, Ethiopie). *A l'issue de la réunion, des objectifs quantifiés à poursuivre*

Cependant, si l'OMS considère cette solution comme explicite pour la plupart des cas, l'étendue des territoires de bon nombre de pays africains comme le Sénégal proportionnellement à leur nombre d'habitants, présuppose d'autres voies et moyens alternatifs pour impulser un développement permettant d'assurer le bien-être de la population et l'atteinte possible d'une autosuffisance alimentaire. En effet, la problématique de la population ne se limite pas uniquement à des enjeux statistiques, mais incorpore également des aspects de qualité de vie, de bien-être et de développement. D'autant plus que, selon le Réseau d'information en matière de population de l'ONU[31], l'adoption des programmes d'ajustement structurel (PAS) censée permettre aux pays africains concernés par les difficultés critiques liées au poids important de leur population n'a, semble-t-il, pas permis de surmonter les problèmes connus avant l'adoption de ces programmes.

Par conséquent, s'il est certes indispensable de favoriser une politique de population viable, il devient surtout opportun de concevoir en parallèle, d'autres mécanismes permettant de tirer profit de la densité de population jeune, à l'image de ce qui s'est fait dans des pays comme la Chine, le Brésil, l'Inde et dans d'autres pays émergents tels que la Malaisie. Dans ces pays, la densité de la population s'illustre en tant que source d'avantages compétitifs non négligeables, notamment en tant que pourvoyeuse d'une main-d'œuvre abondante et de multiples besoins en consommation à satisfaire. Toutefois pour ce faire, certains prérequis, parmi lesquels le renforcement du niveau de qualification des jeunes, doivent être préalablement de mises. En d'autres termes, cette abondance de mains-d'œuvre juvénile doit être bien formée afin d'être en mesure de relever les défis de développement économique qui s'imposent au Sénégal. Par la même occasion, la levée de vrais questionnements doit être réalisée corrélativement à l'impact de la densité de la population sur les probabilités d'atteinte des objectifs des politiques de développement du pays. Autrement, la rapide croissance démographique empêchera inéluctablement la satisfaction des besoins immédiats de la population et contribuera à entraver significativement les efforts déployés

---

en matière de population ont été définis pour faire baisser les taux de croissances annuel des populations de l'Afrique (de 3 % en 1994 à 2,5% en l'an 2000, puis à 2% en 2010), la mortalité maternelle de 50% et la mortalité infantile et juvénile (respectivement à moins de 50 et de 70 p. 1000). De même, il a été envisagé de prendre des mesures d'amélioration de l'accroissement de l'espérance de vie à la naissance à au moins 55 ans et la prévalence de la contraception à 20% à l'horizon 2000 et à 40% en l'an 2010.

[31] *United Nations Population Information Network (POPIN), UN Population Division, Department of Economic and Social Affairs, with support from the UN Population Fund (UNFPA)*

pour impulser une émergence économique pérenne et une compétitivité durable à l'échelle internationale.

3.1.2. Des opportunités d'emplois et d'importants besoins en consommation à combler

La population sénégalaise est composée à dominance de jeunes[32]. Nous l'avons déjà signalé. Ce surplus d'abondances de jeunesse, de même que les nombreux problèmes d'ordre socioéconomiques qu'il engendre ont été déjà largement évoqués *supra*. Cet ensemble d'aléas provoque auprès des pouvoirs publics des défis considérables à relever en matière de création d'emplois et de problématiques liées à l'insertion dans la vie active de la main-d'œuvre juvénile. Pour relever ces défis et rendre efficiente cette insertion, il importe de dynamiser l'économie en favorisant l'innovation et l'entrepreneuriat, et de procéder au déploiement d'offres de formation qui répondent aux besoins socioéconomiques. Ainsi, il s'agit de tirer profit du contexte démographique et socioéconomique africain et sénégalais, en considérant l'abondante jeunesse en tant qu'opportunités et non pas comme une faiblesse économique et une « bombe à retardement » comme nous l'entendons souvent. Ces opportunités offrent de véritables potentialités de développement et constituent un atout de taille à exploiter, à condition que les exigences requises soient au préalable mises en œuvre.

Effectivement, le marché africain d'aujourd'hui est en pleine émergence économique et le continent n'est plus qu'un simple terroir doté de ressources naturelles abondantes, mais aussi une terre de transformation, et surtout de consommation compte tenu du poids considérable de sa population et de sa forte croissance économique. Cette croissance démographique va de pair avec l'augmentation graduelle des besoins en consommation auxquels il faut combler par des offres de produits et services.

Cependant comme esquivé plus haut, la conversion de ces potentialités de progrès économiques et sociaux en de véritables moteurs d'émergence, nécessite la résolution d'autres contraintes et écueils, également liés à la question de l'emploi. Elles sont d'une part, liées au faible niveau de

---

[32] D'après des données issues de différents rapports de l'ANSD portant sur la Situation Economique et Sociale du Sénégal (SES), près de la moitié de la population sénégalaise est composée de personnes de moins de 18,7 ans (âge médian), et l'âge moyen de la population est de 19 ans. Ainsi, les personnes de 19 ans et moins représentent près de 7 312 008 des 13 926 253 de la population du pays en 2014, soit 52,51%.
Sources : Rapports sur la Situation Economique et Sociale du Sénégal (www.ansd.sn)

qualification des jeunes et des femmes de la population et, d'autre part, à l'inefficacité de l'utilisation des ressources humaines et naturelles.

Il s'agit aussi, de faire face à ces réalités en dopant l'économie africaine à travers l'innovation pour répondre aux besoins élevés de la population en matière de technologies innovantes. D'autant plus que cette demande criante touche tous les domaines socioéconomiques, et que l'innovation est corrélée à l'ensemble des spectres de développement et des axes dynamisants de l'économie.

Il va sans le dire que la hausse des niveaux de qualification et la création d'emplois vont de pair avec l'augmentation des niveaux de revenu des populations et contribuent à faire reculer la stabilisation de la pauvreté et l'augmentation des emplois précaires.

En contrecoup, une fois les mesures correctives opérationnalisées de manière efficiente, les autres difficultés mises en évidence dans la *figure 3.1* (aperçu des conséquences sur l'économie d'un défaut d'absorption d'une main-d'œuvre abondante), se voient corrigées par la nouvelle structuration de l'économie sénégalaise : faiblesse des taux d'épargne, accroissement de la demande en produits viviers, etc. De même, l'on pourrait espérer une hausse des offres d'emplois dans les secteurs les plus productifs de l'économie et donc, l'assignation des travailleurs à des postes de meilleure qualité.

L'acquisition de cette situation prometteuse et espérée est conditionnée par une meilleure utilisation des ressources, aussi bien humaines que naturelles. Dans ce cadre, il convient de rappeler par ailleurs, la nécessité d'avoir recours à une agriculture modernisée et d'orienter l'économie sénégalaise vers la trilogie gagnante qui fait la différence à l'ère de l'économie de la connaissance et de l'immatériel (*cf.* chapitre 2), à savoir l'innovation, la technologie et l'économie numérique.

3.1.2.1. Recours à l'automatisation et à la robotique pour stimuler les potentiels de l'agriculture et de l'agro-industrie

Afin de garantir une autosuffisance alimentaire et répondre aux besoins croissants des populations, les niveaux de production agricole, longuement éreintés par les aléas de l'exode rural (car traditionnellement occupée par la population pastorale), doivent être stimulés par des mesures de renforcement. Dans ce cadre, le PSE qui sera évoqué plus tard dans cet ouvrage prévoit des moyens de soutien et de promotion à l'autosuffisance alimentaire du Sénégal à travers la promotion de l'agriculture. Cependant, dans un monde moderne en pleine mutation, et un secteur agricole sénégalais caractérisé par la raréfaction de la main-d'œuvre, l'agriculture a besoin de moyens novateurs pour, à la fois, pallier le manque de main-d'œuvre, et augmenter la productivité du secteur.

En effet, si le secteur tertiaire et l'immigration continuent aujourd'hui de captiver la population rurale en âge de travailler, la modernisation des techniques agricoles permet de résorber les problèmes de carence de main-d'œuvre et d'intensifier les productions agricoles. Il s'agit de faire une évolution qui, à la place de la main-d'œuvre physique et humaine, instaure l'usage de procédés automatisés, avec l'aide de machines et la robotisation des techniques de l'agriculture. En d'autres termes, les logiques de développement sur lesquels les différents acteurs des domaines agricoles et apparentés du Sénégal opèrent actuellement méritent d'être orientées vers l'usage de techniques modernes et la mise en œuvre d'innovations dans tous les domaines.

Dans ce contexte, les progrès saisissants dans le domaine de l'automatisation et de la robotique qui, au quotidien, contribuent à l'avancée des sciences de l'ingénierie et des technologies, peuvent permettre au Sénégal de perfectionner et de rendre plus efficients ses secteurs agricoles et son élevage. L'usage des nouvelles techniques d'agriculture et des procédés novateurs de production permet d'avoir un gain considérable en en matière de main-d'œuvre et de productivité. En contrecoup, ces technologies octroient des possibilités de suppléance aux travailleurs manquants à cause de l'immigration, de l'exode rural et la fuite de la main-d'œuvre disponible vers les zones urbaines.

Par ailleurs, il convient de rappeler que par automatisation, nous entendons l'utilisation de machines permettant la réduction des charges de travail de l'homme, tout en préservant la productivité agricole et la qualité des denrées engendrées. Elle englobe un ensemble de domaines partant de l'usage d'instruments mécaniques à l'emploi de l'informatique (avec des logiciels, progiciels, réseaux et des applications), en faisant appel aux systèmes mécatroniques, les automates, les circuits de communication, la visualisation, l'archivage ainsi que la gestion des procédures de production et des ressources des entreprises agricoles (Dunglas, 2012).

De ce fait, l'automatisation va de pair avec la robotisation du fait de l'usage en parallèle de systèmes informatiques tels que les ordinateurs et les microprocesseurs, ainsi que l'emploi de systèmes de programmation (automates programmables) qui permettent d'orienter, de commander et d'administrer les ordres à destination des machines.

En ce sens, la robotique, ou science des robots peut s'apparenter à une alliance de procédés à la fois mécaniques, informatiques et électroniques. Avec son avènement, la puissance motrice du robot remplace la force physique de l'homme en accomplissant des opérations souvent dangereuses, répétitives, pénibles ou inexécutables par l'homme, ou simplement en apportant pour des tâches de nature simple, des résultats d'exécution mieux aboutis que ce qu'aurait pu produire l'homme grâce à ses forces physiques intrinsèques.

Dans le domaine de l'agriculture, la robotique permet de diminuer le temps de travail dans les opérations de préparation des sols, de culturale (notamment le semis), de traitement des espaces en culture (mécanique ou chimique), de récolte et de conditionnement de la production. Outre ce gain de temps, l'usage de robots vise également à augmenter la productivité et à minimiser les types d'intrants utilisés (fertilisants, pesticides et autres produits phytosanitaires).

De même, d'autres secteurs connexes à l'agriculture et à l'élevage peuvent aussi bénéficier des avancées des technologies. C'est le cas notamment de l'horticulture sous serre qui, de nos jours, tend à évoluer vers l'usage de serres devenues quasiment totalement autonomes. C'est aussi le cas des procédés d'irrigation modernes qui permettent l'automatisation quasi totale, par l'aspersion et la localisation. De même encore, le domaine de l'agro-industrie et l'agro-alimentation n'est pas en reste, car comme les autres secteurs industriels, il bénéficie des avancées des technologies et de la robotique.

Il s'agit là de perspectives certaines pour stimuler à travers les clusters sénégalais (*cf.* chapitre 4)[33], les potentiels de la science pour l'avenir de l'agriculture au Sénégal, et la satisfaction des enjeux d'innovation concernant les demandes alimentaires de la population et des besoins des entreprises industrielles des domaines connexes (agro-industrie et *agrotechnologie*, élevage, etc.).

Par la même occasion, il s'agit d'un moyen de promotion de l'emploi des jeunes en milieux ruraux en promulguant des voies et des moyens qui permettent un parallélisme entre les savoirs et compétences octroyés par les formations proposées, et les attentes et réalités actuelles en matière de potentialités de progrès socioéconomiques. Cela permettra également de relever les problématiques et les défis de performance attendus à travers l'innovation localisée promue dans cet ouvrage. C'est pour dire qu'une préparation rationnelle et stratégique est requise pour éveiller et inculquer des

[33] Cette question est aussi abordée en long et en largeur dans un deuxième ouvrage que nous projetons de publier et qui est dédié spécifiquement à l'innovation collaborative dans un contexte sénégalo-sénégalais. Ce prochain ouvrage met en exergue les contours des clusters sénégalais, avec une projection sur des secteurs stratégiques prioritaires et une délimitation spatiale de leurs territoires d'implantation.

esprits de leadership auprès des jeunes en phase de formation, former de véritables porteurs de projets et préparer des entrepreneurs avertis qui sont capables de tirer le développement économique du Sénégal vers le haut et lui assurer une compétitivité à l'échelle internationale.

3.1.2.2. Affermissement du triptyque « Innovation, Technologie et économie numérique »

De l'analyse des résultats d'études récentes portant sur les potentialités économiques du continent africain, ressort que « l'avenir du monde » serait dans ce continent et que l'Afrique occuperait, au courant 2017, la place de premier marché de consommation dans le monde. C'est ce qu'annoncent notamment les résultats d'une étude du cabinet Deloitte qui rajoutent que dans le domaine des biens de consommation, le continent africain occupera la place de deuxième marché le plus important en matière d'investissement (Congrès de Johannesburg, 2014). Les experts de Deloitte estiment que la position de plusieurs pays africains est comparable à celle qu'occupaient certains pays de l'Asie du Sud-Est vers la fin des années 1970 et le début des années 1980, et cela s'explique en grande partie par l'augmentation graduelle des demandes sur le continent. Aujourd'hui en Afrique, il y'a de multiples besoins et une véritable soif de technologies innovantes de la part de la population. Ainsi, les potentialités de production y sont considérables et représentent de réelles opportunités d'emplois et d'abondants besoins en consommation à combler.

Cependant, force est de constater qu'investir en Afrique n'a pas toujours été chose aisée, et qu'il convient pour les pouvoirs publics locaux de prendre les mesures incitatives nécessaires, et pour les investisseurs étrangers de s'adapter aux particularités qui sont le lot du continent africain.

Dans la section suivante, nous relatons de manière plus détaillée l'ensemble d'opportunités qui est aujourd'hui le lot de l'économie sénégalaise en ce qui concerne l'appétence de technologies et de nouvelles possibilités de production.

3.2. Terre d'opportunités pour l'innovation et les technologies nouvelles

Aujourd'hui, l'environnement de l'émergence économique africaine en général, et celui du Sénégal en particulier, se trouve à un tournant historique de son évolution. Il est caractérisé par une soif criante de technologies et une recherche effrénée de solutions nouvelles. En effet, face à la révolution numérique, aux forts taux de croissances économiques (près de 5 % en 2015, selon le FMI) et le « boom » des TIC (*un important parc de téléphones mobiles, de forts taux de pénétration d'internet, installations de câbles en fibre optique et autres infrastructures, etc.*), la population sénégalaise démontre depuis plus d'une décennie d'un appétit débordant de nouveautés et demeure férus de tout ce qui a trait aux technologies novatrices.

L'affermissement de ces opportunités force l'établissement d'un écosystème favorable au dynamisme de l'entrepreneuriat, à l'attrait d'investisseurs étrangers (*détenteurs de capitaux d'investissement*) et à la captation de services en provenance d'entreprises multinationales et de grands groupes industriels étrangers (*externalisation de services, transferts de technologies, joint-ventures, sous-traitance, centres de R&D conjoints, etc.*). Outre ces opportunités aux implications sectorielles diverses (énergie, santé, éducation, sécurité, transport...), les perspectives liées aux nouvelles technologies permettent aussi l'espérance d'un développement du Sénégal à la fois accéléré et de meilleure qualité.

De même, en plus des besoins des populations en matière de technologies, il y a aussi la demande émanant des entreprises de tous secteurs d'activités confondues (industries, construction, banque, commerces, services, etc.). En effet, 3 fois plus grande que celle des autres pays, la vitesse de croissance des entreprises sénégalaises et africaines fait d'elles de véritables demandeuses de services innovants dans les domaines de l'informatique et des technologies.

Cet ensemble d'états de fait généralisés suscite de la part des acteurs économiques africains et sénégalais, soucieux des enjeux de l'innovation, l'intérêt de mettre en place des mécanismes d'aide et d'accompagnement à la création de nouvelles entreprises. Il y a actuellement, en Afrique et au Sénégal, un développement effréné d'une multitude de structures d'aides à la création d'entreprises innovantes, et d'appuis à la pérennisation d'organismes économiques : incubateurs, centres d'innovation et espaces de *coworking (c.-à-d. espaces communautaires de travail)* notamment (*cf.* Section 3.2.2).

3.2.1. La soif de technologies innovantes : E-commerce, technologies sans contact, agro-technologies ...

Les TIC offrent à l'abondante jeunesse sénégalaise de considérables opportunités d'emplois du fait des possibilités infinies qu'elles renferment sur le plan de la génération de produits et de services novateurs. En effet, du développement de logiciels, à la création de contenus et d'applications pour mobiles, en passant par la proposition de services liés à l'internet (fourniture d'accès à internet, e-commerce, e-banque, réseaux sociaux, etc.), les technologies numériques offrent d'importantes perspectives de création de nouvelles entreprises, et de mise en place de services à la fois innovants et très lucratifs. Ainsi, dans la configuration actuelle de l'économie mondiale, elles font partie des facteurs les plus prépondérants dans la stimulation de la croissance économique du Sénégal.

Depuis au moins deux décennies, le marché sénégalais du mobile connaît un essor substantiel et aujourd'hui, l'économie africaine fait partie des plus dynamiques du monde (parmi les dix pays aux économies les plus rapides du monde, six se situent en Afrique). De même, le marché africain de la téléphonie mobile est le deuxième au niveau mondial, et l'utilisation d'internet y connaît une progression constante et fulgurante d'année en année. À titre d'illustration, il se vend aujourd'hui au Sénégal plus de smartphones et de « téléphones intelligents » que d'ordinateurs. C'est pourquoi Mark Casey[34] (Deloitte, 2016) relatait récemment que près d'un milliard de téléphones portables sont en circulation actuellement en Afrique, que « *l'utilisation d'internet par téléphone portable en Afrique est l'une des plus développées au monde* », et qu'il existe dans le continent d'importantes possibilités d'utilisation des réseaux sociaux pour des fins commerciales. En effet, si dans certains pays, ces types d'activités liés à l'internet sont en phase de maturité, voire de saturation ou de déclin, ils sont en pleine phase d'émergence et de croissance dans le continent africain.

Outre ces données économiques, la robustesse des infrastructures au Sénégal, notamment le poids de l'internet, représente aussi un des indicateurs qui démontrent l'ampleur des perspectives qui sont en jeu. Ainsi, d'après les données de mesure de croissance du cabinet McKinsey, pour ce qui concerne la part de contribution de l'internet sur la richesse nationale, le Sénégal est en avance, comparé à d'autres pays comme l'Italie, la Russie ou le Ghana. En effet, de l'ordre de 3,3 % au Sénégal, l'internet ne contribue qu'à hauteur de 1,7 % pour l'Italie et 0,8 % pour la Russie (Roxburgh et Manyika, 2011).

---

[34] Mark Casey est le Directeur des technologies, médias et télécommunications du cabinet de consultation Deloitte

Par ailleurs, des vastes besoins domestiques à combler, s'ajoutent les perspectives de captation de la demande en provenance de l'extérieur (notamment des entreprises multinationales étrangères et des géants des technologies). En effet, pour les entrepreneurs occidentaux, il s'agit aussi de profiter d'opportunités d'affaires aussi bien dans le domaine des TIC, mais aussi de ses secteurs connexes (comme celui des énergies renouvelables, des technologies « adaptées », du « sans contact » et des objets connectés) et accessoires (marketing digital, Big Data, "*Uber-like*"), etc. En effet, l'adaptation de technologies moins usitées en Afrique est aussi une opportunité à saisir[35]. Ainsi, l'internet et les smartphones permettent d'entrevoir de nombreuses possibilités d'offres de services grâce aux technologies et applications qui donnent accès à des marchés à la fois larges et variés. Nous citions à titre d'illustration le cas des nouveaux business modèles qui continuent, aujourd'hui encore, de bouleverser la structure traditionnelle de l'économie des pays développés : Uber (transport) et AirBnB (tourisme, hôtellerie, hébergement). Fondés sur des conceptions communautaires, ces modèles peuvent également bien fonctionner sur le continent africain, habituellement stéréotypé comme le berceau du « communautaire » et du « communautarisme ». De même, la structuration de l'économie sénégalaise, dominée par l'informel, en fait un terreau flexible qui peut faciliter l'instauration d'une culture communautaire forte, et permettre le déploiement de services de type « Uber-Like »[36].

Dans ce même ordre d'idées, le marketing digital, avec en supplément le soutien des technologies « sans contact » et des « objets connectés », offre des perspectives de développement incommensurables. Ainsi, le commerce en ligne, largement en retard au Sénégal, connaît actuellement un « boom » extraordinaire et devrait voir son envol s'accélérer avec la suppression progressive de ses traditionnelles barrières au développement : faible taux de bancarisation de la population et mauvais adressage postal notamment. En effet, ces deux principaux écueils ne permettent pas de garantir une rapidité et une efficacité du traitement des envois de colis de marchandises. Toutefois, si la bancarisation de la population progresse lentement, il importe de souligner qu'elle est suppléée par l'expansion considérable du paiement par voie mobile et par l'intermédiaire des Smartphones (exemple : Orange Money). De même, la mise en place des codes postaux et leur généralisation à tous les recoins du pays permettent aussi de renforcer les bases de développement du commerce

[35] *cf.* aussi le concept d'innovation frugale traité en chapitre 2.

[36] « Uber-Like » : C'est une nouvelle forme de prestation basée sur l'usage d'applications mobiles pour mettre en relation directe des utilisateurs (clients ou consommateurs) et des prestataires de services (chauffeurs, locateurs, hôtels, etc.). Elle permet d'avoir une élasticité de l'offre.

électronique. Aujourd'hui, le secteur du e-commerce, dominé par une start-up franco-sénégalaise du nom de *Niokobok*, voit l'arrivée de nouvelles firmes comme *Sakanal* et le géant français du commerce électronique *Cdiscount*.

De manière parallèle, les opportunités liées au secteur des objets connectés sont également en corrélation directe avec celles inhérentes aux applications mobiles, smartphones et autres types de téléphones et des tablettes intelligentes. De cette sorte, un pan immense de potentialités reste encore à explorer dans ce domaine. Depuis la première alternance politique du Sénégal (2000), le contexte économique national est marqué par la construction de nombreuses infrastructures de base qui permettent de renforcer les capacités d'innovation du pays (autoroutes, ponts, tunnels, aéroports, ville numérique à Diamniadio, télécommunication, énergies, etc.). Consolidée par les mesures entreprises à la suite de l'avènement du Président Macky Sall au pouvoir (2012), avec la mise en place du PSE notamment, cette tendance générale augure d'un avenir meilleur et ouvre des potentialités prometteuses, tout en indiquant des besoins de développement et des demandes à combler. Ainsi, construits selon les standards et normes internationales de la modernité, ces infrastructures ont également besoin de technologies novatrices, notamment celles basées sur les RFID et les NFC qui permettent d'obtenir des mécanismes de fonctionnement optimisé et une meilleure sécurité, et celles offrant des solutions liées aux dispositifs sans contact (domotique, terminaux de paiements, serrures numériques sans clés, etc.). De même, il importe aussi de mentionner le marché des drones encore sous exploré au Sénégal, qui pourrait être une alternative, par exemple dans le domaine du transport, compte tenu des difficultés d'accès à certaines zones par les voies terrestres.

Concernant le *Big data*, c'est un secteur qui va de pair avec l'émergence des Smartphones, des technologies sans contact et des objets connectés. Il s'agit également d'un outil de base du marketing digital qui pourrait permettre aux PME et TPE Sénégalaises de mieux connaître leurs clients à travers une gestion optimisée et intelligente de leurs données de CRM[37], et une visualisation cartographique de leurs informations. À ce sujet, l'entreprise *Genius Family* a proposé un système de gestion commerciale dénommé « *Ndiarté* ». Ce dernier, prenant la forme d'un logiciel ou d'une application mobile, permet aux gestionnaires des TPE et PME de récolter des données de leurs clients afin de mieux les servir tout en optimisant leur degré de fidélité. Cet outil s'utilise aussi en tant que moyen de management commercial, de gestion de la logistique et des dispositifs de facturation (recettes et dépenses, stocks, inventaires, livraison, etc.).

---

[37] CRM : Customer Relationship Management

Toutefois, si le Sénégal est aujourd'hui une terre d'opportunités pour les entreprises dans le domaine du numérique, l'intérêt n'est pas que de procéder à l'adoption de répliques ou la réalisation de transferts de technologies des modèles déjà opérés ailleurs et en perte de croissance. Il s'agit plutôt de s'imprégner d'une double posture. D'une part, innover par des modèles d'affaires qui tiennent compte des réalités socioéconomiques du pays. Et, d'autre part, s'inscrire dans une démarche sincère de contribution à l'atténuation des rupteurs technologiques et au manque d'infrastructures du pays, à travers la réalisation de sauts technologiques propices à la croissance et à la compétitivité.

3.2.2. Développement d'espaces d'incubation et de CoWorking

Conséquemment à cet ensemble d'opportunités et de facteurs cumulés, il y a aujourd'hui l'amorce d'un développement de l'entrepreneuriat et une tendance d'orientation des axes de développement de l'économie africaine et sénégalaise vers cette nouvelle donne de la contemporanéité qui impose l'économie numérique. C'est pourquoi partout en Afrique on constate le développement de clubs d'entrepreneurs, de communautés et d'espaces de CoWorking organisés autour de problématiques et d'enjeux « High-Tech » : Utilisation d'espaces physiques ou virtuels (réseaux sociaux par exemple) pour l'acquisition de nouvelles compétences, l'organisation de rencontres informelles entre férus de l'informatique et acteurs passionnés des nouvelles technologies, création de blogs et de réseaux de blogueurs, etc. Ces procédés de travail en connexion permettent aux jeunes acteurs, nouveaux et futurs entrepreneurs de trouver des réponses aux écueils et aux difficultés à la fois techniques et managériaux, qu'ils éprouvent dans la concrétisation de leurs idées et projets. De part et d'autre du continent africain, ils ont permis la création de nombreuses entreprises nouvelles dans plusieurs domaines d'activités des TIC tels que le développement de logiciels et d'applications mobiles, la formation, la proposition de services marketing (digital), etc.

Parmi ces mécanismes de promotion de l'entrepreneuriat, nous notons la multiplication de la mise en place d'incubateurs et de centres technologiques qui permettent d'encourager les initiatives des jeunes développeurs et les entrepreneurs. Dans ce cadre, deux des premiers centres les plus connus sur le continent africain se trouvent à Nairobi : Ushahidi et IHu, mais près d'une centaine d'autres existent dans une vingtaine de pays et prennent la forme de centres, de laboratoires, d'incubateurs, de plates-formes ou encore d'accélérateurs du développement d'entreprises. Aujourd'hui, cette croissance s'accélère de l'ordre de près d'un centre de « CoWorking » créé par jour en Afrique. Le tableau suivant donne un aperçu de quelques incubateurs et des espaces de CoWorking qui aujourd'hui, jouent un rôle essentiel dans le développement de l'entrepreneuriat dans leurs pays d'implantation respectifs (exemples illustratifs en dehors des cas sénégalais).

TABLEAU 3.2. APERÇU DE CENTRES AFRICAINS D'INNOVATION ET D'ESPACES D'INCUBATION ET DE COWORKING (HORS SENEGAL)

STRUCTURE	FORME	SERVICES PROPOSES
ActivSpaces (Douala, Cameroun)	Espace de coworking et incubateur de projets.	- Aide au prototypage (Labs et mentorat), -Mise en réseau (*meet ups*) - Étude d'idées business
Business Incubation **Program (PIB)** (Afrique)	Programme d'accompagnement et Incubateur virtuel	- Mise à disposition de ressources et de conseils ; - Qualifier et renforcer les capacités de startups africaines ; -Mise à disposition d'un réseau local de mentors (entrepreneurs, coach business, etc.) et d'experts en création d'entreprises venus d'Europe ; - Mise en relation ; - Assistance technique.
Incubateur **CIPMEN** (Niamey, Niger)	Incubateurs spécialisés dans les secteurs TIC, énergies renouvelables et environnement.	- Mise à disposition de ressources et de service d'accompagnement
CoCreation Hub (Lagos, Nigéria)	Incubateur	- Coaching personnalisé proposé à des équipes projets innovants dans le domaine du web ou du mobile ; - Soutiens logistiques - Accès à un réseau d'investisseurs et de mentors.
iLab Liberia (Monrovia, Liberia)	Centre technologique	- Accès aux services multimédia (internet, applications); - Formations et coaching ; - Organisation de conférences dans le domaine des TIC et Startup.
mFriday (Accra, Ghana)	Cibles : jeunes étudiants	- Accompagnement ; - Formation dans le domaine des applications mobiles ; -Mise en relation entre porteurs de projets et des mentors ; - Mutualisation de savoir-faire managériaux d'étudiants d'écoles de commerces et de compétences techniques d'ingénieurs développeurs internet pour constituer des équipes et créer de nouvelles applications mobiles.
Mobile Web Ghana (Accra, Ghana)	Organisation à but non lucratif	- Sensibilisation aux enjeux des nouvelles technologies mobiles : création d'applications, business model, études de marché. - Formation en ingénierie TIC ; - Coaching et accompagnement.
Incubateur **Wennovation Hub** (Lagos, Nigéria)	Incubateur et Accélérateur	- Service de « mentoring » (mise à disposition de mentors formés en Californie, aux USA) ; - Accès au financement ; - Soutien technique (prototypage, locaux, etc.).
Woelab (Lomé, Togo)	« Fablab » de quartier, « petite république numérique », « espace africain de démocratie technologique ».	- Incubation de projets ; - Conseils et coaching ; - Aide logistique ; - Proposition de plateforme et de technologies : crowdfunding, imprimantes 3D, techniques de micro-arrosage automatisé, services de R&D dans l'agro-mobile, etc.

[Source : Auteur (Cheikh A. L. Thiaw)]

Le tableau précédent permet de mettre en exergue à l'échelle africaine (hors Sénégal) quelques espaces de coworking, des lieux de créativité numérique, d'incubation et d'échanges où s'entremêlent esprit de partage et de collaboration, goût de l'innovation et des technologies numériques, passions de l'entrepreneuriat, etc.

Dans cet élan africain, le Sénégal se trouve en période de transition vers de nouveaux modèles économiques, davantage en phase avec l'innovation et le développement du numérique, même si le chemin à parcourir demeure encore long avant l'affermissement de véritables écosystèmes dynamiques et fertiles en termes de création d'entreprises, de génération d'innovations et de création de richesse à très fortes valeurs ajoutées. En effet, la subsistance de plusieurs écueils liés notamment au financement de l'innovation et des prises de risque ne facilite pas encore l'émergence de start-up dans le paysage économique sénégalais.

Cependant, nous notons des progrès et de nombreux signaux positifs à encourager et qui laissent espérer un avenir meilleur pour l'entrepreneuriat et l'innovation au Sénégal. Ainsi, depuis quelques années, la structure infrastructurelle du paysage économique national est métamorphosée par l'apparition d'accélérateurs (de développement d'entreprises et de technologies), de centres d'innovation et d'espaces de *CoWorking*. Ces structures nouvellement créées jouent un rôle essentiel dans la scène des nouvelles technologies et la création de start-up. Il s'agit à travers ces centres de proposer des services d'accueil et d'accompagnement aux porteurs de projets et d'idées innovantes, en les incitant à concrétiser leurs projets, à trouver les bons contacts (réseautage), et *in fine* à procéder au lancement de leurs activités. Des services sont par la suite proposés pour accompagner la pérennisation des activités entreprises fraîchement créées (*cf.* cycle d'incubation des entreprises, figure 3.2.).

Selon les organismes, le processus d'incubation a des différences substantielles. En effet, il n'existe pas un processus d'incubation universel, car *« chaque structure d'incubation admet sa propre logique d'intervention et son propre processus d'incubation »* (Masmoudi, 2007, p. 119). Toutefois, à partir d'une conception élargie, nous pouvons mettre en évidence un cycle d'incubation reprenant les phases génériques et incontournables : une phase *amont* dite de pré-incubation (*1*), une phase d'incubation (*2*) et une phase *aval* ou de post-incubation (*3*). C'est ce que nous schématisons dans la figure 3.2 suivante.

La phase de *pré-incubation* concerne une période de sensibilisation et de détection (idées, projets). Elle porte sur des activités d'études préliminaires et de préparation de dossiers d'entrée à l'incubation des porteurs de projets.

Ainsi, ce n'est que durant la *phase d'incubation* que les activités d'accompagnement et de suivi des porteurs de projet, portées par l'équipe de l'incubateur, se déploient à travers des études (notamment de marchés), des évaluations (pertinence, faisabilité et rentabilité des projets) et des planifications (stratégiques, opérationnelles, budgétaires). Pour finir, un soutien pour les levées de fonds (campagnes de financement) est apporté pour finaliser cette deuxième phase.

Une fois ces deux phases incontournables achevées, la phase *post-incubation* se déploie par la proposition de solutions logistiques, d'hébergement et de suivi du développement et de la survie des entreprises créées. Dans cette phase terminale, des évaluations cycliques sont effectuées afin d'apporter en cas de nécessité, les mises à niveau appropriées.

De manière non exhaustive, nous citons parmi les structures sénégalaises, l'incubateur CTIC, l'écosystème d'innovation *JokkoLabs*, la *Cofina Startup House*, *Innodev*, l'incubateur *Concrée*, ou encore le réseau d'entrepreneurs *Baobab Entrepreneurship*.

L'incubateur CTIC est fondé en avril 2011 et est spécialisé dans des activités en relation avec l'internet, le mobile et les nouvelles technologies. Cependant, prenant la dénomination d'incubateur, la CTIC est plus proche d'une pépinière d'entreprise, car ses activités sont principalement orientées vers l'accompagnement de jeunes entreprises, par la mise à disposition de conseils techniques et managériaux (marketing, réalisation de business plan), de séances de formation et d'appuis logistiques (local, bureau, services téléphoniques et postaux, etc.). Par la suite, l'incubation, d'une durée pouvant aller jusqu'à trois ans, est proposée à de jeunes start-up nouvellement créés qui, outre les services d'accompagnement et de logistiques, vont bénéficier de dispositifs d'aides au réseautage, comme les évènements *business start-up* organisés régulièrement, les sessions *pitching*, etc.

FIGURE 3.2 – CYCLE D'INCUBATION DES ENTREPRISES ET ACTIVITES D'ACCOMPAGNEMENT

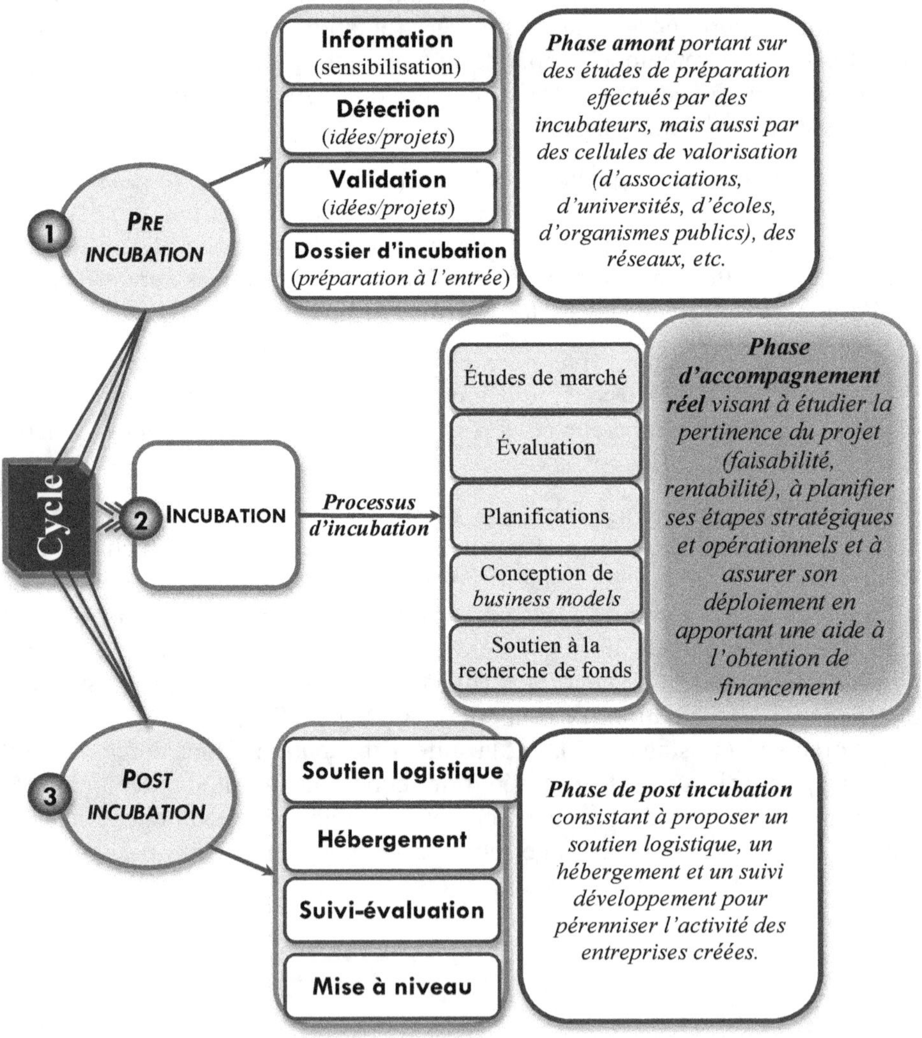

[Source : Auteur (Cheikh A. L. Thiaw)]

Concernant *Jokkolabs* (2010), il se définit comme un écosystème de l'innovation prenant la forme d'un espace de CoWorking destiné à favoriser la créativité de ses membres-entrepreneurs organisés autour d'une communauté « organique ». Fondé sur une démarche d'innovation communautaire, *Jokkolabs* a opté pour une « approche de l'innovation naturellement inclusive » qui favorise un modèle basé sur l'Open-Source et le logiciel libre. Toutefois, plus qu'un espace de CoWorking, *Jokkolabs* offre des services assez variés qui lui donnent également, et selon les circonstances, la forme d'un « *TechLab* », d'un « *think tank* », d'un incubateur ou d'un « Innovation Hub ». Aujourd'hui, le développement de *Jokkolabs* lui a permis de former un réseau de six espaces de CoWorking et d'étendre ses activités vers d'autres pays comme le Mali, le Burkina Fasso et la France.

Dans une configuration analogue, mais avec une orientation institutionnelle par l'implication d'acteurs de la recherche universitaire, l'Incubateur INNODEV est un organisme d'accueil et d'accompagnement de projets de création d'entreprises innovantes. Il s'agit d'une structure portée par des chercheurs (enseignants-chercheurs et étudiants) en collaboration avec des entrepreneurs qui a pour principale mission de « valoriser des idées de projets innovantes à forte valeur ajoutée pour le Sénégal ». Dans cette perspective, l'incubateur INNODEV met à la disposition de ses membres « des locaux, du matériel et diverses facilités, une assistance juridique et fiscale, des conseils pour l'élaboration de business plan ou l'obtention de financements, la recherche de partenariat »...[38] De même, adossé aux laboratoires et centres de recherche rattachés, l'incubateur apporte également à ses membres un accompagnement scientifique et technologique.

Dans une structuration différente, l'incubateur *Concrée* est défini par ses fondateurs comme un incubateur virtuel. À ce titre, il ne propose pas d'espaces physiques, mais offre des outils de mise en relation entre des porteurs de projets et des personnes dénommés « mentors » et qui sont des détenteurs de compétences variées. L'objectif pour *Concrée* est de permettre à l'entrepreneur isolé, en appui de ses collaborateurs, de gérer son projet en ligne. D'après Babacar Birane, l'un des fondateurs, l'accompagnement proposé a pour principal but d'apporter des réponses aux difficultés liées à l'identification des opportunités de création d'entreprise, la méconnaissance du processus entrepreneurial, l'accès aux ressources humaines de qualité et le déficit de mécanismes d'aides aux entrepreneurs novices.

Loin d'être exhaustive — car d'autres structures de soutien à l'entrepreneuriat et à l'innovation se développent de plus en plus au Sénégal —, cette analyse succincte de la structuration de l'écosystème d'innovation sénégalais donne un aperçu du dynamisme ambiant amorcé, mais laisse aussi clairement apparaître des problèmes et obstacles à la pérennisation des entreprises créées. En effet, il y a toujours des écueils persistants liés à l'accès aux liquidités et aux moyens de financement des prises de risques nécessaires pour l'innovation. Cependant là aussi, des progrès commencent à apparaître

---

[38] Sources : www.innodev.sn

avec, par exemple, la création récente de fonds d'amorçage comme Teranga Capital, le premier fonds de capital-risque au Sénégal. Des dires d'Omar Cisse, cofondateur de ce fonds d'investissement, la mission principale de Teranga Capital est d'apporter aux petites entreprises sénégalaises, l'aide financière nécessaire à leur structuration lors des étapes cruciales de leur existence, notamment celle relative à l'amorçage. Il affirme que « *Les banques sénégalaises ne prêtent pas aux entrepreneurs qui se lancent. L'absence de financement pour les petites entreprises constitue non seulement le maillon faible du paysage entrepreneurial sénégalais, mais c'est aussi un frein à l'activité économique en général* » (Le Monde, 25 juin 2015).

3.3. Trajectoires d'émergence héritées des politiques de développement : *L'innovation en défaut*

Depuis l'avènement du Sénégal à la souveraineté internationale, sa structure économique est caractérisée par une situation de décadence persistante et une croissance économique atone de l'ordre de 2,7 % en moyenne (Kassé, 2015). Ce faisant, la pauvreté, le chômage et les inégalités sociales se sont sensiblement accrus et délimitent corrélativement les contours structurels de l'économie du pays. À ces difficultés internes au pays vient s'ajouter un environnement extérieur de plus en plus complexe, avec un ensemble d'écueils consécutifs aux crises qui ont secoué l'économie mondiale durant le demi-siècle dernier[39]. En effet, ces crises causèrent au Sénégal plusieurs difficultés, parmi lesquelles des déséquilibres budgétaires, une raréfaction des moyens de financement et une dégradation accentuée de la compétitivité du pays à l'échelle internationale : déficit de la balance des paiements, aggravation de l'endettement, explosion des importations de produits alimentaires et énergétiques, etc. Les politiques publiques de l'époque étaient plus émises pour appliquer des programmes d'ajustement que pour impulser un développement du capital humain et le renforcement des capacités intrinsèques des populations (créativité, innovativité et inventivité).

Aujourd'hui en 2016, le Sénégal est un pays pauvre[40], endetté[41] et où les inégalités de tous bords continuent de s'accentuer. D'après un rapport de l'ANSD consécutif à une étude conduite entre 2014 et 2015, plus de 56 % des ménages sénégalais interrogés à l'échelle nationale s'estiment pauvres (38 % à Dakar), et près de 45 % se considèrent en insécurité alimentaire. De même, cette pauvreté est plus marquante dans les campagnes, puisqu'elle y touche près de 69 % des ménages.

Dans ce paragraphe, nous évoquons de manière ramassée et par des apports d'éléments d'évaluations factuelles l'historique des politiques de développement qui ont jalonné l'évolution du Sénégal. L'objectif est de

---

[39] Crises mondiales : La suspension unilatérale par les États-Unis de la convertibilité du dollar en or (1971), la crise obligataire consécutive au choc pétrolier et à l'aggravation de l'inflation déjà présente (1974), la crise de la dette des pays en voie de développement (PVD) due à la hausse des taux d'intérêts et les aléas du risque systémique, le Krach boursier du début des années 2000, la crise financière dite crise des *subprimes* (2007-2009), etc.

[40] Le Sénégal est parmi les 25 pays les plus pauvres au monde d'après un rapport du Fonds Monétaire International (2015).

[41] En 2016, on dénote un taux d'endettement en pourcentage du PIB du Sénégal de l'ordre de 57,3%, soit 7,2 milliards de dollars (4 248 Milliards de FCFA) (Sources : Données statistiques de la Banque mondiale et du FMI).

discerner les priorités de ces politiques en termes d'orientations stratégiques et d'objectifs d'émergence économiques visés. En fin de compte, le dernier paragraphe de cette section nous permet de pointer notre curseur sur les spécificités du dernier programme d'émergence en la matière, à savoir le Plan Sénégal Émergent (PSE, 2014). Ces clarifications factuelles sur les politiques publiques nous semblent nécessaires pour comprendre les causes des freins au développement du Sénégal et le décalage persistant entre ses politiques publiques prioritaires et celles des économies qui réussissent (pays développés et émergents). Elle nous a permis de constater clairement une absence de mise portée prioritairement sur l'innovation pour impulser le développement économique du pays, de même qu'un défaut de structuration de son économie autour d'un système national d'innovation. Alors que c'est ce qui se fait et qui marche depuis plusieurs décennies dans les nations qui réussissent (pays développés, pays émergents et pays en développement).

3.3.1. Orientations usuelles des politiques publiques : Un système d'innovation inexistant

Afin de contrecarrer ces réalités macroéconomiques et sociales endémiques, les différents gouvernements qui se sont succédé à la tête du Sénégal ont opérationnalisé divers programmes et projets qui, au vu des faits et « non-résultats » enregistrés, n'ont pas su/ou pu inverser favorablement ces tendances[42]. L'analyse des différentes politiques, notamment celles en corrélation directe avec les Politiques d'Ajustement Structurel (PAS)[43] ainsi que celles subséquentes et inspirées des logiques d'ajustement structurel, révèle la répétition d'erreurs et le constat d'échecs stratégiques qui, de l'avis de plusieurs spécialistes, paraissaient pourtant évitables (Hoang-Ngoc, 2014 ; Stiglits, 2000). Ainsi, « *l'application des PAS durant un quart de siècle a*

---

[42] Déclinaison de plusieurs Plans quadriennaux :
*1961 – 1964 : Plan quadriennal de développement du Sénégal) ;
*1965 – 1969 : Deuxième Plan quadriennal de développement économique et social ;
*1969 – 1973 : Troisième Plan quadriennal de développement économique et social ;
*1973 à 1977 : Quatrième Plan quadriennal, avec introduction des Plans régionaux ;
*En 1989, à la fin du 8ème plan : Elaboration de l'étude prospective Sénégal 2015 ;
*Puis, d'autres programmes se sont succédés : Stratégie nationale de développement économique et sociale, Stratégie nationale de développement territorial, accompagné de la promotion de plusieurs Plans sectoriels.

[43] PAS appliquées au Sénégal depuis les crises des années 1970 :
*1979-1980 : Programme de stabilisation à court terme (PSCT),
*1980-1985 : Plan à moyen terme de redressement économique et financier (PREF),
*1985-1992 : Plan d'urgence mort-né de 1993
*1994-1999 : Plan Post dévaluation

produit des désastres sociaux qui ont comme nom pauvreté, chômage et précarité » (Kassé, 2015, p. 32).

Ce faisant, au moment où les demandes d'emploi accrurent du fait de la démographie galopante du pays, que le système éducatif sénégalais commençait à s'étendre et que l'industrialisation du pays était en pleine phase de décollage, ces programmes d'ajustement fondés sur la trilogie libéralisation, privatisation et dérégulation ont contribué à la destruction de bons nombres d'entreprises fleurons de l'économie du Sénégal. Ainsi, ils ne sont pas parvenus à réduire le chômage et à faire baisser la pauvreté. Pire, elles ont surtout contribué à déstabiliser la structure institutionnelle du pays, et en contrecoup, à affaiblir sa stabilité économique ainsi que ses capacités de maîtrise des déficits budgétaires (Stiglits, 2000).

Subséquemment, que ce soit les politiques émises à travers les fameux *Documents de Stratégie de Réduction de la Pauvreté* (DSRP)[44] ou celles issues de la *Stratégie de Croissance Accélérée* (SCA), elles n'ont pas réussi à atteindre les objectifs escomptés, à savoir l'atteinte de taux de croissances économiques performants et qui permettraient une réduction drastique des effets du sous-développement, de la pauvreté et de la bassesse du niveau de compétitivité.

Pourtant, les opportunités de développement ont toujours été présentes au Sénégal, et en 1960 sa situation économique était meilleure que celle de beaucoup de pays développés d'aujourd'hui. À l'indépendance, le Sénégal avait « hérité d'infrastructures (de transport, d'administration, d'écoles, d'universités, d'hôpitaux, etc.) et d'un niveau d'industrialisation très en avance par rapport aux autres pays d'Afrique francophone » (Diagne et Daffé, 2002). De nos jours, beaucoup de ces pays enregistrent des niveaux de développement supérieurs à celui du Sénégal et obtiennent des taux de croissance situés largement au-dessus du sien (*cf.* tableau 3.3).

Malgré l'importante assistance étrangère et la stabilité politique dont le pays a toujours joui depuis plusieurs décennies, son économie tarde à décoller et évolue plus dans une posture stationnaire que suivant une allure de croissance graduelle.

---

[44] DSRP I et II : Rebaptisé dans un premier temps, DPES (Stratégie de Politique Économique du Sénégal), puis SNDES (Stratégie Nationale de Développement Économique et Social).

TABLEAU 3.3 – CROISSANCE ECONOMIQUE EN ZONE UEMOA (TAUX DE CROISSANCE DU PIB REEL)

	2010	2011	2012	2013	2014	2015
BENIN	2,12	2,96	4,64	6,88	6,54	5,24
BURKINA FASO	8,45	6,52	6,45	3,65	4,05	3,96
COTE D'IVOIRE	2,02	-4,39	10,71	9,22	8,55	8,44
GUINEE BISSAU	4,43	9,33	-1,8	0,82	2,54	4,8
MALI	10,87	7,75	11,22	7,01	7,79	7,61
NIGER	8,37	2,31	11,81	5,27	7,04	3,61
SENEGAL	*4,18*	*1,76*	*4,41*	*3,49*	*4,31*	*6,49*
TOGO	4,00	4,88	4,82	3,97	5,94	5,48
MOYENNE ZONE UEMOA	**5,56**	**3,89**	**6,53**	**5,04**	**5,85**	**5,70**

[Sources : Données des comptes nationaux de la Banque mondiale et fichiers de données des comptes nationaux de l'OCDE (Février 2017)]

De la même manière, comparativement à d'autres pays de tailles comparables au sien, l'analyse des historiques d'émergence démontre un décalage important en matière de développement et de niveaux de productions de richesses. En effet, si l'économie du Sénégal ne cesse de stagner, celles de pays qui, en 1960 étaient à un degré de développement comparable, voire même inférieur pour certains, sont devenus aujourd'hui des puissances économiques mondiales reconnues. C'est le cas notamment de pays d'Asie de l'Est et du Pacifique comme la Corée du Sud, l'Indonésie, la Malaisie, le Singapour ou encore la Thaïlande (*cf.* figure 3.3). En Afrique, le Botswana, la Tunisie et d'autres pays ont aussi réalisé des progrès importants entre 1960 et maintenant, grâce à de forts taux de croissance économique qui leur ont permis d'améliorer les conditions de vie de leurs populations et d'asseoir en leurs seins des bases de développement pérennes.

FIGURE 3.3 – HISTORIQUE D'EVOLUTION DU PIB : COMPARAISON ENTRE LA SITUATION DU SENEGAL ET CELLE DE PAYS D'ASIE

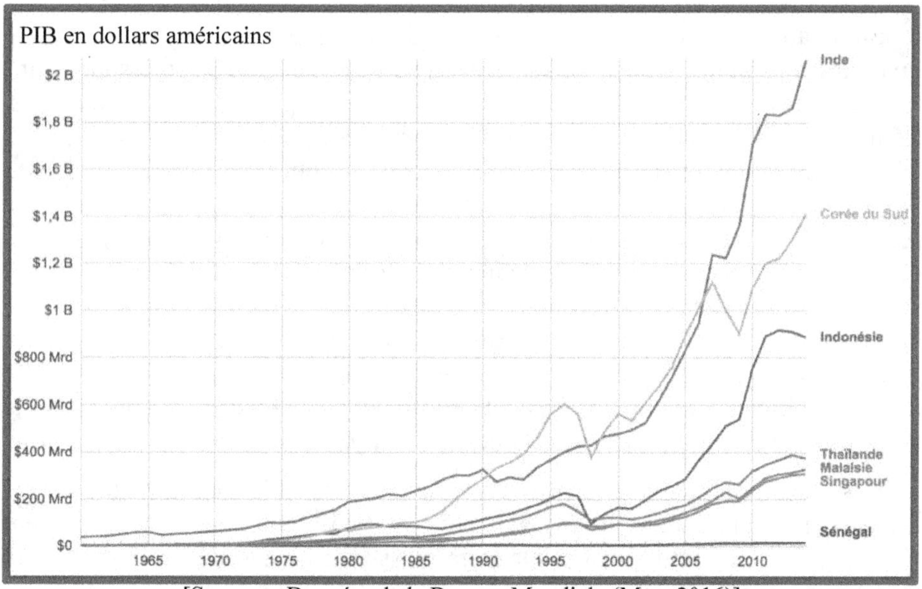

[Sources : Données de la Banque Mondiale (Mars 2016)]

Toutefois pour illustrer cette analyse comparative et comprendre les divergences de croissance de ces pays, il convient d'aller à la source des phénomènes. Pour Diop (2013), « *la croissance économique est un phénomène de long terme qui s'appuie sur des politiques structurelles dont les effets n'apparaissent généralement qu'après plusieurs années* ». On pourrait donc dire que c'est l'efficacité des politiques mises en œuvre par les pays qui permet de faire la différence et d'octroyer ou non des gages de développement à long terme. Ainsi, ce sont des changements radicaux opérés à partir de 1970 qui ont permis à la Corée du Sud d'avoir aujourd'hui un PIB 20 fois supérieur à celui du Sénégal.

Plus globalement, il convient de noter que les fortes performances de développement économique enregistrées par ces pays asiatiques s'expliquent aussi par la mise portée sur la promotion du progrès technique et technologique, ainsi que sur les efforts déployés pour accentuer l'accumulation de capitaux et l'impulsion de systèmes nationaux d'innovation (SNI) performants. Autrement dit, les origines de leur progrès économique émanent aussi en grande partie des investissements consentis pour améliorer la qualité du capital humain, l'accumulation de capitaux, la promotion de l'innovation et l'imitation, l'adoption d'institutions appropriées, etc. C'est une fois que ces bases solides se sont stabilisées que les SNI émises ont pu porter l'économie de ces pays vers l'émergence et le développement économique que nous connaissons de ces pays aujourd'hui (*cf.* section 3.3 du chapitre 1).

Sur beaucoup de ces registres, force est de constater que le Sénégal éprouve un retard substantiel. Plus précisément, en tant que facteurs de croissance dans tous les pays quel que soit le niveau de développement technologique, l'éducation et la recherche au Sénégal se trouvent pourtant, depuis plusieurs décennies, dans une situation de crise criante et continue (année blanche en 1988, année invalide en 1994, grèves perpétuelles toujours pendantes, une recherche en manque de soutien et non prolifique sur le plan des résultats, etc.). La divergence des performances économiques et sociales n'est pas seulement fonction de l'étendue des matières détenues, mais provient également d'autres types de dotations à concevoir par les hommes du pays pour se mettre dans des niveaux de production optimaux : quantité d'outils et de technologies, connaissances et compétences (matières grises) à la disposition des travailleurs, ressources infrastructurelles, etc.

Ces développements permettent en partie d'expliciter le retard d'émergence du Sénégal vis-à-vis de ces pays semblables, et de notre curseur que nous avons voulu pointer sur la faiblesse du niveau de productivité du travail dans le pays. En effet, c'est du niveau d'investissement dans les infrastructures, notamment sociales, que dépend le niveau de productivité d'une économie (Jones et Hall, 1999). De ce fait, « *la nature erratique de la croissance économique au Sénégal est davantage expliquée par les limites de son modèle économique que par les difficultés émanant du contexte international* » (Diop, 2013). Il s'agit essentiellement de problèmes liés aux fluctuations macroéconomiques relatives au déficit de la balance commerciale, à la mollesse de la productivité agricole, à la forte demande en produits alimentaires, à l'inflation importée, etc. À cela s'ajoutent le déficit d'infrastructures, la lente absorption des travailleurs disponibles, le coût élevé de la main-d'œuvre, la hausse des inégalités, le manque d'attrait du cadre réglementaire et institutionnel du pays et un marché financier peu profond.

Au demeurant, il y a un échec perceptible des politiques anciennes et des programmes intégrés plus ou moins récents qui se sont succédé : DSRP I et DSRP II, SCA, DPES, SNDES, initiative 20/20 et OMD. Elles n'ont pas permis d'atteindre les objectifs escomptés en termes de croissance et de réduction de la pauvreté. Dès lors, il est aujourd'hui permis de « *noter un déséquilibre considérable entre la structure actuelle de l'économie du Sénégal et celle qui permettrait à sa croissance d'avoir un meilleur impact sur la réduction de la pauvreté* » (Kassé, 2015). Malgré les différentes politiques et les efforts consentis pour améliorer l'accès aux services sociaux de base, la structure des dépenses publiques est toujours insidieuse et les sources de croissance sont toujours inégalement réparties à travers les différents compartiments du pays.

Toutefois, il importe de souligner qu'à partir du milieu des années deux-mille, il y a eu au Sénégal une tentation de déviation de l'action publique vers des modèles plus en adéquation avec la structuration de l'économie mondiale. Ce revirement a eu lieu notamment avec le projet de mise en place de la politique des grappes de croissance pour tenter de créer des clusters qui portent l'économie du pays. Leur réussite aurait pu permettre d'insuffler un environnement économique propice au développement de l'innovation et de la créativité.

TABLEAU 3.4 – CLUSTERS CIBLES DE LA PHASE EXPERIMENTALE DE LA SCA

GRAPPES	Clusters cibles
TIC	– Incubateur de TIC à Dakar ; – Incubateur de TIC à Saint Louis et Ziguinchor.
TEXTILE ET HABILLEMENT	– Textile artisanal à Guédiawaye – Couturiers Kaolack autour du Pôle textile Domitexka de Kahone
AGRICULTURE ET AGRO-INDUSTRIE	– Fruits et légumes à Pout – Noix d'acajou à Toubacouta – Elevage à Dioffior – Fonio à Kédougou – Karité à Salémata
PRODUITS DE LA MER ET AQUACULTURE	– Pêche à Soumbédioune – Pêche à Missirah – Pêche à Kafountine
TICAA	– Tourisme dans le Delta du Saloum – Tourisme au lac rose – Femmes entrepreneurs culturels de Blaise Senghor – Jeunes Cordonniers de la Médina

[Sources : Stratégie de Croissance Accélérée (SCA), 2012)]

En effet lors de la phase expérimentale du programme SCA, le gouvernement sénégalais avait prévu de créer 10 clusters déclinés autour de cinq grappes d'activités : TIC et télé services, textile et habillement, agriculture et agro-industrie, produits de la mer et aquaculture, et tourisme (*cf.* Tableau 3.4). Néanmoins, ces grappes n'ont jamais vu le jour concrètement sur la sphère économique sénégalaise. Alors qu'aujourd'hui, après près de quarante années de débats et d'analyses théoriques, de mise en œuvre et de défection de politiques de développement territorial, l'intérêt des chercheurs pour les modèles de réseaux d'innovation territoriaux reste intact. De même, leur rôle dans l'émergence économique des nations n'est plus à signaler.

Au demeurant, il apparaît que dans un tel contexte de « *clusterisation* » des économies nationales et de vulgarisation de l'innovation, le Sénégal affiche toujours un retard important malgré quelques essais de conceptualisation théorique à travers ces grappes de croissance évoquées par la SCA, puis par les pôles de développement (PdD) esquissés dans le cadre du Plan Sénégal émergeant (PSE). De même, malgré la place occupée dans l'économie mondiale par la variable d'innovation, la notion de cluster et les concepts de réseaux d'innovation, il n'existe à notre connaissance aucun travail littéraire réalisé par un chercheur sénégalais dans ce domaine. Pourtant, il revient aux chercheurs, notamment sénégalais, de se saisir du concept pour contribuer à son façonnage en prenant en considération les spécificités locales. Cela peut se faire à travers des études sur les thématiques autour des outils de pilotage sur lesquels ce type de réseaux d'innovation devrait s'appuyer pour bien fonctionner dans un contexte sénégalo-sénégalais, sur les méthodes de gouvernance et de coordination qui seraient idoines, de même que sur les questionnements relatifs aux aspects financiers, de propriété intellectuelle, etc. Il y a donc des pistes à explorer et une carence certaine dans la littérature qu'il convient de tenter de remédier.

Tout compte fait, la non-émergence de l'économie du Sénégal et la faiblesse de sa croissance s'expliquent grandement par l'échec des politiques entreprises par les différents gouvernements qui se sont succédé à la tête du pays. Ces politiques promues à travers des étiquettes et slogans tout faits[45] n'ont ainsi produit que des effets superficiels dénués de tout résultat permettant d'engendrer de forts niveaux de production et des volumes de création de richesse importants.

C'est dire que plus qu'un « ramassis » de stratagèmes politiques confus et basés sur des vagues d'impulsions mollement structurées, il convient de sortir des schémas primaires et de la perpétuation des mythes et des slogans tout faits pour asseoir des politiques de développement qui dépassent les perspectives et les ambitions politiques de leurs instigateurs. En effet, au-delà de slogans maculés d'orientations politiques et politiciennes, une politique de développement véritable doit être orientée sous l'angle d'un « hyper projet » d'envergure nationale, conçu pour être mis en œuvre dans la continuité et qui dépasse donc le mandat du régime actuel pour s'imposer aux régimes ultérieurs. De même, elle doit respecter un certain nombre de précautions et d'analyses mécaniques : phase de préconception, conception, planification, exécution, puis évaluation. Elle doit également prévoir l'implication de

[45] Quelques fameux slogans des présidents du Sénégal pour accompagner des politiques de développement économiques et financiers :
- Président L. S. Senghor (1960-1980) : « *L'an 2000 atum natangué* » (l'an 2000 sera l'année de la prospérité), ou encore « *En l'an 2000, Dakar sera comme Paris* ».
- Président Abdou Diouf (1980-2000) : « Moins d'Etat, Mieux d'Etat » (dans le cadre de la promotion des privatisations et des départs volontaires pour, soi-disant soulager les dépenses publiques)
- Président Abdoulaye Wade (2000-2012) : Sénégal 2025

l'ensemble des acteurs dans les phases de préconception (partis politiques, société civile, universités, secteur privé et éventuellement la diaspora sénégalaise) et s'opérationnaliser avec le concours des parties prenantes qui juxtaposent les différents axes de l'économie du pays (entreprises privées et publiques, universités, structures de formation et laboratoires de recherche).

C'est dans cette perspective que nous plaçons notre analyse du dernier programme de développement mis en place en 2014, le Plan Sénégal Émergent (PSE) et qui a pour ambition d'étendre ses opérations sur près de 2 décennies.

3.3.2. Spécificités du Plan Sénégal Émergent (PSE) : Quid de l'innovation ?

Par le biais de son document de présentation de 103 pages, le Plan Sénégal Émergent (PSE) est présenté comme un nouveau modèle de développement qui, à travers une stratégie s'étalant sur plusieurs années (jusqu'à l'horizon 2035), ambitionne de réussir là où ses prédécesseurs ont échoué dans leur lutte contre la pauvreté, les inégalités sociales et les disparités territoriales. Pour ce faire, il met l'accent « *sur une plus forte impulsion dans la création de richesse et d'emplois, le renforcement de la gouvernance, le développement des secteurs stratégiques ayant des impacts significatifs sur l'amélioration du bien-être des populations, la protection des groupes vulnérables et la garantie de l'accès aux services sociaux de base* » (PSE, 2014, p.2).

L'objectif ici n'est pas de procéder à une étude critique du PSE et de la pertinence des choix stratégiques opérés, mais d'abattre un travail d'analyse afin d'examiner dans les 103 pages du plan, l'importance qui a été accordée aux aspects qui nous animent dans le cadre de cet ouvrage, à savoir l'innovation, la recherche et la mise en réseau des acteurs économiques ou les phénomènes de « *clusterisation* ».

De prime abord, une analyse lexicale des 183 pages (annexes incluses) nous permet de constater que la variable innovation, considérée pourtant depuis des décennies de la part des spécialistes comme le moteur central d'accumulation de richesses des économies modernes, y est peu présente. En effet, il apparaît que l'innovation, en tant que facteur avéré de croissance et de compétitivité, ne semble pas être une priorité avouée et une base d'impulsion du développement du Sénégal. Si nous observons l'amorce de bribes de cette variable, elles ne permettent tout de même pas d'observer leur orientation à travers l'économie. Ainsi, force est de constater qu'il ne s'agit que des présentations théoriques sommaires qui ne s'appuient sur aucun plan de concrétisation lisible sur la sphère économique.

De la recherche lexicale effectuée ressort que le mot « *innovation* » n'apparaît qu'à quatre reprises tout le long des 183 pages, et que le terme « *innover* » n'y est employé qu'une seule fois et l'est dans un contexte éloigné des problématiques d'une promotion de l'innovation. C'est pourquoi, compte tenu des exigences économiques mondiales vis-à-vis des enjeux de l'innovation, il nous est logiquement permis de nous questionner sur cette orientation minimaliste du PSE vers l'innovation technologique. Dans ce même élan, un constat similaire est aussi réalisé concernant l'usage du terme « réseau » dans le sens de structuration et de mise en réseau des acteurs économiques. Les seuls usages dénotés en faveur de cette notion le sont dans un contexte d'évocation de circuits de transfèrement (transport notamment), de conduit ou de navigabilité de produits énergétiques (électricité, gaz, etc.) : « réseaux de distribution », « réseau électrique », « réseau de transports et connotations similaires » ; ou « encore pour parler de réseaux virtuels de type informatique ».

Dès lors, au moment où tous les pays développés et ceux en quête effrénée de développement se ruent vers cette force dynamique considérée comme transformatrice des économies, cette absence manifeste des aspects liés à l'innovation est fort déplorable. En effet, c'est de l'innovation et par le biais de la R&D que les économies modernes parviennent à renforcer la compétitivité de leurs entreprises et à s'insuffler une croissance forte et pérenne. De même, par l'octroi de nouveaux produits et procédés, et par la satisfaction des besoins des populations, miser sur l'innovation permettrait d'améliorer le cadre de vie du peuple sénégalais sur tous les plans : social, économique, sanitaire, éducationnel, etc.

Bien sûr, à travers les projets phare présentés et dont la mise en œuvre a déjà débuté, le PSE ambitionne de s'attaquer aux problèmes du pays pour tenter de contrebalancer le déficit de sa balance commerciale, la mollesse de sa productivité agricole, sa forte demande en produits alimentaires, le déficit d'infrastructures criant, la faible absorption de la main-d'œuvre disponible, l'aggravation des inégalités, le manque d'attrait du cadre réglementaire et institutionnel du pays, etc. D'ailleurs, nous présentons ci-après, à travers une figure synthétique, les axes d'orientation stratégiques du PSE et de ses projets phares (figure 3.4). Nous pouvons scinder les initiatives du PSE à travers trois plans d'action en direction :

– de la transformation structurelle de l'économie et de la croissance (création d'emplois, exportation, compétition internationale) ;

– du renforcement du capital humain et de l'amélioration du cadre social (niveau de vie, santé, accès aux services de base) ;

– de l'amélioration de la gouvernance et des institutions.

FIGURE 3.4 – LES TROIS AXES D'ORIENTATION STRATEGIQUE DU PSE

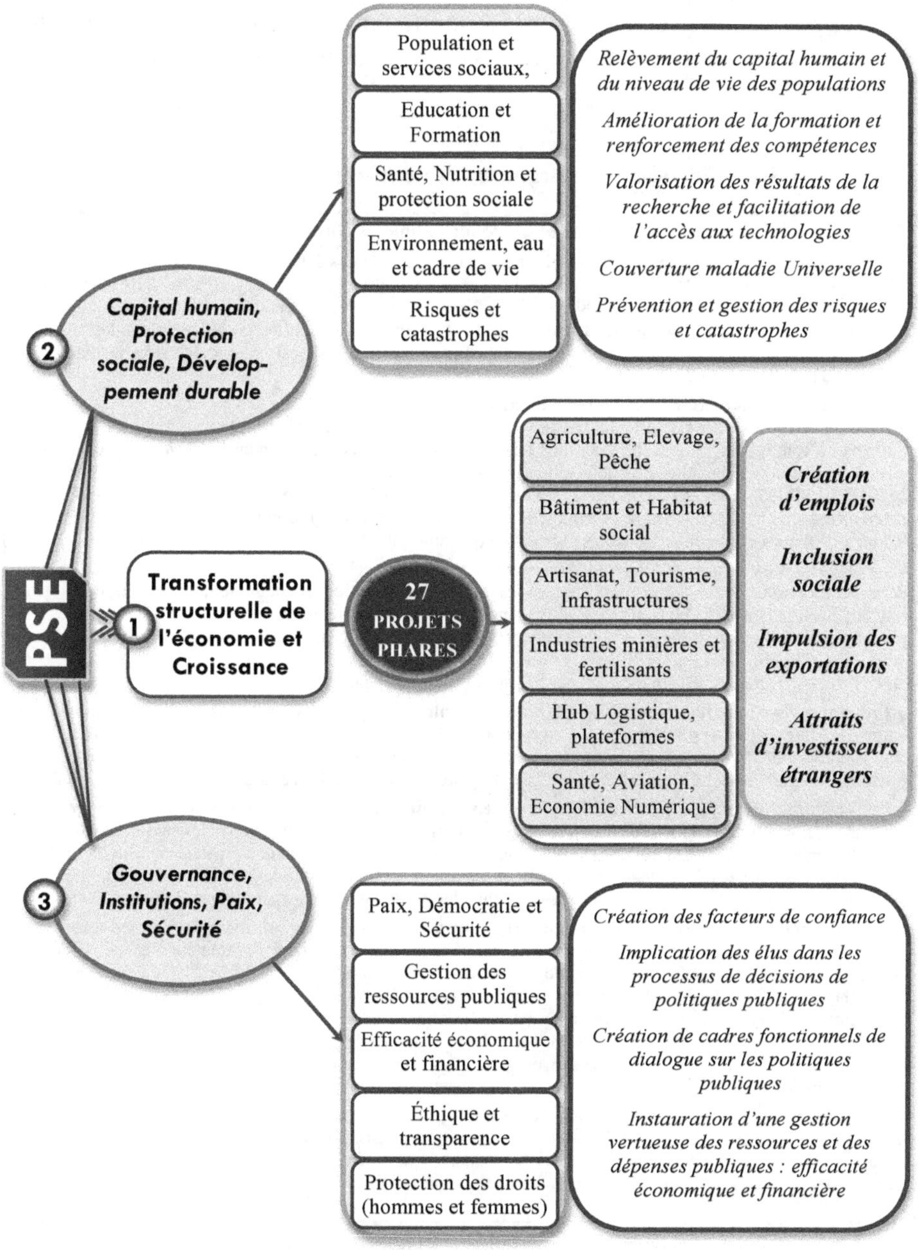

[Source : Auteur (Cheikh A. L. Thiaw)]

Cette représentation du cadre stratégique du PSE relate le choix du Sénégal de sortir à l'horizon 2035, de son statut de pays moins avancé, c'est-à-dire pauvre, pour atteindre le statut d'économie émergente (Van Agtmael, 1981) répondant aux critères reconnus par la communauté internationale (*cf.* Encadré 3.1).

Encadré 3.1 – Économie émergente, des critères d'appréciation très divers

Définitions et quelques exemples illustratifs

• **Une progression de son commerce extérieur supérieure à celle des échanges internationaux**
D'après les données de l'Organisation mondiale du commerce (2010), la part de la **Chine** dans le commerce international est passée de 3,65% en 2000 à 9,6 % en 2009, ce qui représente en valeur une augmentation de 380 %. En juin 2010, la **Chine**, la **Russie**, **Taïwan**, **l'Inde** et le **Brésil** figuraient parmi les premiers détenteurs de réserves en devises. Le montant des réserves de la Russie et du **Brésil** est comparable à celui détenu par l'ensemble des États de la zone euro.

• **Une hausse régulière du PIB et du revenu par habitant**
En 1990, le **Brésil**, la **Chine**, **l'Inde**, la **Russie** et **l'Afrique du Sud** représentaient 8,4 % de la richesse mondiale. Cette part s'établit désormais à 16 % contre 24 % pour les États-Unis et 27 % pour l'Union européenne. Avec un taux de croissance annuel de 8 %, le PIB de l'Inde devrait dépasser celui de la France dès la fin de la décennie 2010. Depuis 2000, le revenu par habitant en **Chine** a été multiplié par quatre, par trois au Brésil et en Inde. La croissance économique dans les pays émergents est soutenue par les exportations de biens de consommation (**Chine**), de matières premières agricoles (30 % des exportations du **Brésil**) ou d'hydrocarbures (**Russie**).

• **La présence de capitaux étrangers placés sur une longue durée.**
Parmi les économies en développement, les principaux récipiendaires des investissements directs étrangers (IDE) sont la Chine, le Brésil, le Mexique, la Russie, l'Inde, l'Arabie saoudite et l'Afrique du Sud. En 1990, ces sept économies ne recueillaient que 5,3 % du montant des investissements étrangers placés dans le monde 5. Cette proportion s'établit désormais à 10,5 %. Le montant des IDE investis dans ces sept pays (1 870 milliards de dollars en 2010) atteint 60 % du montant des capitaux placés aux États-Unis.

• **Des entreprises de taille mondiale implantées dans plusieurs pays et dont le capital est en majorité, ou en partie, détenu par des actionnaires privés.** Parmi les 500 premières entreprises mondiales classées selon leur capitalisation figurent déjà de nombreuses sociétés chinoises (comme Petrochina et la China National Petroleum Corporation), indiennes (Reliance, Oil and Natural Gas Corporation) et brésiliennes (Petrobras, Vale).

• **Une économie diversifiée qui ne repose pas seulement sur l'exportation de matières premières.** Ce critère pourrait a priori éliminer la Russie, dont 70 % des exportations sont constituées par les hydrocarbures et les produits miniers. Or, depuis la fin des années 1990, l'économie russe a connu une profonde évolution avec une progression des activités du secteur tertiaire (qui assurent 60,5 % du PIB) qui a favorisé l'apparition d'une classe moyenne. Le taux d'équipement des ménages en véhicules particuliers a été multiplié par 2 depuis 2000.

• **Une économie émergente offre des perspectives prometteuses grâce à son dynamisme démographique et au nombre croissant de consommateurs.** La seule augmentation annuelle de la population en Chine, en Inde et au Brésil (460 millions en 2008) correspond à la population de l'ensemble des pays de l'Union européenne. En 2009, la Chine est devenue le premier marché automobile mondial devant les États-Unis, avec la commercialisation de 13 millions de véhicules particuliers neufs. Cette même année, 100 millions de téléphones mobiles se sont vendus en Inde, soit trois par seconde. Les marges de progression sont importantes puisque, en mai 2010, seulement la moitié des Indiens disposaient d'un téléphone cellulaire et 1,6 % d'un véhicule – contre, respectivement, 95 % et 59,8 % en France.

• **L'optimisme envers l'avenir et l'enthousiasme porté par leur jeunesse sont également des traits culturels de ces sociétés.** En Inde, le tiers de la population a moins de 15 ans. À la différence du sentiment qui règne en Europe de l'Ouest, les jeunes générations sont convaincues que leur vie sera meilleure que celle de leurs aînés. Cette confiance est souvent confortée par un dessein politique.

[Sources : Questions internationales n° 51 (Septembre-Octobre 2011, p. 102, 103, 104)]

Au-delà du débat sensible et peu constructif, car très souvent nourri de perspectives de politiques politiciennes opposant partisans du parti au pouvoir et épigones des partis de l'opposition, nous pensons utile de jeter un regard constructeur avec pour optique de fournir un complément d'analyse « propositionnelle »[46]. En effet, nous pensons qu'il importe maintenant de se mettre dans des postures de constructions, afin de procéder à des analyses correctrices des politiques en cours, dans le but de proposer des améliorations continues. Les pratiques politiciennes ont plutôt tendance à vouloir systématiquement faire « table rase » et démanteler les mesures politiques héritées d'adversaires politiques sortant, dans le but de vouloir apporter sa propre pierre à l'édifice. Ces pratiques très communes de chez nous ont assez coûté de l'argent et du temps au Sénégal, car à chaque fois c'est un recommencement et une génération de nouvelles dettes sur le dos des contribuables et des comptes publics.

Notre traitement du sujet consiste en une mise en contexte de la propension du PSE à s'inscrire ou non dans une dynamique territorialisée, notamment le lien entre ses dispositifs et les théories dominantes de notre époque en matière de développement régional et de promotion de l'innovation. De manière parallèle, cet exercice nous sert également de prétexte pour revoir la thèse des grappes de croissance issues de la SCA et qui, par la suite, sont extrapolées au sein du PSE en tant que pôles de développement (PdD). En effet, le PSE annonce la promotion de terroirs et « *de pôles économiques viables afin de stimuler le potentiel de développement sur l'ensemble du territoire* ». Il s'agit d'une continuité de la SCA, qui consiste à maintenir « *la dynamique de structuration des filières productives déjà engagées dans le cadre des grappes de croissance et le développement des "clusters locaux", afin de tirer profit des potentialités qu'offrent ces secteurs et filières en termes de contribution à la croissance économique et à la diversification des sources de la croissance* » (PSE, p. 66).

Toutefois, ni la SCA ni le PSE ne nous octroient une lisibilité théorique et concrète du concept de grappes et de cluster qu'ils promeuvent. Même les vocables usités et présentés dans le cadre de ces politiques ont tendance à changer équivoquement. Dans le PSE, les terminologies suivantes s'entrecroisent : « *cluster* », « *grappes* », « pôles *de développement* », « *pôles économiques de marchés* », « *pôles industriels intégrés* », « *pôles régionaux de développement* », « *zones économiques spéciales* », etc.

---

[46] Au sens d'apports de propositions complémentaires, et non pas à celui d'une analyse de discours ou de textes dans le cadre d'une étude qualitative.

CHAPITRE 4.

DE LA NÉCESSITÉ D'UN DÉVELOPPEMENT DE CLUSTERS POUR IMPULSER UN MODÈLE D'INNOVATION LOCALISÉE

Introduction

Comme allégué dans le premier chapitre relatif aux *paradigmes et modèles théoriques de l'innovation localisée,* les entreprises d'aujourd'hui, privilégient de plus en plus l'appartenance à un « réseau » (ou clusters), pour se doter des moyens d'assurer à leurs activités, une performance et une compétitivité durable. Il s'agit aussi pour elles d'un moyen d'augmenter leur efficacité et de solidifier leurs bases arrière pour se protéger de la concurrence et des effets néfastes de la mondialisation. De même, de part et d'autre de la planète, les mesures d'incitation étatiques ont vu le jour pour favoriser la mise en réseau des entreprises dans des espaces géographiques localisés, afin d'impulser la création d'emplois et la croissance économique. Ainsi, le réseau, représentant à la fois un instrument de protection pour les entreprises et un dispositif de création d'emplois (Thiaw, 2013), est aujourd'hui une forme d'organisation de plus en plus décisive (Loilier et Tellier, 2005). En outre, nous avons également vu que son efficacité est davantage accentuée lorsqu'il est associé à un territoire (régional, national), car il permet dans ce cas de figure, non seulement d'asseoir une pérennité des emplois existants et de favoriser la création de nouveaux postes de travail pour la main-d'œuvre locale, mais aussi, d'attitrer et de fidéliser des travailleurs qualifiés dans la localité concernée.

La création de clusters est donc une manière d'affermir la compétitivité ainsi que la performance de ses parties prenantes. De manière concrète, les moyens émis par les pouvoirs publics en faveur des clusters visent à inciter les entreprises à travailler entre elles et à collaborer avec d'autres organismes publics et privés situés dans leurs zones d'implantation. Il s'agit, par l'action publique, d'amener les acteurs économiques territoriaux à s'unir pour travailler en réseaux afin d'augmenter leurs chances de réussite. Ainsi se multiplie la création un peu partout dans le monde, des logiques d'effets de grappes et de clusters qui concentrent d'innombrables innovations majeures, notamment dans le domaine des nouvelles technologies. C'est ce qui fait dire aux chercheurs et spécialistes que désormais, les bases du développement des économies nationales portent prioritairement sur les logiques de réseaux, voire de réseaux d'innovation, plus que sur l'efficacité d'acteurs industriels solitaires.

Le chapitre 3 portant sur les « carences et opportunités de l'innovation au Sénégal » nous informe que malgré l'étendue des opportunités d'innovation dans le pays et les difficultés qui empêchent les acteurs socioéconomiques de les exploiter, sa promotion fait toujours défaut à la lecture des politiques de développement qui sont émises depuis des décennies. Il apparaît même, au vu de l'orientation de l'environnement d'émergence économique du pays, une absence manifeste de la structuration d'un véritable système national d'innovation (SNI). Pourtant, en tant que source d'externalités fortes et de croissance économique des nations comme l'admet Schumpeter, l'innovation a besoin de moyens, de combinaisons de ressources et de compétences, et d'un « terreau » favorable pour éclore et se développer (Thiaw, 2017). C'est pourquoi, ayant connu des réussites notables dans les pays de l'OCDE, nous nous sommes posé la question de savoir comment transposer ces modèles à succès au Sénégal, lors même que le continent africain connaît depuis quelques années diverses expériences d'instauration de plans d'émergence économique à fort caractère *innovatif*. C'est le cas du Maroc, de la Côte d'Ivoire, du Cameroun et du Bénin récemment. Bien entendu, le Sénégal n'est pas en reste, puisqu'il a instauré en 2014 une nouvelle politique de développement dénommée Plan Sénégal Émergent (PSE). Toutefois, si l'étude du PSE nous a permis de constater qu'il représente une bonne base et un moyen d'amélioration des capacités d'innovation du pays, il a besoin d'être perfectionné par l'incorporation avérée dans ses dispositifs stratégiques et opérationnels, de mécanismes de promotion de l'innovation (*cf.* chapitre 3).

Se préoccupant du substrat sénégalais et de son environnement d'émergence économique préfiguré par l'action publique, les éléments de *benchmarking* produits dans le chapitre 2 nous permettent de poser la question de savoir comment s'articulent les efforts et les programmes des pouvoirs publics des pays de l'OCDE pour atteindre des objectifs de fertilisation d'innovations en réseau. De cette analyse résulte que dans les pays en développement comme le Sénégal, la coévolution entre Science, Technologies et Innovation (ST–I) représente dans ce contexte, un facteur déterminant pour l'émergence économique et le renforcement de la compétitivité nationale. Considérée sous l'angle de la territorialité, cette coévolution fait référence à la notion d'innovation localisée qui, pour être opérationnalisée, s'empare des clusters en tant que supports, c'est-à-dire des moyens pour créer une atmosphère propice à la coévolution.

À la suite d'un balisage du concept d'innovation localisée en tant que modèle de coévolution entre la science, les technologies et l'innovation (4.1), nous relatons dans la deuxième section de ce chapitre les écueils qui font le lot de l'économie sénégalaise et qui l'empêchent aujourd'hui d'être en mesure de générer des modèles efficaces pour la promotion d'une économie basée sur une telle coévolution (4.2). Enfin, nous terminons cet ouvrage, par l'évocation des substrats de l'innovation localisée, à travers la proposition d'une nouvelle articulation de l'environnement socioéconomique permettant de mettre à niveau l'économie du Sénégal. Il s'agit de la promotion du concept d'innovation localisée en tant que modèle innovant dont l'économie du Sénégal a aujourd'hui fortement besoin pour émerger. Ce modèle se concrétise par la mise en place et l'impulsion d'un système de coévolution réussi entre la science, les technologies et l'innovation (ST–I) (4.3).

4.1. L'innovation localisée en tant que système de coévolution entre « *Science, Technologies et Innovation* »

En tant que résultante du système national d'innovation (SNI), l'innovation localisée a besoin d'un support d'opérationnalisation, à savoir le cluster, qui sert de base d'impulsion et de support de développement du concept. En effet, le SNI s'apparente à un processus proactif dans lequel les composants émettent des interactions propices à la génération d'innovation. Ce processus dynamique s'actionne autour de la connaissance et sous l'influence des pouvoirs publics. Dans ce contexte, la variable « connaissance » se présente en tant qu'objet d'échange et de synergies entre les acteurs socioéconomiques. Elle est au cœur du processus d'innovation localisée et du SNI en faisant intervenir, par leurs actions d'interconnexion, deux catégories d'acteurs : les producteurs de la connaissance (université, organismes de formation) et les utilisateurs de la connaissance (entreprises et centres de recherche). Entre ces deux types d'acteurs se positionne l'action publique qui joue le rôle de centralisateur et de facilitateur de la production des externalités favorables à la création de l'innovation (*cf.* figure 4.1). En d'autres termes, il s'agit, autour d'activités d'innovation, de la jonction entre recherche fondamentale et recherche appliquée.

De manière conceptuelle, le SNI se définit comme étant « *l'ensemble des institutions publiques et privées (entreprises, centres publics et privés de recherche scientifique et de développement technologique — R&D, sociétés financières, administrations de réglementation et de régulation...) impliquées dans la réalisation des processus d'innovation et mises en relation les unes par rapport aux autres par des flux financiers, informationnel et par les mouvements des personnes (scientifiques, ingénieurs, travailleurs de toutes qualifications et compétences)* » (Uzunidis, 2004). Il s'agit d'un système explicitement mobilisé pour faciliter les transferts de connaissances et les interactions permettant aux acteurs industriels d'être en mesure d'exploiter les externalités à travers de nouvelles combinaisons qui soient fertiles en matière de renforcement du savoir-faire et des activités existants, de stimulation des facteurs de production, d'ouverture de nouvelles possibilités de développement et de marchés, et *in fine* d'une augmentation de richesse.

Dans ce cadre, les conditions et les facteurs clés de succès du SNI sont de natures disparates et vont au-delà des seuls aspects entrepreneuriaux et de stratégie marketing des innovations (*ibid.*). Ils englobent aussi, de manière large et profonde, d'autres aspects du processus d'innovation allant des démarches *amont* (production de connaissances par les parties prenantes, activités de R&D, etc.) et *aval* (prototypage, diffusion des innovations sur les marchés, etc.), mais portant aussi sur les caractéristiques intrinsèques des acteurs-forces (potentiels d'absorption, capacités d'adaptation intra et intersectorielle, amplitude des liens interorganisationnels, rôle des financeurs, etc.). L'atteinte de ces conditions d'ensemble nécessite le concours d'acteurs appartenant à diverses branches d'activité de la science, des technologies et de l'innovation. C'est de la dynamique de coévolution de ces acteurs qu'émerge l'innovation localisée (4.1.1). Pour être opérationnalisée sur la sphère nationale sénégalaise, cette dernière nécessite le développement, sur une base spatiale, de clusters territorialisés qui faciliteront la génération d'externalités de connaissances et de technologies novatrices par l'ensemble des catégories d'acteurs engagés (4.1.2). À ce titre, c'est à travers la coévolution ST–I à son sein que le cluster sert de base d'impulsion pour le développement du concept.

4.1.1. La dynamique de la coévolution

Qualifiée d'économie du savoir et des connaissances, l'économie mondiale contemporaine est marquée par l'existence de fortes relations de dépendance entre les variables *Science* et *Technologie.* De manière concrète, cette interconnexion se manifeste au travers de l'innovation qui, en tant que résultat du processus d'interaction des deux premières variables susmentionnées, a considérablement occupé les débats littéraires à leur détriment. En effet, la littérature sur les relations entre la *science* et les *technologies* reste relativement restreinte « *alors même qu'une vision particulière de ces rapports est toujours présente derrière les choix opérés par les pouvoirs publics pour favoriser les capacités d'innovation de leurs pays respectifs et par là même leur croissance économique* » (Encaoua, 2010).

Par souci de simplification conceptuelle, par *science nous entendons recherche fondamentale* ; et par *technologies*[47], nous comprenons *recherche appliquée* et *développement.* La recherche fondamentale s'occupe de questions visant à faire avancer le savoir, alors que l'optique première de la « recherche appliquée » est de concevoir des applications industrielles et commerciales. C'est-à-dire que la première permet d'explorer un phénomène pour en approfondir la compréhension sans la poursuite d'objectifs de découvertes d'applications particulières. Elle permet ainsi de surpasser les limites de la science en étendant le champ des connaissances vers des niveaux jamais atteints auparavant. Les activités d'une telle recherche permettent, par

[47] Technologie : Son sens étymologique, signifie « l'étude des outils et des techniques », mais le concept s'apparente plus à « l'application de la science aux arts utiles » (*useful arts*) au sens de Bigelow (1829) qui avait généralisé l'usage du mot à travers son ouvrage emblématique : « *Elements of technology* », Hilliard, Gray, Little and Wilkins, (1829) 500 p.

exemple de « lever des verrous technologiques », c'est-à-dire de « gommer » les écueils et les « goulets d'étranglement » qui empêchent les entreprises d'innover (Thiaw, 2013). Pour la recherche dite « appliquée », elle porte sur des objets et des finalités bien définis. Elle ne vise pas nécessairement l'avancée de la science, mais plutôt l'atteinte d'objectifs précis en matière d'applications. C'est donc, par la finalité poursuivie que les deux formes de recherche se distinguent.

Cependant, un deuxième point de distinction peut être considéré : le résultat obtenu. Effectivement, le résultat atteint à travers des activités de recherche fondamentale est une découverte, alors que celui des activités de recherche appliquée est une invention. Dans le monde industriel, la recherche appliquée implique une connotation de commercialisation, c'est-à-dire que les travaux de recherche entrepris ont pour objectif principal la trouvaille de nouvelles connaissances scientifiques qui vont permettre de remplir des objectifs de commercialisation spécifiques en référence à des produits, des procédés ou des services (Thiaw, 2017). « *L'invention est la première apparition d'une idée en un produit ou procédé nouveau, alors que l'innovation est la première tentative de conversion de cette idée en pratique* »[48] (Fagerberg, 2004).

De ce fait, l'innovation se distingue aussi de la *découverte* et de l'*invention* dont elle peut être issue. De même, les termes « *découverte* » et « *invention* » sont apparus dans la littérature bien avant celui d'innovation (Thiaw, 2013). Pour Alter (2000, p. 8-9), « *l'innovation représente la mise sur le marché et/ou l'intégration dans un milieu social des inventions* ». Il estime aussi que l'*inventeur ou* le concepteur[49] (d'un objet ou d'une organisation) peut être un génie dénué de sens pratique, mais pas *l'innovateur*, qui se charge de trouver un marché ou un usage à ces découvertes, que *« l'invention n'est donc pas assimilable à l'innovation », car « la première n'est jamais mécaniquement suivie par la seconde* ». En ce sens, la valorisation de la découverte incombe à l'entrepreneur qui n'est pas forcément son inventeur, mais celui qui l'introduit au sein de l'entreprise et la diffuse dans l'économie et les marchés.

Subséquemment, c'est à travers la seconde fonction de la technologie (à savoir le développement) qu'il y a traduction d'informations commerciales (par exemple portant sur les besoins, attentes et demande des consommateurs) pour introduire sur le marché le résultat technique issu de la recherche appliquée, sous forme de produit ou procédé novateur, donc d'innovation.

---

[48] "*invention is the first occurrence of an idea for a new product or process, while innovation is the first attempt to carry it out into practice*" Fagerberg J., (2004).

[49] Le concepteur est "*quiconque imagine quelques dispositions visant à changer une situation existante en une situation préférée* » (Simon, 1991, p. 113).

Cette mise sur le marché d'innovations nécessite l'opérationnalisation d'un long processus comprenant un ensemble d'étapes successives et estampées d'incertitudes, à valider l'une après l'autre. En effet, « *si l'invention relève de l'idée créatrice, l'innovation nécessite le rassemblement de tout un ensemble de facteurs tels que les compétences techniques, la disponibilité de ressources financières, les compétences commerciales, juridiques, etc.* » (Encaoua, 2010).

Pour ce qui est de la technologie qui renvoie à la recherche appliquée, elle sous-tend une association entre théorie scientifique (savoir) et compétence pratique (empirique). En ce sens, la compréhension scientifique permet d'enrichir les techniques.

C'est fort de ce constat d'analyse que la coévolution entre « Science, Technologie et Innovation » s'apparente pour nous, comme une évolution en parallèle entre « recherche fondamentale » et « recherche appliquée ». Elle suggère que c'est à partir de ce processus bidirectionnel que l'innovation est générée et pourrait concourir à favoriser une croissance économique soutenue du Sénégal. D'ailleurs, c'est dans ce contexte que l'innovation est bénéfique et contribue à dynamiser la compétitivité des entreprises sénégalaises, et de là celle de l'économie entière du pays.

Dans ce cadre, le rôle du SNI est de créer les conditions favorables à la coévolution. Quant aux clusters que nous préconisons, ils se présentent comme les supports d'organisation des acteurs hétérogènes, sur une base locale, en mettant l'accent sur la dynamique de leurs activités de R&D bi ou multidirectionnelles. Aujourd'hui comme depuis des décennies prolifèrent ce type de réseaux créés dans les pays avancés au travers d'initiatives de politiques publiques en faveur de la promotion de l'innovation. Ces actions publiques sont émises pour développer et renforcer les relations de collaboration interorganisationnelle autour de la R&D entre des chercheurs (laboratoires de recherche, universités), des entreprises industrielles (grands groupes et PME innovantes) et des acteurs institutionnels (financeurs, organismes publics, etc.). Toutefois, en dehors du vocable « *cluster* », d'autres appellations sont aussi utilisées pour dénommer cette forme d'organisation en réseau des acteurs économiques : technopôles, districts industriels, milieux innovateurs, systèmes productifs locaux, pôles de compétitivités, parcs technologiques ou écosystèmes d'affaires (*cf.* chapitre 1).

Dans le cadre de cette coévolution tripartite, l'intervention des politiques publiques vise à propulser simultanément les trois variables de la ST–I. De manière plus précise, il s'agit de vulgariser l'innovation en tant que résultat de la coévolution, ainsi que du partage de savoirs et de compétences entre les différents acteurs socioéconomiques provenant des deux sphères (recherche fondamentale et recherche appliquée). Toutefois, le spectre de développement des activités est large. Il peut s'étendre de la recherche fondamentale (collaboration entre plusieurs laboratoires de recherche publics et privés) à la recherche appliquée subventionnée par les pouvoirs publics sous conditions de la considération d'un certain niveau de coopération entre des partenaires travaillant ensemble pour développer de nouvelles technologies.

FIGURE 4.1 – MODELE D'INNOVATION LOCALISEE PAR LA COEVOLUTION ENTRE SCIENCE, TECHNOLOGIES ET INNOVATION

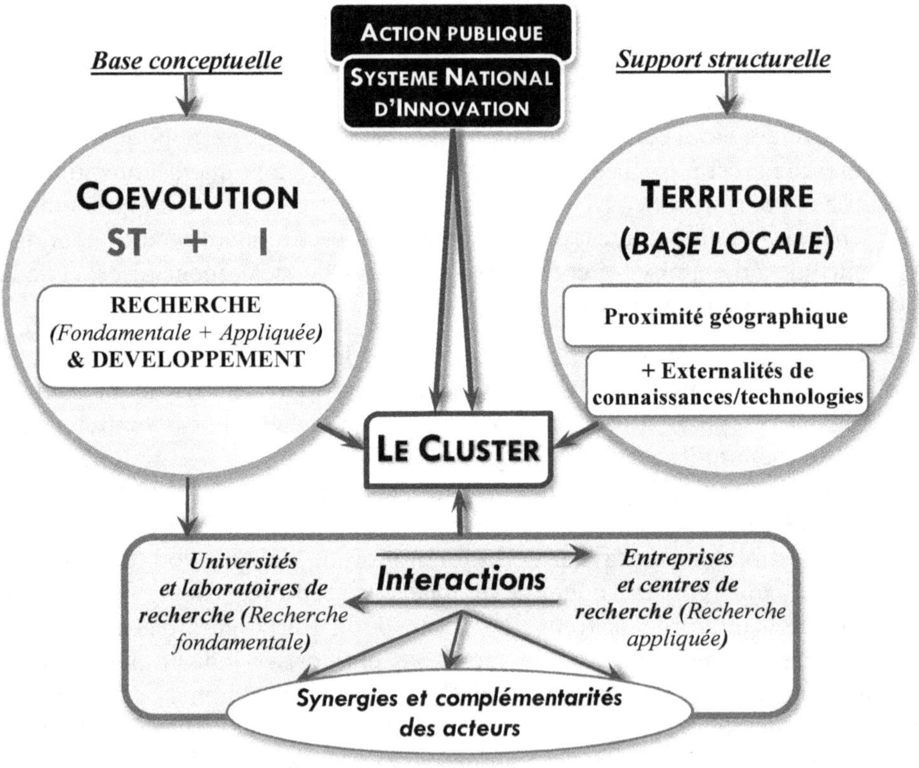

[Source : Auteur (Cheikh A. L. Thiaw)]

C'est à travers la mise en place de mécanismes de rapprochement entre les acteurs des ST–I, puis de la facilitation de leurs interactions à travers la coévolution que le cluster permet d'opérationnaliser le concept d'innovation localisée. Dans ce cas de figure, l'innovation est le résultat des interactions nées de la coévolution entre des acteurs situés sur la même base locale, bénéficiant du fait de leur proximité spatiale, de la production d'externalités de connaissances et de technologies.

En effet, les synergies obtenues sont facilitées par la proximité géographique des acteurs, car ceux-ci se trouvent dans des conditions plus prolifiques pour occasionner des externalités positives. Ainsi, le cluster permet d'obtenir les synergies et les relations de complémentarité nécessaires à la bonne conduite des activités autour de la connaissance (création, utilisation, diffusion, transfert, etc.), des compétences et des savoir-faire. Comme nous l'avons fait apparaître dans la figure précédente, l'innovation localisée se sert de la coévolution comme la base du concept, et du cluster comme le moyen de sa localisation (territorialisation) afin de faciliter l'exploitation des externalités des acteurs qui en sont parties prenantes.

4.1.2. Les clusters comme supports opérationnels de la coévolution

Le succès des innovations dans un pays et la réussite de leur diffusion sur la sphère économique ne peuvent être que le fruit du hasard[50]. Un ensemble de facteurs interreliés, et ayant trait aux contextes politiques et socioéconomiques préfigurent grandement l'orientation des voies de recherche qui mènent, par la suite, aux innovations. Ainsi, la capacité d'innovation étant reconnue comme étant un paramètre déterminant pour la réussite et la compétitivité des nations, le succès de l'innovation dans un pays est fortement lié à la combinaison des ressources entre les acteurs de l'innovation et les acteurs des domaines scientifiques et technologiques. Il s'agit de la base conceptuelle de l'innovation localisée que met en exergue la figure 4.1 précédente, à savoir la coévolution entre la science, les technologies et l'innovation (ST–I). Dans ce contexte, en tant que support et base territorialisée de cette coévolution, le cluster permet par la fédération des ressources complémentaires de ses parties prenantes d'obtenir des performances économiques qui, sans lui, seraient inaccessibles pour un organisme agissant isolément. Le caractère local de cette base territoriale sous-tend l'ancrage fort du cluster dans une localité donnée. Très souvent, les membres constituant le réseau (le cluster) se situent sur un même créneau de production, partagent une même chaîne de valeur ou même, appartiennent à une filière unique.

Toutefois, dans un pays comme le Sénégal, réputé en retard dans le domaine de l'innovation, les phénomènes d'agglomération territoriale fondés

---

[50] Même s'il existe des démarches d'innovation « par tâtonnement » que nous n'abordons pas ici (voir si besoin, chapitre 1 de l'ouvrage « l'Innovation et l'économie contemporaine, espaces cognitifs et territoriaux », Uzunidis et al., 2004).

sur l'innovation sont quasi inexistants. Ils sont de ce fait, dénués d'impacts sur la performance des entreprises locales et la compétitivité du pays. Dès lors, la création de clusters nécessite une préparation de l'environnement économique et le renforcement des capacités d'innovation du pays. Il s'agit notamment de mettre la science, les technologies et l'innovation au centre des enjeux du développement socioéconomique, de la résorption des problèmes et des difficultés du pays, et de la satisfaction des besoins des populations. Pour ce faire, l'on admet nécessairement la mise en œuvre d'un processus à la fois progressif et répétitif. Outre la transformation des bases institutionnelles et le renforcement des structures de la ST–I, les mécanismes du processus exigent en priorité l'octroi de dispositifs de financement attrayants pour les acteurs.

Au Sénégal, comme dans la plupart des autres pays africains, le niveau de financement des dépenses nationales en direction de la science et des technologies, ou de manière générale de la recherche, est largement inférieur aux minima requis et des pratiques internationales qui permettent de déclencher un processus évolutif et dynamisant (pour les trois domaines susmentionnés), d'assurer l'équilibre socioéconomique du pays, et donc, de renforcer sa compétitivité (4.1.2.1). Alors qu'un constat irréfragable prescrit que les pays qui sont aujourd'hui émergents et ceux en état de développement avancé soient ceux qui ont consenti un effort d'investissement important dans la formation de leurs ressources humaines, dans la science et dans les technologies.

Quant à la mise en place de clusters, elle répond à un besoin de structuration des acteurs dans le but de faciliter l'exploitation positive de leurs synergies et des complémentarités de leurs activités. Elle se fait par étapes successives et requiert un financement graduel en fonction des phases de maturation de leur implantation et du niveau de dynamisation de la coévolution des acteurs de la ST–I (4.1.2.2).

4.1.2.1. L'orientation du financement de la recherche au Sénégal

Selon les données disponibles auprès de la banque mondiale, le Sénégal consacre moins de 1 % de son PIB à la recherche et développement (0,37 % en 2008 et 0,54 % en 2010). Dans une large mesure, le financement de la recherche est assuré par l'État, à travers des subventions procurées aux diverses structures de recherche des universités, aux organismes de Formation supérieure et à des établissements publics à caractère scientifique. Cependant, il n'existe pas actuellement au Sénégal une agence d'envergure nationale chargée de subventionner la recherche, comme c'est le cas dans certains pays comme la France avec l'Agence Nationale de la Recherche (ANR).

L'essentiel des formes de financement disponibles porte sur des bourses octroyées à des étudiants de troisième cycle et sur des fonds affectés au développement de quelques secteurs considérés comme prioritaires : l'agriculture, les sciences de l'alimentation, les produits naturels, les productions animalières, les problématiques sanitaires (maladies humaines d'origine parasitaire notamment) et la modélisation mathématique. Il s'agit principalement :

– du Fonds d'Impulsion pour la Recherche Scientifique et Technique (FIRST) géré par le Ministère de l'Enseignement supérieur, de la Recherche et de l'Innovation (MESRI) ;

– du Fonds National de Recherche Agricole et Agro-alimentaire (FNRAA) du Ministère de l'Agriculture et de l'Équipement (MAE) ;

– et des fonds de Publication, sous la tutelle du MESRI.

Outre ces deux organes de tutelle ministériels (MESRI et MAE), un troisième organisme, sous l'autorité du MAE, concourt aussi à la régulation institutionnelle de la recherche au Sénégal. C'est l'Institut Sénégalais de Recherche Agricole (ISRA) qui est en charge du pilotage de la recherche dans le domaine agricole.

De manière fonctionnelle, ces fonds sont débloqués pour financer des projets à la suite d'appels à candidatures délimités uniquement autour des secteurs d'activité susmentionnés. De ce fait, ils occultent d'autres secteurs d'activités stratégiques et pourtant également prioritaires au vu des exigences de développement du Sénégal et des nouvelles donnes de l'économie mondiale.

Dès lors, l'on admet aisément que ces procédés de financement sont biaisés, notamment relativement à leur incomplétude. En effet, s'ils contribuent certainement à asseoir au Sénégal l'émergence d'une recherche performante, ils se révèlent à eux seuls insuffisants pour une résolution durable des problèmes spécifiques à la situation socioéconomique du Sénégal. L'effort financier à destination de la ST–I doit donc être redoublé par le gouvernement sénégalais afin de fructifier les effets induits en visant l'atteinte d'un double objectif. Il s'agit d'une part de faire de ces 3 domaines stratégiques des leviers permanents pour le développement économique du pays et, d'autre part, de les mettre en avant en tant qu'alternatives face à l'émigration impérieuse de la jeunesse africaine vers les pays occidentaux. L'atteinte de cet objectif permet de combler l'absence d'orientation des procédés de financement à destination des entreprises et l'occultation de l'aspect valorisation de la recherche scientifique. En effet, la recherche académique sénégalaise (celle des universités et autres organismes d'enseignement supérieur) est très faiblement valorisée ; et l'unique structure réputée en matière de recherche appliquée s'active dans le domaine de l'industrie agroalimentaire. Il s'agit de l'Institut des Techniques Alimentaires (ITA).

Les autres formes de financement de la recherche au Sénégal proviennent généralement d'accords de partenariat avec des universités et des organismes internationaux par la conduite de projets et de programmes de recherche communs, les échanges de chercheurs, la mise en place d'unités de recherche mixtes, etc. À l'égard de la France, il s'agit principalement des accords avec le CNRS, l'IRD, le CIRAD et l'IPD. On dénote aussi, au niveau international, deux projets d'importante envergure qui contribuent à cet effort de financement : l'USAID[51]/ERA[52] et PERACOD. Le premier, avec le concours des États-Unis, œuvre pour l'amélioration du système de l'enseignement agricole, l'augmentation des exportations et la lutte contre la faim et l'insécurité alimentaire. Le second projet issu de partenariat avec l'Allemagne a pour objectif premier de faciliter l'accès aux services énergétiques pour les populations rurales, en priorisant les énergies renouvelables (systèmes solaires et utilisation des combustibles non fossiles).

Tout bien considéré, même si des efforts ont bien vu le jour pour renforcer ces dispositifs de financement et pour promouvoir la valorisation de la recherche universitaire[53], il n'apparaît toujours pas de mécanismes de financement de programmes de recherche visant spécifiquement la promotion de l'innovation à travers le rapprochement entre le monde académique et celui des entreprises (à savoir les acteurs de la ST–I). Il ne semble pas exister non plus d'autres mécanismes de financement en dehors de ceux proposés par l'État. De même, le secteur privé (constitué d'entreprises privées, de fonds d'investissement privé, de banques et d'organismes de financement privés, de

---

[51] USAID : Agence des États-Unis pour le développement international.

[52] ERA : Education et Recherche en Agriculture.

[53] Création de la Direction Générale de la Recherche (DGR) devenue récemment Direction Générale de la Recherche et de l'Innovation (DGRI) ; l'incorporation de l'Innovation dans la dénomination du ministère chargé de l'enseignement supérieur et de la recherche (qui, de MESR, devient MESRI – Ministère de l'Enseignement Supérieur, de la Recherche et de l'Innovation) ; Création d'une instance d'évaluation de la qualité de l'enseignement supérieur et de la recherche : l'Autorité Nationale d'Assurance Qualité (ANAQ) ; Création d'incubateurs au sein d'universités publiques pour accompagner des porteurs de projets innovants issus des universités et de leurs laboratoires de recherche (Universités de Dakar, Thiès et récemment Saint Louis) ; mise en place de Centres de Recherche et d'Essais (CRE), Création d'Espaces Numériques Ouverts (ENO) pour permettre aux étudiants affectés à l'Université Virtuelle du Sénégal (UVS), ainsi qu'aux enseignants-chercheurs et autres, d'accéder à des équipements, des ressources et des outils informatiques nécessaires au bon déroulement des activités pédagogiques, etc.

capital-risqueurs, etc.) est absent de l'impulsion du développement de la recherche scientifique et de l'innovation au Sénégal.

Cependant, à l'état actuel de la faiblesse des capacités d'innovation du Sénégal et de la structuration immature de son économie pour épouser un SNI, c'est à l'action publique de mettre en œuvre ces démarches « subventionnistes ». C'est-à-dire qu'il incombe au gouvernement sénégalais de prendre en charge le « gros » des parts de financement requis pour le renforcement de la ST–I et l'organisation de la coévolution des acteurs au sein de clusters territorialisés. Ce supplément d'investissement public nécessaire pour stimuler le processus de coévolution vise à générer une augmentation du niveau des dépenses nationales brutes (DNB) opérées par les autorités, en direction des universités, des laboratoires et centres de recherche, et des entreprises. Plus tard, au terme d'une progression constante, la maturation de la stratégie de coévolution par la promotion de l'innovation pourra, en contrecoup, générer une augmentation consubstantielle des dépenses de R&D émises par les entreprises elles-mêmes. Puis par voie de conséquences subséquentes, le succès des subventions publiques génèrera auprès des entreprises privées, des effets de levier qui, in fine créeront à leur tour des besoins de financement qu'elles seront elles-mêmes en capacité de prendre en charge pour financer leurs activités d'innovation postérieures.

Par ailleurs, de l'effort de soutien financier requis de la part du gouvernement pour assurer le succès du processus de coévolution pendant une certaine période s'ajoute la nécessité d'une mise en place de mécanismes de filtre afin d'éviter les risques de survenance de comportements opportunistes de la part des acteurs qui tenteraient de profiter opportunément des financements publics concentrés dans les clusters (notamment les entreprises). Sans ces filtres, la réussite du système de coévolution recherché peut faire l'objet de biais.

Dans le cadre de la coévolution préconisée dans des clusters territorialisés, l'action des pouvoirs publics sénégalais visera dans un premier temps, à délimiter les territoires géographiques dans lesquels, elle va associer un encrage thématique pour développer des logiques de réseau à travers la structuration des acteurs de la ST–I. De ce fait, il s'agit d'un rapprochement entre des lieux préférés pour leurs spécificités propres (ressources domestiques rares ou stratégiques, qualités reconnues du savoir-faire des acteurs locaux) et des thématiques porteuses choisies du fait des enjeux de développement socioéconomique qui leur sont accolées et de leur actualité par rapport à l'avancée des technologies.

4.1.2.2. Les clusters : Pour un financement de la recherche en faveur de la coévolution ST–I

En tant que moyen d'établissement physique de la coévolution ST–I par une mise en réseau des acteurs, le cluster est un outil de structuration des acteurs de l'innovation localisée. Il permet à partir d'un espace géographique ciblé, d'avoir une configuration plus à même de procurer aux parties prenantes, des facilités de contact et une exploitation maximale de leurs synergies et des complémentarités de leurs activités. Pour établir une politique publique en faveur d'une coévolution efficace, Dutrénit et *al.* (2008) préconisent la poursuite de trois étapes corrélées qui donnent lieu à l'opération des changements nécessaires et à la promotion des mécanismes de variation, de sélections et de rétention des acteurs : création (1), consolidation (2) et perfectionnement (3). Le modèle Variation-Sélection-Rétention ou VSR (Campbell, 1960) est une approche institutionnelle qui permet de comprendre les conditions d'opérationnalisation du processus de coévolution et son adaptation à l'environnement économique sénégalais en tant que système social (*cf.* section 4.2.2).

FIGURE 4.2 — ÉTAPES D'IMPULSION DU PROCESSUS DE COEVOLUTION ST—I

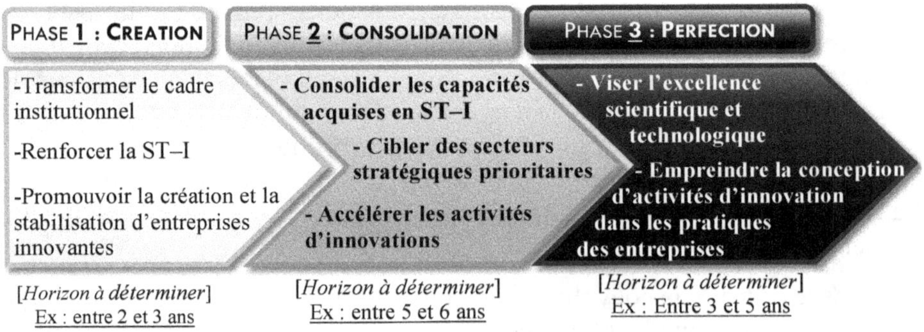

[Source : Auteur (Cheikh A. L. Thiaw)]

Dans la phase d'impulsion du processus au Sénégal (la construction ou création), l'objectif est d'abord d'augmenter les dépenses publiques pour renforcer les compétences scientifiques et technologiques des acteurs, puis de promouvoir l'innovation et les activités de R&D (notamment auprès des acteurs industriels). L'acquisition de compétences scientifiques et de technologies nouvelles permet de satisfaire les nouveaux besoins et les exigences stratégiques des entreprises en matière de connaissances nouvelles et de pratiques novatrices (par exemple, pour lever des « verrous technologiques » et les « goulets d'étranglement » qui les empêchent d'innover pour répondre à des besoins initialement identifiés). De même, le renforcement des domaines de la Science et des Technologies permettra de stimuler la curiosité des chercheures et d'ouvrir de nouvelles perspectives de recherche basées sur la satisfaction et la résorption des problèmes et des besoins socioéconomiques de la population sénégalaise.

Dans cette optique, le processus de coévolution doit aussi être basé sur l'existence d'une main-d'œuvre qualifiée et spécialisée pour être en mesure de relever les défis de R&D des organisations innovantes. C'est pourquoi il favorise la sélection et la rétention, et entraîne des variations qui augmentent la variété d'offres de ressources humaines et impliquent les entreprises dans le financement de cette main d'œuvre. Le processus de sélection s'apparente aussi à un moyen d'insertion des chercheurs dans des réseaux (nationaux et internationaux) afin de leur ouvrir l'accès à des fonds supplémentaires destinés au financement de la recherche.

Par ailleurs, par l'action publique, le financement destiné à la promotion des activités d'innovation et de R&D dans les entreprises vise en premier lieu à développer et à consolider des compétences qui requerront, au fur et à mesure que leur dynamisme continue de croître, l'apport de moyens financiers supplémentaires. Cela conduira les entreprises à contribuer elles-mêmes à l'effort d'investissement, car les activités de R&D et d'innovation leur deviennent alors endogènes. De ce fait, le niveau d'effort d'investissement public nécessaire décroit progressivement (*cf.* figure 4.3).

Aujourd'hui, il y a certes une tendance à l'augmentation des dépenses de R&D au Sénégal, avec un ratio passant de 0,45 % en 2008 à 0,73 % en 2013 (Banque Mondiale, 2013), mais il s'agit aussi et surtout de s'adapter aux nouvelles donnes de l'économie mondiale en réorientant les dépenses de R&D et le financement de la recherche vers d'autres secteurs stratégiques autres que ceux de l'agriculture et des denrées alimentaires. Si ce ratio est désormais « *proche de la moyenne de 0,8 % observée dans les pays émergents* » et traduit une volonté politique manifeste et bien perceptible (Casadella, 2017), nous estimons que l'action publique devrait aussi être destinée à organiser la promotion de l'innovation localisée dans des clusters à travers l'actionnement de cinq points-cibles à stimuler continuellement. Comme l'expose la figure suivante, l'action gouvernementale doit porter sur :

1— le ciblage de secteurs stratégiques et la considération de technologies prioritaires ;

2— la promotion de nouveaux champs de connaissances répondant aux exigences de l'économie contemporaine et permettant aussi la satisfaction des besoins de la population sénégalaise ;

3— le renforcement des capacités d'apprentissage des acteurs par le développement de leurs compétences scientifiques et technologiques ;

4— la promotion de l'entrepreneuriat universitaire, le soutien à la création et au développement d'entreprises innovantes ;

5— la création de réseaux d'innovation localisés pour favoriser les relations de collaboration interorganisationnelles entre acteurs économiques industriels (grandes entreprises, PME, centres de recherche appliquée) et ceux du monde de la recherche académique (entreprises, organismes de formation, laboratoires de recherche publique).

FIGURE 4.3 – ORIENTATION CIBLEE DE L'ACTION PUBLIQUE PAR LE FINANCEMENT

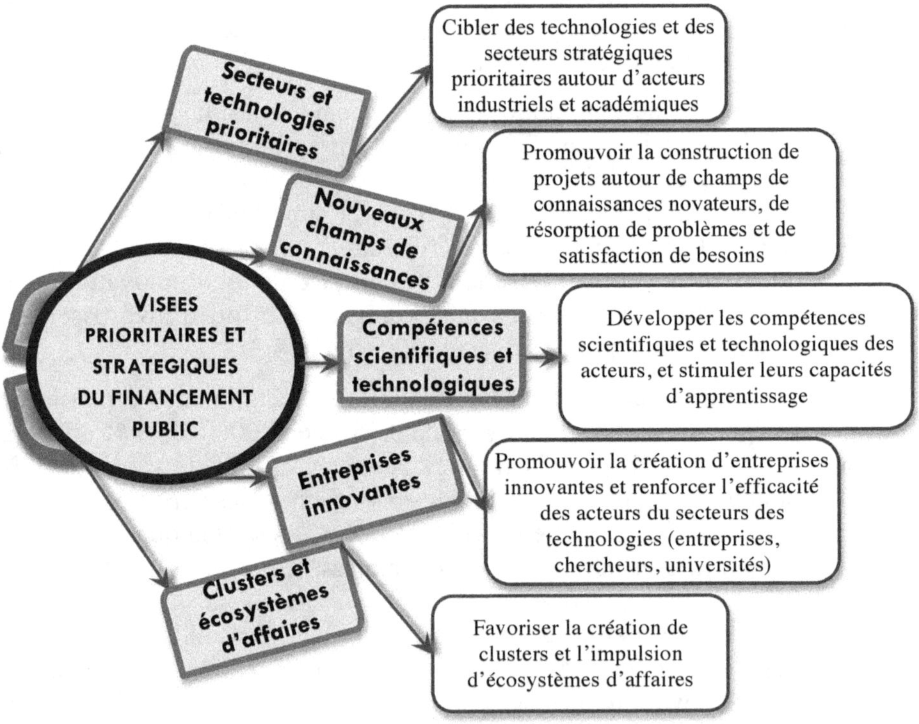

[Source : Auteur (Cheikh A. L. Thiaw)]

De manière synthétique, par ce financement ciblé, la stratégie de l'action politique vise à provoquer l'amorce du processus de coévolution entre la Science, les Technologies et l'Innovation, et par la suite, contribue à stimuler son dynamisme. L'innovation localisée fait référence à cette coévolution territorialisée de la ST–I et le financement public met l'accent sur la promotion de l'innovation à travers une mise en commun des acteurs scientifiques et technologiques (entreprises et chercheurs) pour favoriser leur évolution conjointe, tout en ayant des objectifs de valorisation bidirectionnels. Ce processus dynamique et promoteur du triptyque ST–I est fondé sur l'atteinte des objectifs stratégiques décrits dans cette figure 4.3.

En dernière analyse, en tant que résultantes du SNI et bases territorialisées des innovations localisées, les clusters promus dans le point-cible 5 servent de support d'opérationnalisation et d'outils de structuration des acteurs. À travers le système de coévolution engendré en leurs seins, ils représentent les bases d'impulsion et de développement du concept. Si différentes formes de réseaux de type clusters existent, comme évoquées largement dans le chapitre 1 relatif aux « paradigmes et modèles théoriques de l'innovation localisée », certaines de leurs particularités communes nous permettent de les rassembler autour d'un concept unificateur. En effet, quels que soient le niveau d'analyse et l'indicateur retenu pour définir et conceptualiser le phénomène de cluster[54], la proximité géographique apparaît comme l'élément commun partagé. La proximité géographique est primordiale pour faciliter la transmission de connaissances entre les parties prenantes (industrielles et académiques) rassemblées pour générer des innovations en commun. Cependant, elle n'est pas l'unique facteur garantissant la réussite du réseau. Certes, elle concourt à favoriser efficacement la circulation des idées innovantes entre les acteurs, et permet aux entreprises de compléter et d'élargir leurs bases de technologies (pour mieux parfaire leur capacité d'innovation), mais d'autres paramètres viennent, par la suite, compléter le concept, et garantissent davantage l'espérance d'une réussite des relations de collaboration. C'est le cas, à titre d'illustration, des modes de gouvernance des réseaux, des procédés de transmission des connaissances, du dynamisme des acteurs, etc.

Parlant du cas spécifique à l'économie du Sénégal, il apparaît qu'elle est aujourd'hui exposée à une faiblesse chronique interne et un déficit de compétitivité à l'échelle internationale (*cf.* chapitre 3). Outre les obstacles d'ordre macroéconomiques, la structuration de ses acteurs et l'absence d'implication des entreprises dans les activités de R&D préfigurent une dynamique d'innovation médiocre malgré l'abondance de potentialités à explorer. Globalement, c'est la levée de ces écueils qui permettra d'avoir les prédispositions propices à l'émergence économique du pays et à sa compétitivité à l'international.

---

[54] Etudes au niveau des pays [Jaffe et Trajtenberg (1999)], Sjöholm (1996), selon un délimitation régionnale [Maurseth et Vespagen (2002)] ou départementale [Autant-Bernard (2001)].

Dans cette situation, l'action des pouvoirs publics doit en premier lieu viser à remédier aux défaillances systémiques qui font le lot de l'environnement économique du pays, en créant les conditions favorables à l'innovation localisée, c'est-à-dire par la conception autour des processus d'innovation, de la coévolution entre les acteurs de la recherche et de l'innovation.

4.2. Écueils à la création d'une coévolution efficace entre « *Science, Technologies et Innovation* »

L'environnement d'émergence socioéconomique sénégalais demeure aujourd'hui désorganisé, et surtout immature pour épouser dans l'immédiat et de manière efficiente, les contours d'un SNI équivalent aux modèles standardisés dans les pays développés. Des préalables incontournables et le respect d'un processus cyclique sont nécessaires. En effet, les pays qui, aujourd'hui, sont des sources d'innovations technologiques reconnues, et dans lesquels naquirent des entreprises qui aujourd'hui encore, conquièrent les marchés internationaux tout en affichant une compétitivité économique presque à toute épreuve, ne sont pas parvenus à ce niveau de performance à l'improviste. En effet, c'est parce que des interventions politiques ont été actionnées pour impulser un contexte national stimulant pour l'innovation et qui favorise le développement et le maintien d'activités d'innovation dans les entreprises domestiques. Dans ces pays, il ne s'agit pas, comme c'est le cas aujourd'hui pour le Sénégal, de tout créer, de tout découvrir, de tout explorer ou de tout inventer à partir d'un presque néant. Les entreprises de ces pays ont à leur disposition un espace économique décloisonné et ouvert, balisé par une économie nationale disposant d'une identité forte et les « ingrédients nécessaires à la réalisation de combinaisons de ressources productives » leur permettant d'innover (Uzunidis, 2004).

L'impulsion de l'innovation localisée par la création de clusters dans lesquels coévolueront les acteurs de la ST–I est confrontée à des écueils qui peuvent nuire à l'efficacité et l'efficience du concept. Ces obstacles sont liés à l'étendue de l'avancée des 4 éléments qui influencent la politique d'innovation d'un pays (Fagerberg, 2015) : ses conditions macroéconomiques, sa politique d'apprentissage, sa politique scientifique et technologique et les interactions systémiques entre les acteurs (Casadella et Tahi, 2017). Dans cette section, nous analysons les impasses socioéconomiques et les écueils liés aux capacités d'innovation du Sénégal (4.2.1), puis abordons la question liée aux interactions systémiques entre les acteurs (4.2.2).

4.2.1. Les impasses socioéconomiques et les capacités d'innovation du Sénégal

Le chapitre 3 précédent a permis de mettre à nu les principales difficultés du Sénégal et ses problèmes de compétitivité à l'international, notamment du point de vue macroéconomique. Ces écueils se traduisent, en contrecoup, par une faiblesse financière des acteurs économiques, ce qui limite leurs champs d'action et les possibilités de développement à leur portée. D'une manière générale, la première observation se présentant à nous relativement aux conditions macroéconomiques qui prévalent au Sénégal concerne l'absence de dynamisme de son économie. De manière synthétique, notre analyse permet de conclure que le Sénégal se heurte aujourd'hui à quatre principaux écueils : des taux de croissance mous (environ 3 %), des activités de R&D à très faibles niveaux (notamment dans le domaine des industries de hautes technologies), une faiblesse de sa compétitivité à l'échelle internationale et de fortes inégalités ainsi qu'une pauvreté très élevée (plus de 46 % de la population sénégalaise).

Ainsi, les performances économiques du pays sont limitées en termes d'activités de R&D, et la compétitivité à l'international est relativement ténue. Factuellement, ces difficultés se traduisent par des déséquilibres budgétaires, une raréfaction des sources de financement, un déficit de la balance des paiements, une aggravation de l'endettement, une dégradation accentuée de la balance commerciale et une explosion des importations de produits de première nécessité comme les énergies et les produits alimentaires (Thiaw, 2017). Globalement, c'est la réduction, voire la suppression de ces problèmes socioéconomiques qui contribue à façonner efficacement un SNI. Si avec la mise en œuvre du Plan Sénégal Émergent (PSE), le gouvernement sénégalais s'est engagé à contourner ces difficultés endogènes à l'économie du pays, il apparaît que l'innovation, considérée pourtant depuis plusieurs décennies par les spécialistes comme le moteur central d'accumulation de richesses des économies modernes, ainsi que son déterminant principal (c'est-à-dire la R&D), y sont très peu représentés.

En effet, à travers ses 27 projets phares[55], le PSE, nouveau modèle de développement basé sur une stratégie d'émergence pluriannuelle (2015-2035), ambitionne de s'attaquer aux problèmes décrits précédemment pour tenter de contrebalancer le déficit de sa balance commerciale, la mollesse de sa productivité, sa forte demande en produits alimentaires, le déficit d'infrastructures criant, la faible absorption de la main-d'œuvre disponible, l'aggravation des inégalités, le manque d'attrait du cadre réglementaire et institutionnel du pays, etc. Pour ce faire, il met l'accent « *sur une plus forte impulsion dans la création de richesse et d'emplois, le renforcement de la gouvernance, le développement des secteurs stratégiques ayant des impacts significatifs sur l'amélioration du bien-être des populations, la protection des groupes vulnérables et la garantie de l'accès aux services sociaux de base* » (PSE, 2014, p.2).

---

[55] Voir chapitre 3, Figure 3.4 – Les trois axes d'orientation stratégiques du PSE

Nonobstant, le pays demeure à un niveau de retard criant dans le domaine de l'innovation et de la R&D. Il n'a pas développé de SNI et fait face à des contraintes innombrables en matière d'organisation, d'équipements, de consistance de son parc scientifique et technologique, de présence d'activités de R&D dans les entreprises et de contribution des chercheurs académiques dans le domaine des transferts de technologies. De même, son économie demeure aujourd'hui très peu compétitive.

D'ailleurs, d'après le rapport du Forum Économique Mondial (FEM ou WEF[56]) sur la compétitivité des pays (2016-2017), le Sénégal se situe au 14e rang au niveau africain, et à la 112e place sur le plan mondial. Auparavant, la RNCS 2011[57] insistait déjà sur le fait que le Sénégal est une économie où les exigences de base sont encore prépondérantes et où la perception des dirigeants d'entreprises sur la compétitivité s'était considérablement détériorée du fait d'une contre-performance au niveau de trois piliers : les infrastructures, l'efficience du marché des biens et la sophistication des entreprises. Cette dernière assertion nous amène à évoquer les capacités d'innovation du pays qui, pour être performantes, doivent d'après Narula (2004), se baser sur le renforcement de 4 catégories de composantes : les infrastructures basiques, les infrastructures avancées, les firmes et les institutions formelles et informelles (*cf.* tableau 4.1).

---

[56] Le rapport du Forum Économique Mondial (FEM) ou *Wolrd Economic Forum* (WEF) donne un classement mondial des pays les plus compétitifs en se basant sur une centaine d'indicateurs économiques comme la qualité des infrastructures, l'environnement macroéconomique, la taille des marchés, le développement technologique et l'innovation.

[57] RNCS : Rapport National Sur la Compétitivité du Sénégal

TABLEAU 4.1 – COMPOSANTES DES CAPACITES NATIONALES D'INNOVATION

CATEGORIES	COMPOSANTES
Infrastructures basiques	- Infrastructures routières (routes, voies ferrées, etc.) ; - Moyens de communication (Téléphone, Internet, etc.) ; - Électricité ; - Formation basique du capital humain (éducation primaire et secondaire) ; - Hôpitaux et centres de santé.
Infrastructures avancées	- Universités et formation de capital humain (Enseignement supérieur) ; - Organismes de recherche et centres de recherche appliquée ; - Banques, Établissements d'assurance.
Firmes	- Firmes domestiques dotées d'un capital humain et physique approprié afin d'internaliser les flux technologiques ; - Filiales de firmes multinationales (comme les utilisateurs et créateurs de flux technologiques).
Institutions formelles et informelles	- Régime de propriété intellectuelle ; - Incitants promouvant l'adoption et la création de nouvelles technologies ; - Régime de taxation et politique de concurrence ; - Promotion des investissements, de projets ciblés et de l'entrepreneuriat ; - Organisation de partenariats entre acteurs économiques locaux et à l'international.

[Sources : Auteur (Cheikh A. L. Thiaw), Adapté de Narula (2004)]

Au Sénégal, les problèmes liés aux infrastructures de base sont encore persistants. La plupart des routes sont en état de dégradation périlleux, même si des améliorations sont en cours, avec notamment la construction d'autoroutes, l'extension de la VDN[58] et le projet de création d'une ligne de trains express régionaux (TER) pour connecter la capitale dakaroise, le futur parc technologique de Diamniadio et le nouvel aéroport Blaise Diagne situé à Diass, à 47 kilomètres au sud-est de Dakar. De même, si la couverture téléphonique est correcte sur la sphère nationale, les coupures d'électricité incessantes continuent de perturber le confort des populations et de gangrener le développement industriel et les organes de production des entreprises. Quant aux hôpitaux et établissements de formation basique du capital humain (éducation primaire et secondaire), ils n'offrent pas encore de garanties d'offre de services d'une qualité irréprochable. Très souvent, les populations dénoncent de mauvais cas de prise en charge dans les hôpitaux, ainsi que des manquements perpétuels dans la gestion administrative. Aujourd'hui en 2017, les scandales se multiplient encore dans le milieu sanitaire sénégalais. Le même constat est de mise concernant les organismes d'enseignement primaire et secondaire, avec des grèves perpétuelles, des établissements en état de délabrement avancé, une cherté de l'accès à l'école pour une certaine couche de la population, une qualité de l'enseignement qui se dégrade de plus en plus

[58] VDN : Voie de dégagement Nord

et, plus récemment, des problèmes de fraudes organisées pendant les épreuves du baccalauréat 2017.

Afin d'apporter une amélioration des conditions d'accueil et de la qualité de l'enseignement dans ses établissements, et d'inverser les tendances liées à la pauvreté, le Sénégal a mis en place en 2013 un Programme d'Amélioration de la Qualité, de l'Équité et de la Transparence (PAQUET). Toutefois, malgré cette volonté affichée par l'action des pouvoirs publics, beaucoup de problèmes structurels persistent et classent le Sénégal au rang de 12e pays le moins alphabétisé[59], avec un taux d'alphabétisation de 57,67 % en 2015. De même, le Sénégal est classé 162e sur 188 pays selon l'indice de développement humain[60], et parmi les pays au développement humain le plus faible au monde (au nombre de 40), le pays est classé 15e par le dernier rapport sur le développement durable en Afrique (PNUD, 2017).

Pour ce qui est des infrastructures avancées, si les universités sénégalaises sont aujourd'hui instables et souffrent de maux disparates et importants (grèves, années académiques tronquées, difficultés d'absorption de l'ensemble des bacheliers et des candidats en master et en thèse, etc.), elles bénéficient depuis quelques années d'initiatives politiques visant à améliorer les conditions d'enseignement et l'accueil des étudiants. C'est notamment le cas des mesures entreprises à travers la réforme de l'Enseignement supérieur (2013) et des projets visant l'accroissement du parc universitaire sénégalais. En effet, dans le cadre du PSE, il est prévu d'assurer la réhabilitation et un agrandissement des universités déjà en place, et la création de nouvelles structures pour renforcer les capacités d'accueil actuelles : Université Amadou Mahtar Mbow de Diamniadio (UAM), Université du Sine Saloum El Hadji Ibrahima NIASS (USSEIN), Universités Virtuelles du Sénégal (UVS), etc. De manière complémentaire et dans un avenir plus ou moins proche, les universités classiques se verront épaulées dans leurs missions d'enseignement et de recherche par des structures aux élans novateurs : déploiement d'un réseau d'Instituts Supérieur d'Enseignement Professionnel (ISEP) ; création d'Espaces Numériques Ouverts (ENO) au profit de l'UVS ; et mise en place de Centres de Recherche et d'Essai (CRE) pour valoriser et vulgariser la recherche auprès de la population. L'objectif de ces démarches projectives est de construire un écosystème ST–I opérant et préposé à engendrer des résultats efficients. Leur finalisation permettra d'élargir la carte universitaire du Sénégal, d'améliorer la qualité de l'Enseignement supérieur ainsi que des conditions de vie des étudiants et d'impulser un nouvel élan pour la

[59] 170e pays avec un taux d'alphabétisation le moins faible sur 182

[60] PNUD (2016), Rapport du PNUD sur le développement humain 2016, Le développement humain pour tous

recherche et l'innovation. En effet, l'amélioration de la qualité de l'enseignement supérieur et la recherche est un processus auquel les différentes communautés contribuent.

Cependant, on dénote au demeurant, un sureffectif des universités qui cause auprès des enseignants-chercheurs, un effort de travail plus porté sur les activités d'enseignement au détriment des activités de recherche scientifique. De même, ce manque de places disponibles dans les universités publiques contraint le gouvernement sénégalais à orienter chaque année des milliers de bacheliers non orientés dans des écoles privées, ce qui coûte aux dépenses publiques des milliards de francs.

Outre ces constats relatifs aux systèmes d'enseignement et de recherche, d'autres spécifiques au tissu économique viennent corroborer les difficultés d'innovation du pays. Le tissu économique sénégalais est principalement composé de structures de poids et d'envergures petits (TPE, PMI et PME), et les entreprises de très grandes tailles en place sont plutôt des organisations publiques et quelques filiales d'entreprises multinationales étrangères. De même, le fort caractère informel qui est le lot de l'économie sénégalaise ne permet pas de voir de manière aboutie le poids réel des PME dans l'économie. Ce secteur informel est caractérisé par une forte précarité des conditions de travail alors qu'il contribue à près de 55 % du PIB du pays (Thiaw, 2017).

Ces écueils entravent relativement les capacités d'innovation, avec la persistance d'un manque de jonction manifeste entre les acteurs de la ST–I, c'est-à-dire ceux du monde de la recherche (fondamentale et appliquée), ceux de l'innovation (représentants du système productif, des fournisseurs et clients, etc.) et les financeurs. Les difficultés des acteurs à s'interconnecter leur privent « *d'effets de rétroaction sur les processus d'apprentissage* » (Casadella, 2017), car ils ne peuvent pas obtenir les bénéfices issus des complémentarités, des synergies et des externalités procurées par les interconnexions qui pourraient leur permettre de compléter leur base de connaissance. Cette absence d'intégration entre acteurs de la recherche et ceux du monde économique se reflète sur les relations entre le système d'innovation et le système productif en tant que sources d'asymétries d'information. Finalement, les capacités d'innovation sont aussi entravées par ces difficultés d'interconnexion et les faibles flux d'information entre les acteurs socioéconomiques (Muchie et al., 2003).

FIGURE 4.4 – PROBLEMES ENTRAVANT LES CAPACITES D'INNOVATION AU SENEGAL

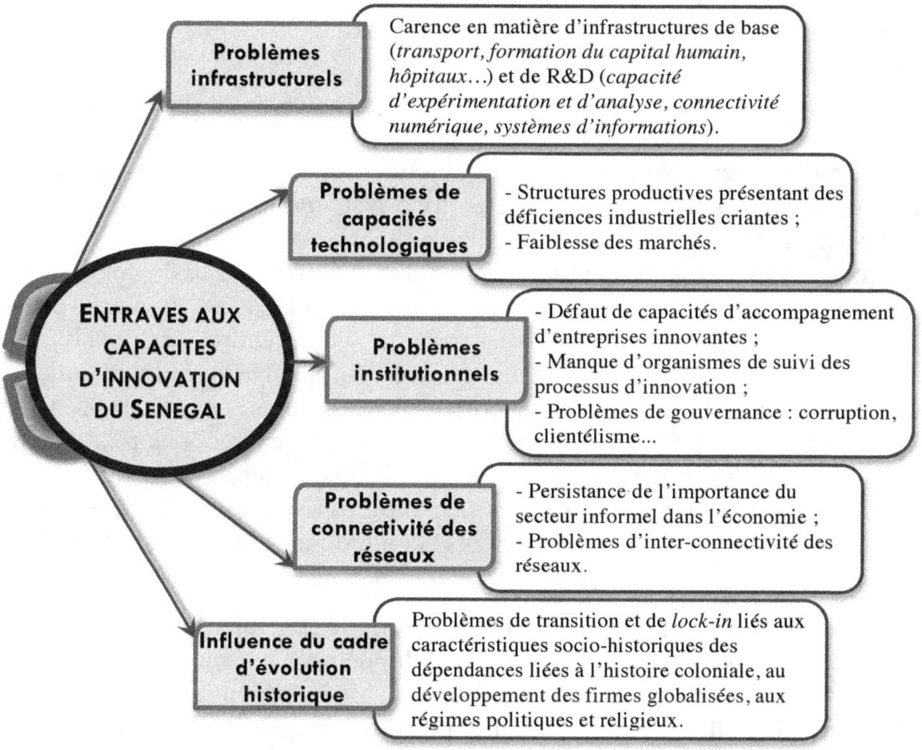

[Source : Auteur (Cheikh A. L. Thiaw), Adapté de Chaminade et *al.*,(2012)]

D'après les tendances observées dans des SNI qui réussissent (ceux des pays avancés et émergents notamment), le succès de l'innovation localisée est intimement lié à la dynamique d'évolution des acteurs du triptyque ST–I. Alors qu'au Sénégal, cette évolution est très lente et les acteurs domestiques (individuels et organisationnels) font face à de sérieuses difficultés pour construire des mécanismes de collaboration interorganisationnelle. Ils n'ont pas encore atteint les tailles critiques nécessaires et une diversité significative favorable. De même, les processus de variation, sélection et rétention (VSR) ne sont pas encore développés au Sénégal.

Cet état de fait généralisé nous amène à insister sur l'urgence de bâtir un SNI et de mettre en œuvre les mécanismes de gouvernance appropriés. L'objectif est de parfaire les dispositifs du PSE, mais aussi de construire des mécanismes de valorisation des résultats de la recherche. Il s'agit aussi de promouvoir une recherche fondamentale et appliquée capable de stimuler les secteurs vitaux de l'économie nationale : l'agriculture, l'industrie, les énergies, la santé, les TIC, l'économie numérique, la pêche, l'élevage, l'environnement, le commerce, les services, etc.

4.2.2. La structuration des acteurs en question : ST–I et processus VSR

Afin d'étudier la structuration des acteurs économiques du Sénégal et les tenants et aboutissants de leurs interactions systémiques, nous avons décliné notre travail conceptuel sous l'angle de la théorie de la variation, sélection et rétention (VSR) en tant que facteur propulseur d'un système de coévolution efficace entre la science, les technologies et l'innovation. Il s'agit d'une approche institutionnelle qui permet de comprendre les conditions d'opérationnalisation du processus de coévolution. Dans cette optique, il convient d'abord, de saisir la portée des mesures et des procédures institutionnelles en faveur du processus, celles qui génèrent des relations de collaboration prolifiques, et celles qui à l'inverse, nuisent à la qualité des coopérations interorganisationnelles. En outre, il s'agit aussi de comprendre les périmètres d'intervention des acteurs économiques des trois variables (ST–I) dans le processus de coévolution.

Au Sénégal, les relations de collaboration entre les organisations sont rares, et comme dans les économies en développement, dénuées de pratiques formelles. C'est pourquoi la mise à niveau de l'économie du pays par la création d'un SNI implique de susciter une mise en système de ses différentes catégories d'acteurs socioéconomiques, afin de promouvoir des collaborations interorganisationnelles verticales (liant les acteurs académiques à ceux du monde des entreprises). Il s'agit dans le but d'encourager l'innovation, de construire des mécanismes de partenariat pour faciliter l'apprentissage et l'échange de connaissances tacites et codifiées, entre des parties prenantes complémentaires des ST–I[61]. Ainsi, par la jonction du secteur entrepreneurial et celui des processus d'apprentissage et de recherche, l'objectif est de valoriser les ressources proposées par la recherche du pays en matière de connaissances et de technologies nouvelles, de résultats scientifiques et de capacités de formation.

Pour le Sénégal, les dysfonctionnements à corriger ont relativement trait à la faiblesse technologique de ses structures (enseignement technologique, ressources pédagogiques et techniques), à l'absence de liants entre l'orientation des programmes de recherche, l'offre de formation et les problématiques inhérentes aux acteurs entrepreneuriaux (besoins

[61] Entreprises et autres organismes de services, Universités et laboratoires de recherche, Centres de recherche appliquée, etc.

technologiques, demandes de compétences). C'est dans ce contexte que des actions dirigées sur les conditions du processus de VSR permettent d'avoir des impacts positifs sur la structuration des acteurs du SNI. Les conditions du processus de VSR sont influencées par des règles et des normes émanant d'une part, de procédures institutionnelles formelles et, d'autre part, de procédures institutionnelles plutôt informelles. Les secondes nommées sont issues des us et coutumes, des habitudes, des routines et des codes de conduites adoptés par les acteurs ; alors que les premières proviennent des lois, de la constitution ainsi que des principes de régulation officiels émis par les autorités compétentes. En d'autres termes, il s'agit d'un ensemble de normes intériorisées par les acteurs au fil de leur évolution, et orientées par les délimitations qui y sont associées. Elles orientent et commandent les agissements des acteurs individuels et organisationnels dans leurs relations mutuelles.

La variation est la manifestation d'une hétérogénéité dans le processus d'évolution des organisations (Campbell, 1969). Elle est caractérisée par une incertitude, une absence d'objectifs spécifiques (« *blind* ») et une variabilité de sa survenance (Durand, 2002). Le processus de variation est régulé et conditionné au regard de la diversité des rationalités et du comportement des acteurs. Pour les acteurs de la recherche académique (université, laboratoires de recherche), il y a par exemple des règles et normes qui imposent la publication des résultats issus de la recherche comme l'une des principales mesures de l'évolution de carrières et de l'acquisition d'une reconnaissance scientifique et professionnelle dans leur milieu. De cette norme de régulation, dérivent des règles spécifiques qui influencent la génération d'autres comportements ayant trait à la prise de risque, au surpassement de soi et à la recherche perpétuelle de nouvelles voies d'exploration des connaissances.

Pour ce qui est des phases subséquentes (la Sélection et la Rétention), elles font référence aux choix et à la cooptation d'une certaine catégorie d'acteurs individuels et organisationnels présentant davantage d'adéquation compte tenu de normes et de règles précédemment constituées. Il s'agit de filtrer les acteurs afin de promouvoir la multiplication d'une catégorie, au détriment d'autres catégories. Dans le domaine de la recherche, il est question, par exemple, de procéder à des choix sélectifs par le financement de projets de recherche sous conditions et l'octroi de bourses (doctorales, postdoctorales, etc.). Pour les acteurs industriels, il peut s'agir par exemple d'user de mécanismes d'exonérations fiscales et de subventions incitatives pour susciter une compétition sélective à travers le financement de projets de R&D.

De manière historique, les procédures institutionnelles permettant d'instaurer des mécanismes de collaborations interorganisationnelles et bidirectionnelles féconds proviennent de deux origines : les organismes associatifs (de professionnels) et les institutions étatiques. Dans les deux cas, c'est une entente basée sur des accords entre des acteurs hétérogènes qui souhaitent travailler conjointement afin d'obtenir des résultats profitables à l'ensemble. Dans le premier cas, il s'agit d'une organisation délibérée, par exemple entre des producteurs, des consommateurs ou utilisateurs, des acteurs de la recherche (groupes de chercheurs, laboratoires de recherche), et des acteurs industriels (ingénieurs, techniciens de grandes entreprises et de PME). Dans le second cas, il s'agit d'une organisation suscitée et coordonnée par les pouvoirs publics pour amener les acteurs de la recherche fondamentale à travailler avec ceux de la recherche appliquée sur la base de projets collaboratifs « fléchés » sur des thématiques prioritaires présélectionnées. Dans les deux cas, l'organisme institutionnel (associatif ou étatique) joue le rôle d'intermédiaire entre les acteurs, et de coordination de leurs actions interrelationnelles.

Par ailleurs, cette configuration nous conduit à considérer que ces deux cas de figure s'apparentent à deux formes de structuration distinctes des réseaux d'innovation, ou clusters que nous avons évoqués *supra* (*cf.* chapitre 2) : le cluster de la *Silicon Valley* aux États-Unis et le modèle des pôles de compétitivité (PdC) français (Thiaw, 2013). En effet, dans le cas des clusters américains il y a une orientation *bottom-up, c'est-à-dire* une approche avec un rôle très persistant des acteurs industriels et académiques, aussi bien dans son éclosion que dans sa mise en œuvre. Alors que les PdC français sont plutôt fondés sur une approche « *top down* », avec un rôle plus qu'essentiel de l'État français aussi bien dans leur mise en place que dans l'élaboration des mécanismes de fonctionnement et d'opérationnalisation.

De cette sorte, la coévolution entre ST–I est permise par le travail en réseau sur des projets communs organisés, amenant chaque acteur à jouer un rôle précis et à occuper un périmètre d'intervention bien défini. Sa réussite est basée sur des procédés bidirectionnels dans lesquels le fruit des partenariats est partagé conjointement entre les membres.

Par conséquent, métamorphoser une économie du Sénégal dénuée de cette coévolution pour y déployer des processus de coévolution nécessite des changements institutionnels (Dutrénit et *al.*, 2008). L'objectif étant de favoriser l'émergence et la consolidation d'organismes qui favorisent le processus VSR, de créer des relations de collaboration interorganisationnelles et d'y insuffler des mécanismes bidirectionnels.

4.3. Les substrats de l'innovation localisée et du modèle de coévolution

Au vu des développements formulés dans les paragraphes précédents, la mise en place au Sénégal d'un véritable SNI par la création d'un modèle d'innovation localisée basée d'une part, sur l'impulsion d'une coévolution entre la science et les technologies et, d'autre part, sur la promotion de l'innovation, requiert pour être efficace, d'opérer à des changements d'ordres systémiques et structurels. L'objectif est de susciter la structuration des acteurs économiques autour de réseaux de type clusters, et au travers d'actions portant prioritairement sur les processus VSR (4.3.1.). Outre le besoin de renforcement des capacités d'innovation du pays, la mise en place de procédés d'apprentissage et « d'accaparement » de ces capacités par les acteurs de l'économie est nécessaire dans une optique d'obtention d'un développement économique pérenne.

De cette sorte, la création du modèle d'innovation localisée est induite de la dynamique du triptyque Science, Technologies et Innovation (4.3.2). L'obtention d'une coévolution dynamique de la ST–I permettra au Sénégal de se doter de moyens d'impulsion d'une émergence économique fondée sur la satisfaction des besoins socioéconomiques de la population et l'asseoiement d'une compétitivité pérenne à l'échelle internationale. Comme indiqué dans la section précédente, l'innovation localisée est un processus cumulatif qui vise d'abord à renforcer la dynamique des acteurs de la ST–I, en leur permettant de se mettre au niveau pour satisfaire aux conditions requises par le processus de coévolution. Cet objectif initial vise à renforcer les bases de la science et des technologies, tout en orientant les politiques de développement vers la promotion de l'innovation, en désignant autour de la haute technologie, les zones-cibles ainsi que les secteurs prioritaires et les industries stratégiques (combinaison d'innovations), et ceci en rapport avec les besoins socioéconomiques du pays.

Ce modèle permettrait de répondre au besoin « forcé » de constituer dans le pays un système d'innovation concret. En effet, malgré les volontés affichées par les politiques et la promotion de l'innovation par des slogans et autres déclarations politiques « tapageuses », rien de tangible n'apparaît dans ce domaine au vu des résultats issus des politiques de développement antérieures. De telles démarches aux effets stériles ne peuvent être légitimées en faveur d'une promotion de l'innovation ou de la constitution d'un SNI. Ainsi, ni le projet de technopôle de Cambérène à Dakar (années 90) ni celui relatif à la création des grappes de croissances prévue dans le cadre de SCA[62] (années 2000) n'ont été concrétisés. Ce n'est qu'à partir des années 2010, avec la revalorisation des salaires des enseignants chercheurs et l'opérationnalisation des dispositifs prévus par le Plan Sénégal Émergent (PSE) qu'une vraie détermination est affichée dans le sens d'une réelle promotion de l'innovation au Sénégal. Il y a aussi en cette faveur, la création du futur parc des Technologies Numériques de Diamniadio (PTN), le soutien aux projets d'innovation ainsi que la promotion de l'invention et de l'innovation technologique (GPPRIIT)[63]. Toutefois, ces démarches sont éparpillées et présentent des écueils manifestes et les résultats sont à pondérer compte tenu des faibles statistiques de la R&D au Sénégal. D'une part, ces actions politiques ne rentrent pas dans le cadre d'une articulation autour d'écosystèmes (réseaux) pour créer des jonctions entre les organisations socioéconomiques (les acteurs de la ST–I). D'autre part, elles portent leurs choix sur la sélection de projets uniquement portés dans le domaine de l'innovation technologique (Casadella, 2017). Notre modèle d'innovation localisée permet de répondre à ces exigences par la structuration des efforts actuels de l'état. À ce titre, il représente une contribution au débat économique au Sénégal et un complément aux dispositifs du PSE en mettant l'accent sur la promotion de l'innovation et la structuration des acteurs des Sciences, des Technologies et de l'Innovation.

4.3.1. Les changements à opérer en faveur de la coévolution et des clusters

Pour consolider les capacités d'innovation du Sénégal, des démarches inclusives ont été opérées ces dernières années. Elles se sont concrétisées par le lancement de divers plans cités *supra* et qui démontrent une certaine volonté des pouvoirs publics d'impulser la croissance économique du pays. Cependant, la faiblesse de l'économie sénégalaise et de la qualité de ses institutions consécutives à son retard de développement préfigure un environnement d'émergence national dénué de solides capacités scientifiques, technologiques et d'innovation. De même, les politiques de développement qui ont jalonné l'évolution du pays n'ont su ni contrecarrer les difficultés économiques endémiques ni contrebalancer les effets néfastes induits par les programmes d'ajustement structurel (PAS).

---

[62] SCA : Stratégie de Croissance Accélérée (*cf.* Chapitre 3, Section 3.3.1. Orientations usuelles des politiques publiques : Un système d'innovation inexistant).

[63] GPPRIIT : Grand Prix du Chef de l'Etat pour la Promotion de l'Invention et de l'Innovation Technologique.

Ainsi, malgré les efforts opérés par les différents gouvernements qui se sont succédé à la tête du pays, l'insuffisance de croissance économique et les problèmes de compétitivité se stabilisent toujours. Ces deux difficultés se répercutent négativement dans la sphère socioéconomique par des impacts nuisibles aux capacités d'innovation du pays : pauvreté persistante, multiplication des emplois précaires, augmentation des inégalités sociales et réduction du pouvoir d'achat, faible capitalisation des acteurs, hypertrophie du secteur informel, dégradation des services sociaux, insuffisance des infrastructures, difficultés d'accès aux moyens et services basiques de développement de la vie humaine (transport, eau, électricité, santé, inondations), etc. D'où, la nécessité nécessaire de compléter les dispositifs de l'action publique actuelle par des initiatives d'accompagnement agrémentées d'actions à double visée : la conception de stratégies d'innovation et la consolidation des réformes économiques et sociales majeures entamées.

Globalement, c'est la réduction, voire la suppression de ces problèmes socioéconomiques à l'aide de politiques de développement audacieuses couplées à des stratégies d'innovation qui contribuent à façonner efficacement un SNI. La multiplication de la création d'infrastructures technologiques modernes, comme c'est le cas actuellement avec l'opérationnalisation du PSE, est certes utile et nécessaire pour renforcer les capacités d'innovation du pays, mais elle ne suffit pas, à elle seule, à forcer l'innovation au Sénégal. Il y a un besoin de préparation des acteurs, d'une part, par le renforcement de leurs capacités d'apprentissage et, d'autre part, au travers de réformes visant à favoriser les interactions systémiques entre acteurs scientifiques et industriels (ST–I), c'est-à-dire des relations de collaboration interorganisationnelle entre les entreprises et la recherche académique. Ces démarches peuvent être canalisées autour du développement, auprès des acteurs socioéconomiques, de processus de variation, sélection et rétention (VSR).

Les mécanismes du processus VSR et les relations interorganisationnelles qui permettent de mettre en liaison les acteurs des trois domaines de la ST–I (issus du monde des entreprises et celui de la recherche) proviennent de procédures institutionnelles formelles et informelles. Comme indiqué dans la section 4.2.2, ces procédures découlent des pratiques courantes des acteurs et du cadre de régulation issu des politiques publiques et des réglementations. Ce cadre réglementaire du processus de coévolution tend à déterminer les conditions de succès des 3 domaines ST–I. En effet, c'est l'adoption des normes prescrites dans le cadre des politiques de développement et l'application des règles établies par les acteurs eux-mêmes pour eux-mêmes qui conditionnent le processus de coévolution et mettent sous tension la dynamique des variables ST–I. De ces normes et règles dépendent aussi l'efficacité de la structuration et l'avancée de l'évolution de la coévolution.

C'est pourquoi le rôle principal revient à l'État sénégalais qui se doit de mettre en place des mécanismes de gouvernance de l'innovation et de la coévolution entre la science et les technologies. Les politiques d'innovation visent à créer un vrai SNI pour valoriser autour de la science et des technologies, les systèmes d'apprentissage des acteurs et l'expérimentation technologique. Il s'agit d'opérer à des changements de paradigmes pour favoriser la coévolution par la mise en place de normes réglementaires et la stimulation du changement des pratiques et usages des acteurs par des réformes économiques et sociales. De meilleures conditions d'apprentissage facilitent le développement de l'innovation, et par la sélection et la rétention, la mise en place d'un SNI permettra de contribuer à l'établissement d'une atmosphère propice à la compétition par la R&D. En effet, outre la modernisation des connaissances, l'octroi conditionné de moyens de financement à la recherche ainsi que l'affectation d'avantages fiscaux aux activités de R&D, permettent de faire une rétention des chercheurs et de créer des liens de coopération entre les entreprises, les laboratoires de recherche universitaires et les centres de recherche privés. Ainsi, l'ensemble organisé autour de projets d'innovation collaboratifs (PIC) pourra évoluer conjointement et générer des résultats prolifiques.

D'autre part, la coopération entre les acteurs d'origine et de nature disparates permet non seulement de générer le processus de coévolution, mais aussi de susciter de part et d'autre des trois domaines d'évolution (la ST–I) une amélioration réciproque des pratiques managériales internes usitées par les acteurs. Par exemple, les chercheurs acquièrent de nouvelles compétences ayant notamment trait aux aspects « marché » et « clients » des innovations. Et les ingénieurs et techniciens des entreprises obtiennent une meilleure perspicacité des contours de la recherche fondamentale, et peuvent ainsi surmonter des écueils technologiques et lever des « goulets d'étranglement » liés à l'innovation.

Globalement, la mise en place de l'innovation par l'actionnement d'un système de coévolution entre la ST–I repose également sur la poursuite d'un quintuple objectif stratégique interrelié. Ainsi, par la coévolution entre la Science, les Technologies et l'Innovation, l'action de l'État vise à apporter des réponses corrélées aux exigences stratégiques de ces objectifs que nous synthétisons à l'aide de la figure suivante. De toute évidence, la transition du paysage économique sénégalais vers ce modèle d'innovation localisée par la coévolution ST–I requiert le respect strict d'un certain nombre de préalables. À l'image des économies fondées sur le développement et la promotion de l'innovation par les clusters, la réussite de la transition de l'économie sénégalaise vers un mode « réseaux » composé de clusters, avec une coévolution entre ST–I ne se décrète pas, mais se construit par étapes. Il doit se faire de manière progressive avec l'opérationnalisation de mesures à entreprendre par les pouvoirs publics eux-mêmes. Ces derniers se doivent d'endosser le rôle d'instigateur du dispositif, mais aussi de régulateur de son opérationnalisation et de centralisateur de son fonctionnement.

FIGURE 4.5 – OBJECTIFS STRATEGIQUES ET EXIGENCES DE L'INNOVATION LOCALISEE PAR LA COEVOLUTION ST–I

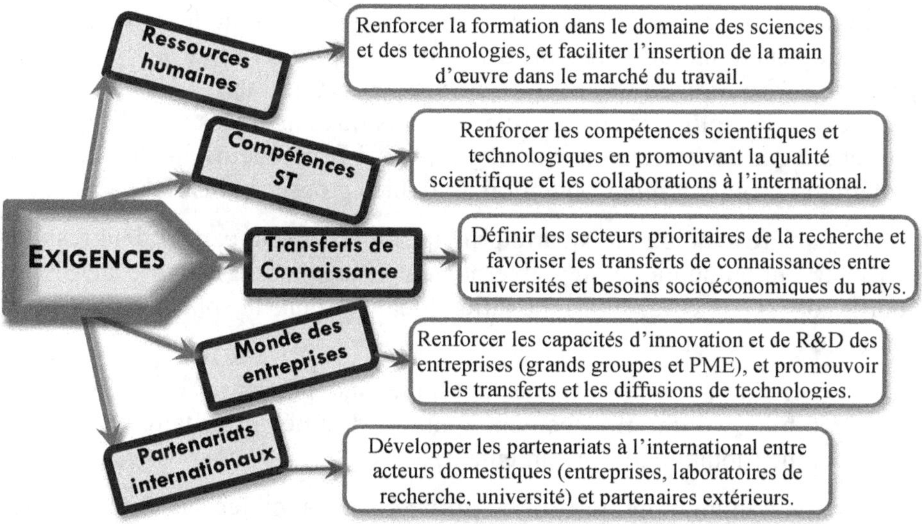

[Source : Auteur (Cheikh A. L. Thiaw)]

Cette figure met en évidence les 5 objectifs présentés sous forme d'exigences stratégiques que l'État sénégalais doit mettre en avant pour créer et stimuler la coévolution entre les acteurs de la ST–I. Ces objectifs s'intéressent principalement à la qualité des ressources humaines, à la modernisation des connaissances et les compétences clés, à la création de dispositifs de transferts (de connaissances, de compétences et de technologies), à l'intensité des capacités d'innovation des entreprises domestiques et au développement de relations de partenariats à l'échelle internationale. La réponse efficace à ces objectifs stratégiques requiert le consentement d'efforts d'investissement pour l'acquisition des ressources indispensables. Ils doivent être balisés autour de mesures politiques qui soutiennent avec efficience le processus de coévolution. Ces mesures étatiques s'orientent autour d'outils et de stratégies organisationnelles, et doivent se fonder sur l'instauration des conditions favorables au déploiement du processus.

L'opération de ces changements permet de renforcer et de favoriser les liens de collaboration entre entreprises et universités, d'assurer une évolution des laboratoires de recherche publics vers une approche qualité et la recherche de l'excellence, de définir les priorités de la recherche en fonction des besoins socioéconomiques du pays et de ses terroirs, et de promouvoir une culture scientifique et technologique. C'est sur cette base-là que se construit et se déploie le modèle d'innovation localisée qui permet de mettre la connaissance scientifique au service de l'innovation technologique dont il est le moteur principal. Pour sa part, l'innovation technologique étant le moteur de la croissance économique, « *le retard technologique d'un pays ne serait ainsi que la manifestation de son retard scientifique* » (Encaoua, 2010). De même, la dépendance de l'extérieur relativement aux connaissances scientifiques de base et par des transferts de technologies, nuit à la compétitivité du Sénégal à l'international et entraîne l'obtention de faibles progrès industriels.

De manière synthétique, quatre principes fondamentaux devraient résulter de l'intervention publique du gouvernement sénégalais en faveur d'un SNI et pour favoriser l'ancrage de l'innovation localisée dans la sphère économique nationale :

– la création d'une agence publique indépendante chargée de la disponibilité d'un financement public destiné prioritairement à la recherche (notamment fondamentale) ;

– la délimitation de territoires stratégiques à cibler en fonction des ressources intrinsèques qui leur sont propres et les savoir-faire clés des acteurs locaux ;

– la spécification de voies de recherche prioritaires, c'est-à-dire le ciblage de projets de recherche à financer prioritairement et sous la condition du respect de certains principes prescrits *en amont* (thématiques et secteurs d'activités stratégiques, composition des acteurs du projet, périmètre d'intervention des parties prenantes, etc.) ;

– la contribution des entreprises à la recherche appliquée par le renforcement des capacités des universités dans la formation de cadres hautement qualifiés, l'incitation faite aux entreprises pour qu'elles investissent dans la R&D à travers la propriété intellectuelle et l'amélioration du cadre de fonctionnement du secteur du financement privé de la R&D (joint-venture, investissement en capital risque, etc.).

Ces principes fondamentaux de l'action publique en faveur de l'innovation localisée sont schématisés dans la figure suivante (Figure 4.6).

FIGURE 4.6 – PRINCIPES FONDAMENTAUX DE L'ACTION PUBLIQUE EN FAVEUR DE L'INNOVATION LOCALISEE

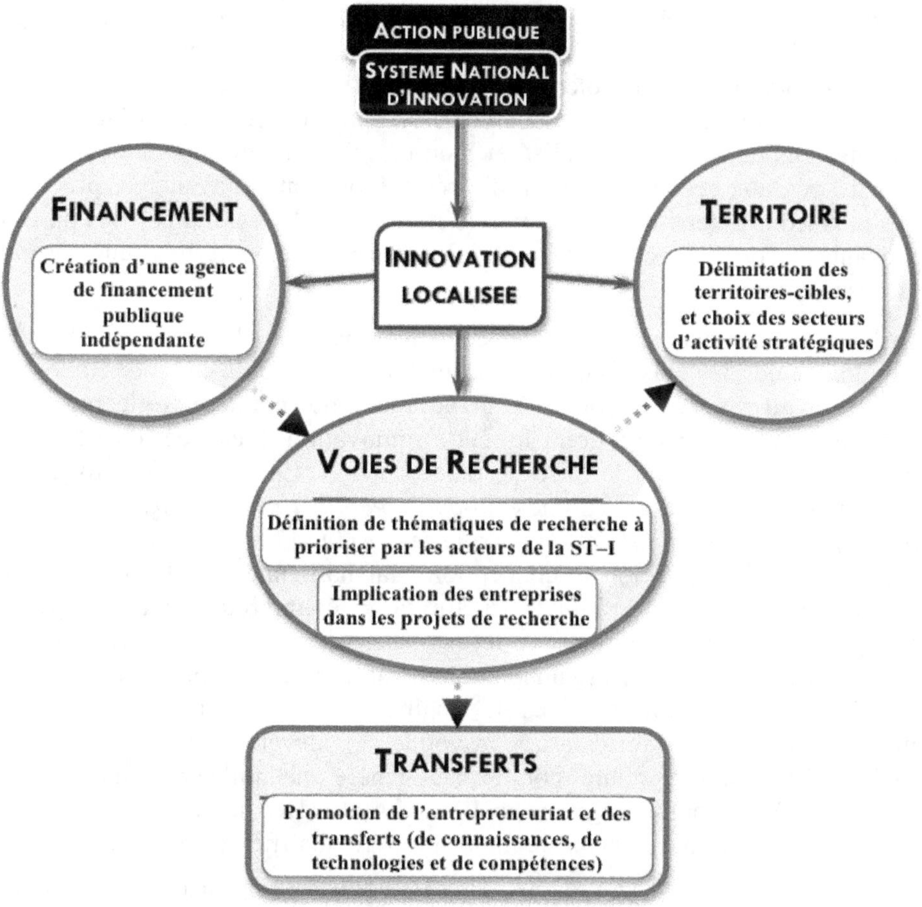

[Source : Auteur (Cheikh A. L. Thiaw)]

4.3.2. Le modèle d'impulsion de l'innovation localisée par les clusters

Le concept d'innovation localisée par la coévolution ST–I permet de lier sur une base territoriale, la recherche fondamentale (recherche académique) à la recherche appliquée. Ces deux domaines diffèrent par leur finalité initiale et au travers du résultat consécutif à leur mise en œuvre. La recherche fondamentale se développe en faisant abstraction de finalités ou de retombées industrielles possibles, alors que la recherche appliquée a d'abord pour optique première de combler des besoins ou d'obtenir des solutions utiles et pratiques à des problèmes concrets. La combinaison des deux domaines à travers la coévolution ST–I [*donc entre des chercheurs académiques (universités) et ingénieurs et techniciens (des entreprises)*] permet de promouvoir une innovation efficace et axée sur la satisfaction de besoins socioéconomiques. Dans ce contexte, l'innovation localisée est plus efficace lorsque la combinaison des ressources s'opérationnalise auprès d'acteurs se situant dans un territoire localisé et bien défini. Il s'agit de l'innovation au sein des réseaux et écosystèmes d'affaires qui, puisant des avantages procurés par la proximité territoriale, permet de rationaliser les ressources des parties prenantes en profitant de leurs synergies et des complémentarités générées par la mise en commun.

Dans ce contexte, l'innovation étant le processus clé de la création de valeur au cœur des clusters et des réseaux territorialisés, le cas spécifique à la situation du Sénégal requiert l'élaboration de manière réfléchie, des mécanismes de construction de cette innovation localisée (c'est-à-dire territorialisée) à travers la mise en place du SNI. En effet, le territoire des entreprises est la résultante d'une « *co-construction d'acteurs, en quête ou non d'une forme de légitimité et de ressources et compétences clés* » (Saives et Desmarteau, 2010). Selon la conception Marshallienne, la « localisation de l'industrie » s'apparente à une structuration géographique comportant un ensemble de traits clairement définis. Elle s'articule dans un espace géographique délimité, s'organise autour d'acteurs aux compétences variées et qui soient spécialisées dans la chaîne de valeur d'un processus de production ou de fabrication, provoque le développement d'activités industrielles et commerciales connexes et génère une atmosphère industrielle favorable à l'apprentissage et à l'innovation. De même, elle favorise l'établissement d'un réservoir de main-d'œuvre qualifiée et mobile.

Combinée aux considérations de Porter (1990, 1998) et les leçons tirées des pôles de compétitivité français[64] qui incitent l'implication des pouvoirs publics dans l'émergence des réseaux d'innovation, cette perspective Marshallienne nous autorise l'émission de quelques éléments de stratification

---

[64] Pour plus d'information :
Sur les clusters de Porter, *cf.* Chapitre 1 : *Paradigmes et modèles théoriques de l'innovation localisée*, section 1.1. *Territorialisation de l'innovation par les réseaux.*
Pour les Pôles de compétitivité français, *cf.* Chapitre 2 : *Approche opérationnelle de l'innovation localisée : éléments de benchmarking*, Section 2.1. *Cas illustratifs de succès du concept d'innovation localisée : Modèles issus de pays développés.*

des différents composants des réseaux d'innovation territoriaux Sénégalais. C'est ce que nous présentons dans la figure 4.7 suivante.

De telle sorte, l'efficacité de la mise en réseau, dans un territoire donné, par la coévolution des acteurs sénégalais des domaines ST–I, implique l'existence dans cette localité, de ressources et de compétences particulières en termes de mains-d'œuvre qualifiées et de ressources infrastructurelles. Elle suppose également l'édification de facteurs d'incitation et de promotion de l'innovation (financement, ressources humaines, conditions de la demande, liaison avec les clients, l'implication de fournisseurs, etc.). En effet, par l'instauration d'un environnement social et d'une « atmosphère industrielle » (au sens de Marshall) basée sur la proximité, la confiance et l'osmose entre les parties prenantes, le réseau territorialisé favorise l'expérimentation et l'apprentissage de nouvelles capacités technologiques par la transmission mutuelle de connaissances et de compétences (Thiaw, 2013).

FIGURE 4.7 – FACTEURS D'ATTRACTION FAVORISANT LE SUCCES D'UN RESEAU D'ACTEURS LOCALISES

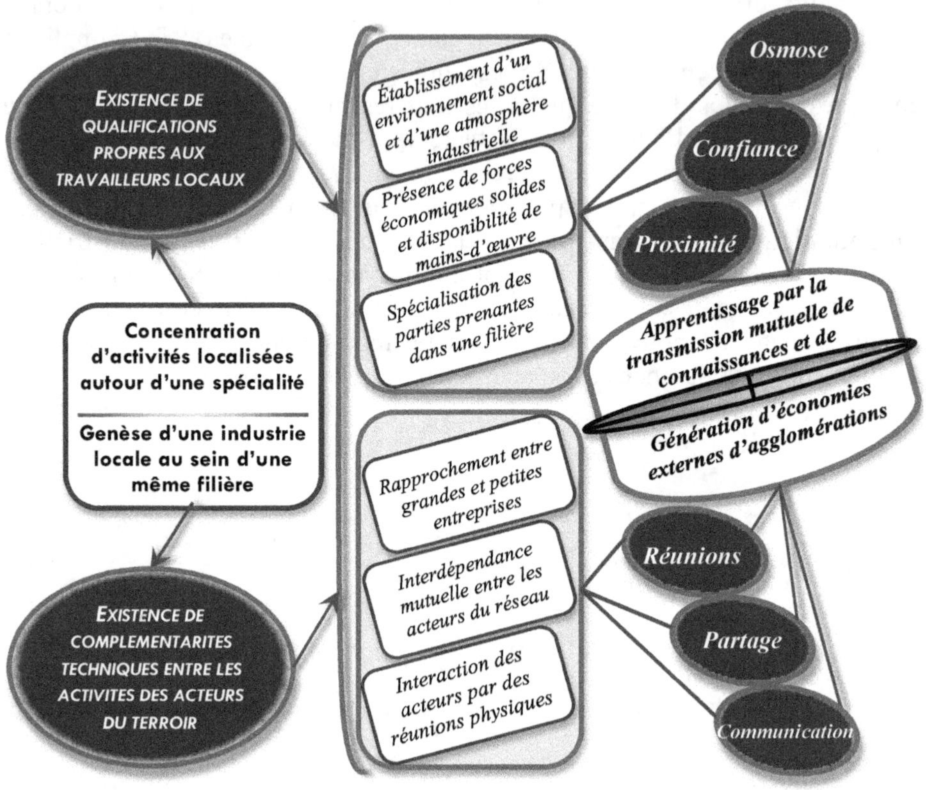

[Source : Auteur (Cheikh A. L. Thiaw)]

De même, la complémentarité entre les acteurs du réseau territorialisé permet à ces derniers de mieux compléter leurs connaissances et de parfaire leur soubassement technologique. Cette consolidation de leur base arrière leur permet d'être aptes à mieux innover et à se confronter à la compétition économique. Cette imbrication partenariale génère une interdépendance mutuelle qui incite les acteurs à s'ouvrir entre eux pour favoriser des interactions positives utiles pour l'ensemble. Comme nous le mettons en évidence dans la figure précédente, les rapprochements se font par le partage d'informations ainsi que par le biais de réunions et de communications interorganisationnelles (Thiaw, 2013).

En conclusion, le succès de l'innovation localisée au Sénégal dépend aussi de la capacité combinatoire du système d'innovation à construire. En effet, à partir des territoires délimités et ciblés en fonction de leurs ressources rarissimes ou des savoir-faire spécifiques qui leur sont reconnus (ex. : *Silicon Valley*)[65], l'accès à des moyens financiers conséquents et à des marchés est facilité par la vulgarisation des liens de collaboration et la promotion de l'innovation. Il s'agit aussi d'organiser la génération de synergies et de complémentarités autour d'idées et de talents disparates (*cf.* figure 4.8). Ce principe systémique sous-tend la présence de capitaux déployés sur une base optimiste (financement public et capitaux locaux) à destination de la prise en charge de projets de recherche balisés autour de la demande du marché local et des besoins socioéconomiques de la population sénégalaise.

Dans ce contexte, une multitude de besoins à combler subsistent aujourd'hui au Sénégal et offre à la recherche une panoplie de problématiques à explorer pour répondre aux besoins immédiats de l'industrie et aux préoccupations du développement socioéconomique du pays (urbanisation, transports, énergie et santé). Leur résolution est permise par la complémentarité des compétences et des savoir-faire des acteurs, à laquelle s'ajoute celle des visions et des orientations prospectives.

Par ailleurs, la disponibilité d'une manne de mains-d'œuvre qualifiées pour s'occuper de la mise sous tension de l'innovation localisée à travers le système de coévolution ST–I dépend de la présence de véritables pourvoyeurs de talents et d'idées dans les localités ciblées, à savoir des universités et des organismes de formation, des laboratoires de recherche publics, des centres de recherche appliquée, de grandes entreprises industrielles et des petites et moyennes entreprises. L'économie du Sénégal est caractérisée par un bassin entrepreneurial marqué par la présence d'une majorité de petites et de microentreprises appartenant pour la plupart au secteur informel, et une minorité de grandes entreprises. Dans ce cas spécifique, la création de mécanismes de rapprochement entre ces entreprises et les acteurs de la recherche permet d'insuffler un certain changement structurel et d'avoir un développement beaucoup plus inclusif.

---

[65] La *Silicon Valley* a fondé son succès retentissant sur la réunion combinatoire d'idées novatrices et de talents diversifiés (sciences, ingénierie, design, gestion) en provenance de grandes universités californiennes (Stanford, Berkeley, UCSD, Caltech par exemple), mais aussi d'apporteurs de moyens financiers (capital-risqueurs, aidée par une culture locale favorable à la création d'entreprise et tolérante à l'égard de l'échec) et d'un marché nord-américain à la fois porteur et fort consommateur d'innovations (voire chapitre 2, Section 2.1.1. La *Silicon Valley* en tant qu'archétype mondial).

FIGURE 4.8 – LES 6 DIMENSIONS CUMULATIVES POUR LE SUCCES DE L'INNOVATION LOCALISEE AU SENEGAL

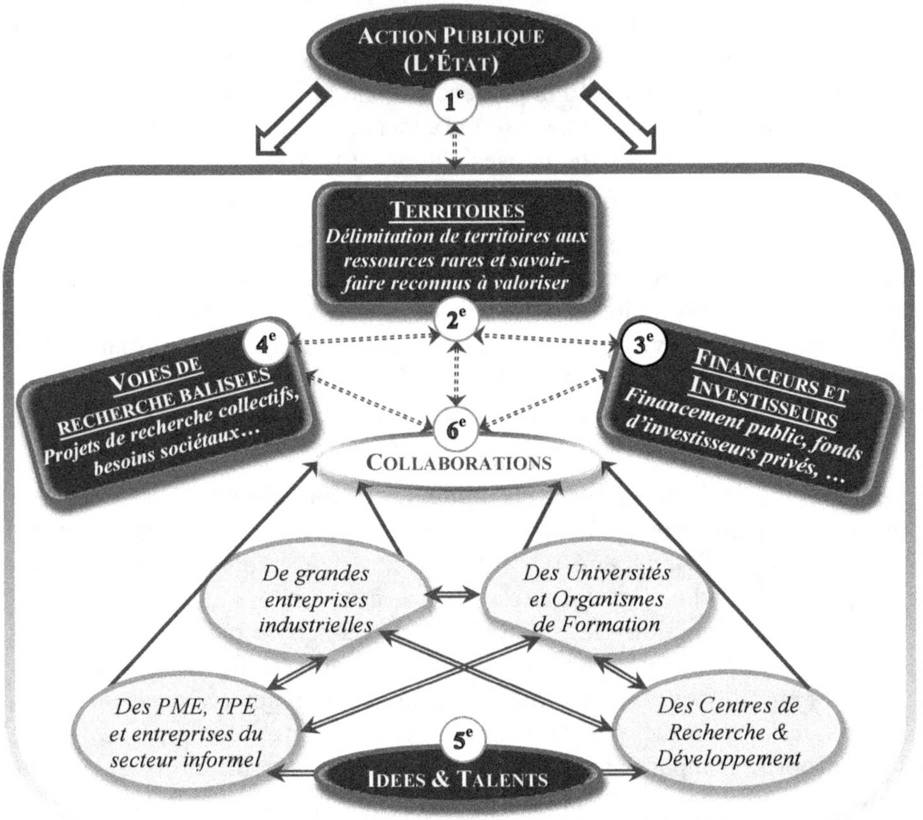

[Source : Auteur (Cheikh A. L. Thiaw)]

Comme nous le mettons en évidence, ce processus schématisé dans la figure précédente doit être enclenché par l'action publique, c'est-à-dire l'État sénégalais (1). Ce dernier doit prendre l'initiative de choisir des territoires-cibles à valoriser prioritairement, en mettant en avant des ressources et des savoir-faire spécifiques (2), et en s'acquittant de moyens d'investissement pour subvenir aux besoins de financement requis (3). Pour cela, des voies de recherche fléchées sont définies pour encourager les acteurs de la recherche à s'unir avec ceux du monde industriel afin d'entreprendre la mise en place de projets de recherche collaboratifs (4). Par l'innovation localisée, le rapprochement des acteurs a pour optique première de produire un mouvement de convergence d'ensemble asymétrique autour des idées et des talents en provenance des uns et des autres (5), ce qui octroie aux collaborations interorganisationnelles générées, le reflet d'une division du travail dans une sphère économique locale (6). Il s'agit des 6 dimensions cumulatives qui permettent d'obtenir un succès des innovations localisées au Sénégal. Elles représentent le schéma des rapports que doivent entretenir la recherche fondamentale et la recherche appliquée (académiques et industrielles), avec l'implication des entreprises et le concours primordial de l'État en tant qu'instigateur du processus de coévolution ST–I, mais aussi avec la participation des collectivités territoriales et des structures universitaires.

CONCLUSION GÉNÉRALE

Sous le sceau de la mondialisation et des nouvelles donnes de l'économie contemporaine, le rôle des gouvernants en matière de mise en place de dispositifs de soutien au développement économique durable se trouve considérablement redéfini. Il s'oriente désormais vers des approches plus interventionnistes, à travers le déploiement de politiques économiques plus axées sur l'innovation (technologique, organisationnelle, institutionnelle et sociale) et sur des réseaux localisés mis en place pour promouvoir la R&D et les collaborations interorganisationnelles (clusters, pôles de compétitivité, technopôles, écosystèmes d'affaires, etc.). Ainsi, par la mise au point de techniques de production novatrices, l'objectif est de permettre aux organisations de générer des biens et services nouveaux pour étendre les marchés locaux et demeurer toujours à la pointe de l'évolution des usages et des pratiques technologiques en vigueur.

En effet, l'accroissement de la production d'une nation, en d'autres termes sa croissance économique, est corrélé à la dynamique d'évolution du couple « *innovation et R&D* ». L'innovation est une source de main-d'œuvre non tarissable et un facteur accélérateur de la croissance économique des nations. Elle représente un levier sur lequel on peut agir pour tendre vers un développement économique en stimulant la compétitivité et la performance écofinancière des entreprises. La R&D est à son service et constitue son axe d'impulsion. Les trois orientations de la R&D (à savoir recherche fondamentale, recherche appliquée et développement) forment à elles seules un composant à part entière du processus d'innovation. Par ses activités, la R&D octroie aux organisations la capacité de génération de produits et de procédés nouveaux, et concourt à la préservation ou à l'augmentation de leur base de connaissance et de compétences. Ainsi, le couple formé par ces deux variables (R&D et innovation), ou en d'autres termes l'association entre activités d'innovation et compétences de R&D, est essentiel pour le développement et la croissance d'une nation, quel que soit son niveau de développement (avancée, émergente et pays en développement). Ce tandem fait aussi partie intégrante des critères utilisés par les organismes internationaux pour évaluer la bonne santé d'une économie (OCDE, Banque mondiale, Forum Économique Mondial, etc.).

De nos jours, si la « libre entreprise » et la prééminence des mécanismes du marché sont toujours d'actualité, beaucoup de voix, de plus en plus nombreuses, se lèvent par ailleurs pour inciter à compléter les réformes libérales par d'autres, plus institutionnelles, afin de contrecarrer la pérennisation des problèmes de croissance, de déséquilibre macroéconomique et d'aggravation des inégalités sociales. Pour cause, le résultat des réformes libérales s'est révélé mitigé face à l'hyperconcurrence et l'ouverture des marchés domestiques vers l'international. « *L'endogénéisation du progrès technique dans les modèles de croissance confère à l'État un rôle primordial dans l'incitation à l'accumulation du capital humain et du capital technologique* » *par* des politiques publiques axées sur l'amélioration de l'efficacité du système d'éducation et sur l'innovation et l'encouragement à la R&D (Casadella, Liu et Uzunidis, 2015). De même, l'économie mondiale moderne s'est structurée autour d'apparences et de socles vectoriels dominants qui sous-tendent largement la performance socioéconomique des territoires et la compétitivité des nations. Outre les effets résultant de la mondialisation, il s'agit également de la stabilisation d'une économie fondée sur les connaissances et l'immatériel, l'emprise des technologies de l'information et de la Communication (TIC) et de l'économie numérique, l'apparition de pays émergents qui bouleversent le paysage *géostratégique* mondial et la *géoéconomie* de l'innovation, etc. Dans un contexte actuel d'ouverture croissante des économies vers l'international, la redéfinition des stratégies de développement industriel et technologique vers des approches « *territorialisées* », « *localisées* » et « *spatialisées* » se trouve donc être une nécessité inéluctable.

Dans ce cadre, l'innovation dans les pays émergents et ceux en développement comme le Sénégal mérite de bénéficier d'une démarche interventionniste de l'État sous forme d'une stratégie d'innovation soutenue avec comme visées principales, l'élévation du niveau de vie des populations par l'apport de réponses à la demande locale (demande industrielle, besoins socioéconomiques), le renforcement de la compétitivité des entreprises à l'échelle internationale et la stimulation de la croissance économique du pays. C'est pourquoi, pour se mettre au diapason des réalités économiques modernes et s'aligner sur les pratiques opérantes en matière de politiques de développement, une mise à niveau du Sénégal paraît plus que nécessaire. À ce propos, le Plan Sénégal Émergent (PSE), politique de développement en vigueur actuellement au Sénégal, se trouve être un outil de dynamisation sans conteste de l'économie du pays. Il permet d'obtenir une mobilisation intéressante des forces motrices économiques et sociales pour le développement du pays pour l'avenir. Toutefois, le Sénégal ne dispose toujours pas d'un Système National d'Innovation (SNI). La Stratégie de Croissance accélérée (SCA), programme ayant précédé le PSE, devait y remédier par la mise en place de grappes de croissance (GC). Ces GC n'ayant jamais vu le jour concrètement, le PSE devait donc corriger cet état de fait. Cependant, quelques contraintes liées à la place que l'innovation occupe dans ses dispositifs l'encadrent et nous interpellent, compte tenu de la teneur et la portée de cette variable dans le lot des facteurs déterminatifs de la solidité d'une économie nationale. Le PSE annonce des pôles de développement (PdD) pour supplanter les grappes de croissance qui ne sont, pour le moment, que des présentations théoriques sommaires sans une opérationnalisation concrète sur la sphère économique du pays. En définitive, le PSE permet d'améliorer les capacités d'innovation du pays, mais ne semble pas prévoir des mécanismes de structuration systémique des acteurs socioéconomiques autour de l'innovation, notamment une jonction entre les domaines de la recherche fondamentale, la recherche appliquée et le monde des entreprises. Par conséquent, il y a toujours une absence d'intégration dans le paysage économique sénégalais, d'un processus de coévolution avéré entre la Science, les Technologies et l'Innovation (ST–I), alors qu'elle représente la base même recherchée et le principe de fonctionnement standardisé dans les réseaux d'innovation à succès (GC, PdD, PdC, clusters, écosystèmes d'innovation, etc.).

Notre analyse des politiques de développement économique antérieures laisse apparaître des carences manifestes en matière de promotion de l'innovation, de vulgarisation de la recherche scientifique et de la R&D, alors qu'aujourd'hui même, avec les nouvelles donnes de l'économie moderne, de prometteuses opportunités germent et se développent ostensiblement au Sénégal : les sciences du numérique, l'industrialisation et l'automatisation de l'agriculture, la R&D, l'entrepreneuriat, le *boom* des TIC dans l'économie avec l'essor de l'e-commerce, l'usage des technologies sans contact, la domotique, le *Big Data*, les services multimédias, etc. Il y a aujourd'hui au Sénégal, une soif criante de technologies innovantes et une recherche perpétuelle de solutions nouvelles. À cela s'ajoutent de grands défis à relever, qui touchent la révolution numérique, l'immobilisme économique, les problèmes environnementaux, la cybersécurité, l'immigration et la fuite des cerveaux, etc.

Autant de raisons pour lesquelles les réformes institutionnelles entreprises dans le cadre du PSE méritent d'être complémentées dans l'idée de couvrir une double nécessité. D'une part, celle d'accompagner l'effort d'investissement visant à renforcer les compétences scientifiques et technologiques des acteurs et, d'autre part, celle de créer les conditions de la mise en réseau des acteurs suivant une planification stratégique sectorielle et spatialisée. Nous mettons notamment l'accent sur la nécessité d'organiser l'innovation au Sénégal autour de clusters territoriaux localisés spatialement et d'inciter à une collaboration étroite entre les acteurs économiques (entreprises privées et organismes publics) et ceux du domaine de la recherche et de l'enseignement (universités et autres organismes d'enseignement supérieur, laboratoires de recherche et centres de recherche appliquée). C'est le concept d'innovation localisée que nous préconisons à travers la coévolution du triptyque ST–I, c'est-à-dire la collaboration entre acteurs scientifiques et technologiques autour de la promotion de l'innovation.

La coévolution entre science, technologies et innovation représente un facteur moteur du développement des pays sous-développés tout comme ceux sur la voie de l'émergence comme le Sénégal. Toutefois, notre travail de recherche met aussi en évidence l'absence, au Sénégal, de la réunion des facteurs clés de succès d'une telle coévolution, en tout cas au vu des réalités endémiques actuelles de l'économie du pays. De manière synthétique, les écueils à la création de clusters au Sénégal et la mise sous tension d'un système de coévolution ST–I pour opérationnaliser l'innovation localisée se heurtent à des difficultés qu'il importe de corriger afin d'insuffler l'ancrage d'un SNI sur la sphère économique du pays. Le Sénégal fait face à des impasses socioéconomiques persistantes liées à un problème de compétitivité, des contraintes organisationnelles criantes, une insuffisance sur le plan des équipements, une faible consistance du parc scientifique et technologique, une déficience de présence d'activités de R&D dans les entreprises et une contribution médiocre des chercheurs académiques dans le domaine des transferts de technologies. Les capacités d'innovation du Sénégal se trouvent relativement entravées, car l'ensemble des composantes requises ne sont pas solidement fournies : infrastructures basiques et avancées, robustesse des entreprises domestiques et du cadre institutionnel (organismes formels et informels pour la régulation et la promotion de l'innovation, de la R&D, des investissements, de l'entrepreneuriat, etc.) Or, la politique d'innovation d'une nation est influencée par ses conditions macroéconomiques, sa politique d'apprentissage, sa politique scientifique et technologique et les interactions systémiques entre les acteurs de l'économie (Fagerberg 2015 ; Casadella et Tahi, 2017).

Outre les difficultés déjà soulignées, on dénote aussi un manque de jonction et l'existence de relations de partenariats entre les acteurs de la ST–I au Sénégal. Ces difficultés d'interconnexion et la faiblesse des flux d'information amenuisent les processus d'apprentissage et empêchent la génération de complémentarités, de synergies et d'externalités qui sont habituellement procurées par les relations de collaboration. Pourtant, selon les tendances observées dans les systèmes d'innovation qui réussissent (ceux des pays avancés et émergents notamment), le succès de la mise en commun des acteurs autour de l'innovation et des systèmes d'innovation est intimement lié à la dynamique d'évolution des acteurs du triptyque ST–I et le développement de processus de variation, sélection et rétention (VSR).

Dans ces conditions, la mise à niveau de l'économie du Sénégal par la création d'un SNI implique de susciter une mise en système de ses différentes catégories d'acteurs socioéconomiques. Cela permettra de promouvoir des collaborations interorganisationnelles verticales (liant les acteurs académiques à ceux du monde des entreprises) et d'encourager l'innovation par la construction de mécanismes de partenariat qui facilitent l'apprentissage, mais aussi l'échange de connaissances tacites et codifiées entre des parties prenantes complémentaires des domaines de la ST–I (entreprises, universités et laboratoires de recherche, Centres de recherche appliquée).

Dans l'optique d'opérer des changements visant à consolider les capacités d'innovation du Sénégal des démarches inclusives telles que celles issues du PSE, du PREAC, du PAPES[66] et d'autres ont été opérées. Ces programmes qui constituent des évolutions institutionnelles sans conteste démontrent une certaine volonté des pouvoirs publics sénégalais d'impulser la croissance économique du pays par le renforcement progressif de ses capacités dans le domaine de la ST–I. Ils représentent un premier palier nécessaire pour la construction du SNI, mais doivent être consolidés par la mise en place de la politique de coévolution de la ST–I, ce qui passe par des mécanismes d'incitation aux changements idéologiques et comportementaux des acteurs.

Il s'agit, par des principes *bottom-up* et *top down*, d'insuffler une dynamique de coévolution de la science, des technologies et de l'innovation balisée à travers des processus VSR acceptés et assimilés par les acteurs. À titre d'illustration, le cas des pôles de compétitivité français démontre que la

---

[66] –PREAC : Programme de Réforme de l'Environnement des Affaires et de la Compétitivité (Sénégal).
–Programmes de réformes prioritaires 2013-2017 de l'enseignement supérieur et de la recherche
–PAPES : Projet d'Appui à la Promotion des Chercheurs et des Enseignants-chercheures

réussite de l'innovation localisée requiert un consensus des acteurs et une vision partagée autour d'objectifs de génération d'innovations (Thiaw, 2013). Si les objectifs stratégiques des acteurs de ce type de clusters diffèrent (grandes entreprises, PME, communautés scientifiques, universités, etc.), ils doivent donc être cadrés autour de points de convergences unificateurs.

La multiplication de la création d'infrastructures technologiques modernes, comme c'est le cas actuellement avec l'opérationnalisation du PSE, est certes utile et nécessaire pour renforcer les capacités d'innovation et pour obtenir une croissance économique équitable, mais elle ne suffit pas, à elle seule, à dynamiser l'innovation au Sénégal. Il y a un besoin de préparation des acteurs, d'une part par le renforcement de leurs capacités d'apprentissage et, d'autre part, au travers de réformes visant à favoriser les interactions systémiques entre acteurs scientifiques et industriels (ST–I), c'est-à-dire des relations de collaborations interorganisationnelles visant spécifiquement les transferts de connaissances et la recherche de solutions à des problématiques socioéconomiques. Ces démarches peuvent être canalisées autour du développement, auprès des acteurs socioéconomiques, de processus de variation, sélection et rétention (VSR). C'est pourquoi l'action publique de l'État sénégalais mérite d'être réorientée vers un changement de paradigmes en faveur, d'abord, de la mise en place de mécanismes de gouvernance de l'innovation et de la coévolution entre sciences et technologies. Ensuite, à travers des réformes économiques et sociales pour émettre des principes de régulation (normes réglementaires) et stimuler auprès des acteurs entrepreneuriaux et académiques, un changement des pratiques et des usages coutumiers. En effet, le Sénégal doit mettre en place une politique d'innovation dont l'objet est de créer un vrai SNI pour valoriser, autour de la science et des technologies, les systèmes d'apprentissage des acteurs et l'expérimentation technologique. Créer de meilleures conditions d'apprentissage facilite le développement de l'innovation. Par la sélection et la rétention, la mise en place d'un SNI contribuera à l'établissement d'une atmosphère propice à la compétition par la R&D. L'atteinte de ces dispositions doit être déterminée par la modernisation des connaissances, l'octroi conditionné de moyens de financement à la recherche et l'affectation d'avantages fiscaux aux activités de R&D.

Globalement, 5 objectifs stratégiques doivent être mis en avant par l'État sénégalais, qui, en tant qu'instigateur du processus, cherchera à créer et stimuler l'innovation localisée par la coévolution ST–I. Ces objectifs sont : une meilleure qualité des ressources humaines, une modernisation des connaissances et des compétences clés, une création de dispositifs de transfert de connaissances, de compétences et de technologies, une amélioration des capacités d'innovation du secteur entrepreneurial et le développement des relations de collaboration au niveau national et international. En effet, « *la politique d'innovation a besoin d'un État fort, mais qui n'entrave pas les initiatives tout en sachant au contraire les stimuler et les appuyer par des investissements dans les infrastructures et biens publics indispensables, à commencer par l'éducation* » (Aubert, 2017).

De manière succincte, l'intervention publique visant l'implantation d'un concept d'innovation localisée en faveur d'un SNI repose sur quatre principes fondamentaux et prioritaires. Celles-ci sont : la mise en service d'une agence de financement publique pour fournir les financements indispensables à la conduite d'une recherche féconde au Sénégal (1), le ciblage de territoires avec une délimitation sectorielle et spatiale (2), la définition de voies de recherche prioritaires (3) et la promotion de l'entrepreneuriat et des mécanismes de transferts entre mondes universitaire et industriel (4). Il s'agit, sous le sceau d'un réel système national d'innovation, d'élaborer les mécanismes de construction de l'innovation localisée dans des clusters, afin de situer l'innovation au cœur du processus de création de valeur de l'économie du pays, de révéler le « *génie du peuple sénégalais* » et résister aux difficultés du pays. Ce changement d'orientations politiques par l'effort de financement et la création d'une dynamique évolutive contribue aussi à endiguer les faibles croissances économiques qui ont tendance à impacter alternativement le développement des compétences scientifiques et technologiques des acteurs (Dutrénit et Puchet, 2015).

Outre cette mise à disposition des moyens financiers pour faire face, par la recherche et l'innovation localisée, aux grands défis de développement du Sénégal, la mise en œuvre du système national d'innovation est aussi sous-tendue par deux autres préceptes interreliés. Il s'agit d'une part, de la prise en considération des spécificités qui sont le lot de l'environnement économique et social du pays (dont les effets culturels) et, d'autre part, de l'extension de ses prescriptions statutaires en le plaçant au centre de la stratégie de développement du pays. Pour avoir un effet positif sur le développement sociétal, le premier précepte indique que le renforcement des capacités nationales d'innovation à travers un changement paradigmatique de l'action publique sénégalaise implique de porter un intérêt primordial aux spécificités culturelles du pays, à ses déficiences et aux facteurs clés de succès qui lui sont intrinsèques. Pour ce faire, la compréhension des fondements du peuple sénégalais permet de mieux cerner ses spécificités, ce qui, par la suite, autorisera l'émission de recommandations cohérentes permettant, en phase d'opérationnalisation de la politique d'innovation, de parer aux effets de résistance aux changements qui germent dans les sociétés en général et leurs institutions en particulier. Dans ce contexte, cette forme de politique doit toujours être conçue et élaborée par des personnes-ressources qui ont à la fois une connaissance poussée du pays concerné, de son contexte local et de ses spécificités socioculturelles intrinsèques et qui ont également une expérience au sujet des pratiques qui réussissent à l'international. Il peut également s'agir, comme dans le cas du PSE, d'experts externes soutenus par des acteurs locaux pour apporter une « touche » de contextualisation[67]. Quant au second précepte, il nous indique qu'il faut mettre le SNI « au menu » de l'ensemble des structures gouvernementales du pays, c'est-à-dire comme fil conducteur de l'action publique, des objectifs économiques et de la politique d'éducation.

Subséquemment, au fur et à mesure de l'évolution de la politique d'innovation, d'autres études seront nécessaires pour identifier les facteurs dynamisants du processus de coévolution (capacités scientifiques et technologiques des acteurs, formes d'organisations performantes), et ainsi procéder à des mises à niveau constantes pour apporter des procédés d'adaptation aux nouvelles exigences stratégiques, et ainsi éviter les éventuels écueils. De même, des études d'évaluations cycliques seront nécessaires pour juger de l'efficacité des politiques et détecter les points d'amélioration (Thiaw 2013). Les politiques de promotion de l'innovation et des technologies ne peuvent être automatiquement assimilées à celles du développement économique, car en plus de ces politiques, il paraît nécessaire de mettre en place des mécanismes de redéfinition de la science et de l'ingénierie, et de tirer profit de leurs résultats (Sotarauta et Srinivas, 2006).

De notre étude de cas du Sénégal, résultent plusieurs perspectives de recherche ultérieures. Dans le futur, ces enjeux de recherche pourront être explorés grâce aux données factuelles qui seront récoltées, notamment au sujet des liens de causalité entre les différentes politiques implémentées, les processus de coévolution générés par ces politiques et les résultats constatés (GC, PdD, données statistiques, indicateurs sur les activités de R&D, etc.). À ce stade, il y a une carence certaine de données factuelles pour approfondir la structuration théorique du modèle d'innovation localisée au Sénégal, la délimitation des types de clusters à mettre en avant dans l'espace socioéconomique sénégalais suivant les spécificités de terroirs sélectionnés, les formes et contours qui permettent d'obtenir une dynamique d'innovation écosystémique et territorialisée fondée sur la promotion de l'innovation et des activités de R&D. Il y a aussi une carence de données pour réfléchir sur les méthodes de gouvernance et de coordination des acteurs des clusters, sur les outils de pilotage à mettre en œuvre, sur les contours structurels des projets d'innovation collaboratifs (aspects financiers, propriété intellectuelle,

---

[67] Dans le cadre du PSE, le projet a été confié au cabinet international McKinsey, sous la supervision d'un groupe de cadres sénégalais (rassemblés au sein d'un club dénommé Disso) et d'experts appartenant au gouvernement sénégalais.

ressources humaines, etc.), etc. De même, une fois que la politique d'innovation localisée sera en place, une contribution des chercheurs sénégalais serait la bienvenue pour traiter de problématiques liées davantage aux pratiques qui seraient le lot de l'innovation localisée au Sénégal. Dans ce cadre, notre prochain ouvrage sur le sujet portera la primeur de son attention sur les conditions d'appropriation des nouvelles libertés octroyées localement aux acteurs socioéconomiques (entreprises industrielles, universités, acteurs publics, etc.), compte tenu des conditions et spécificités locales de leur territoire d'implantation, puis des enjeux qui en découlent. Dans cet ouvrage futur, nous ferons fi de la présentation du modèle d'innovation localisée effectuée dans ce présent ouvrage. Cependant, nous nous servirons de ses caractéristiques pour élaborer directement une proposition de schémas structurels de clusters propres à un contexte sénégalo-sénégalais, avec une mise en exergue des secteurs stratégiques prioritaires et une délimitation spatiale de leur situation. Il s'agira, d'une part, de proposer des clusters qui prennent en considération la « sculpture » domestique et la structuration socioéconomique de l'économie du Sénégal, qui se conforment aux modèles standards approuvés par les spécialistes et qui sont usités dans les économies avancées ; d'autre part, nous mènerons un travail de spécification des relations collaboratives et des mécanismes de partenariat à promouvoir au sein de ces écosystèmes d'innovation.

RÉFÉRENCES BIBLIOGRAPHIQUES

ABDELKRIM S., (2015), Comment Teranga Capital est devenu le premier fonds de capital-risque sénégalais, Le Monde Afrique, 25 juin, 2015

ALTER N., (2000), La gestion du désordre dans l'entreprise, Nouvelle édition, L'Harmattan, 207 p., Paris

ANSD (2013), Recensement de la population et de l'habitat, de l'Agriculture et de l'Élevage (RGPHAE), Rapport de Mars 2014 (Source : www.ansd.sn)

AUBERT J.-E., (2017), Cultures et systèmes d'innovation, Paris, Presse des Mines, Libres opinions.

AUDRETSCH D. B., FELDMAN M. P., (1996), "R&D spillovers and the geography of innovation and production", The American economic review, 86 (3), 630–640.

AUTANT-BERNARD C., (2001), The geography of knowledge spillovers and technological proximity. Economics of Innovation and New Technology, 10.

AYDALOT P., (ed.), (1986), Milieux innovateurs en Europe, Paris, GREMI.

BAGNASCO A., TRIGILIA C., (1984), Società e politica nelle aree di piccola impresa: il caso di Bassano, Venise, Arsenale.

BASANT R., MANI S., (2012), Foreign R & D Centres in India: An Analysis of Their Size, Structure, and Implications. Indian Institute of Management.

BEARING POINT-ERDYN-TECHNOPOLIS ITD, (2012), Rapport d'évaluation des Pôles de Compétitivité.

BECATTINI G., (1989) « riflessioni sul distretto industriale marshalliano come conceto socio-economico », Stato e Mercato, avril 1989, pp. 111-128. (I.e. réflexions sur le district industriel marshallien comme concept socioéconomique)

BECATTINI G., (1987), Mercato e forze locali : il distretto industriale, bologne, Il mulino

BECATTINI G., (1979), Dal settore industriale al distretto industriale. Alcune considération sull'unità di indagine dell'economia industriale, Rivista di Economia e Politica Industriale, 2, 7-21.

BECKER G.S., (1964), “Human Capital”, Columbia University Press, NBER, New York; 2ème edition, 1975.

BELZE L., GAUTHIER O, (2000), « Innovation et croissance économique : rôle et enjeux du financement des PME », Revue internationale PME. 131 (2000) : 65–86.

BENKO G., (1995), Les théories du développement local. Développement local, quels modèles ? Sciences humaines, Hors-série, 8:36-40 .

BENKO G., DUNFORD M., LIPIETZ A., (1996), Les districts Industriels revisités, in Pecqueur B. (Eds.), Dynamiques territoriales et mutations économiques, L'Harmattan.

BLANC E., (2004), Rapport Blanc, Enregistré à la Présidence de l'Assemblée nationale le 2 juin 2004, N° 1635.

BOBULESCU R., (2004), La nouvelle économie géographique, économie externes et politique industrielle, cahiers du CEREN, Vol. 9, p. 2-11.

BOCQUET J.-F., PIZZI A., RESCH L., (2006), Full-scale, Industrial wood floor assembly and structures by welded-through dowels, J. Adhesion Sci. Technol, in press.

BOSCHMA R., (2005), Proximity and innovation: a critical assessment. Regional studies, 39 (1), 61–74.

BRECHET J. P., DESREUMAUX A., (2006), Le projet dans l'action collective. Encyclopédie des ressources humaines, 1015-1024.

BRUSCO S., (1986), Small firms and industrial districts: the experience of Italy, in Keeble D., Wever E., eds., New firms and regional development in Europe, Beckenham, Kent, Croom Helm, 184–202.

BRUSCO S., (1982), The Emilian model: productive decentralisation and social integration, Cambridge Journal of Economics, 6,167–184.

CAMAGNI R., (2009), Territorial impact assessment for European regions: a methodological proposal and an application to EU transport policy Evaluation and Program Planning, 32 (2009), pp. 342–350.

CASADELLA V., LIU Z., UZUNIDIS D., (2015), Développement économique et capacité d'innovation dans la mondialisation, ISTE Édition.

CHABAULT D., (2009), Gouvernance et trajectoire des réseaux territoriaux d'organisations : une application aux pôles de compétitivité, Thèse de Doctorat en Sciences de Gestion. Tours : Université François Rabelais.

CHABAULT D., (2006), Les systèmes territoriaux de production : revue de littérature et approches théoriques d'un concept évolutif, Cahiers de Recherche du CERMAT, 32 p., en ligne : http://cermat.iae.univ-tours.fr/IMG/pdf/Chabault-20061.pdf

CHAMINADE A., INTRAKUMNERDB P., SAPPRASERTC K. (2012), Measuring Systemic Problems in National Innovation Systems: An Application to Thailand, Research Policy, 41, 1476–1488.

CHAMINADE C., LUNDVALL B., JOSEPH K., VANG J., (2011), Handbook of Innovation Systems and Developing Countries, Cheltenham, Edward Elgar, 360–379.

CHESBROUGH H., BRUNSWICKER S., (2013). Managing open innovation in large firms. Berkeley, CA: Fraunhofer Verlag.

CICIOTTI C., (1998), Competitività e territorio. L'economia regionale nei paesi industrializzati, rome, Carocci, 1998

COASE R.H., (1937), The nature of the firm Economica, 4 (1937), pp. 386–405.

COLLETIS G., GILLY J.P., PECQUEUR B., (2001), Inscription spatiale des firmes, gouvernance des territoires et régulation d'ensemble, Séminaire « Régulations sectorielles et territoriales », (manuscrit).

COOKE P., (1996), Networking for Competitive Advantage National Economic and Social Council, Dublin.

COOKE P., URANGA M.G., ETXEBARRIA G., (1998), Regional systems of innovation: an evolutionary perspective Environment and Planning A, 30 (1998), pp. 1563–1584.

COSTA M. T., (1989), Décentrage productif et diffusion industrielle, Economies et Sociétés, Hors-Série, 31 : 27-47

COURLET C., (2002), les systèmes productifs localisés : un bilan de la littérature, Etud. Rech. Syst. Agraires Dév., N° 33, pp. 27-40.

COURLET C., (1994), Les systèmes productifs localisés, de quoi parle-t-on ? Industrie, territoire et politiques publiques, 13-32.

COURLET C., (1991), Les systèmes productifs localisés, de quoi parle-t-on ? in Industries, territoires et politiques publiques, L'Harmattan, Logiques Economiques, p.13-34.

COURLET C., FERGUEN A., (2003), Globalisation et territoire : le cas des SPL dans les pays en développement, FACEF PESQUISA — v. 6 — n. 3.

COURLET C., PECQUEUR B., SOULAGE B., (1993), industrie et dynamique territoire, Revus d'Économie Industrielle, N° 64, 2e Trim.

COURLET C., PECQUEUR B., (1992), Les systèmes industriels localisés en France : Un nouveau modèle de développement, in Benko G., Lipietz A. (dir.), Les régions qui gagnent. Districts et réseaux : les nouveaux paradigmes de la géographie économique, paris, PUF, 1992, pp. 81-102.

COURLET C., PECQUEUR B., (1991), Systèmes locaux d'entreprises et externalités : un essai de typologie.

DAMBRON P., (2008), Les clusters en France, pourquoi les pôles de compétitivité ? L 'Harmattan.

DATAR, (2004), La France, puissance industrielle. Une nouvelle politique industrielle par les territoires. Réseaux d'entreprises, vallées technologiques, pôles de compétitivité, Rapport de la DATAR.

DAUMAS J.-C., (2007), « Districts industriels : du concept à l'histoire » Revue économique – vol. 58, N° 1, janvier 2007, pp. 131-152

DELOITTE, (2012) « Les clés du succès des grands clusters mondiaux », VIIe Forum de la recherche et de l'innovation sur « les meilleures pratiques internationales pour attirer talents, investissements et capitaux », Paris, Octobre 2012

DI MEO G., BULEON P., (2005), L'espace social. Lecture géographique des sociétés. Paris : Armand Colin

DIACT, (2008), L'évaluation des pôles de compétitivité 2005-2008, La Documentation Française.

DIMAGGIO P.J., POWEL W.W., (1983), The Iron Case revisited: Institutional Isomorphism and Collective Rationality in Organizational Fields, American Sociological Review, Vol. 48, pp. 147–160.

DOUGHERTY C., (2002), Introduction to Econometrics, Oxford University Press, USA, Mar 21, 2002 - 368 pages

DOUGLAS E., (2006) "Entrepreneurship: The link between invention, innovation and success" Management Today. St Kilda : Jul. 2006.

DUNGLAS J., (2012), Mécanisation, automatisation, Robotisation, Rapport du Groupe de travail sur les potentiels de la science pour l'avenir de l'agriculture, de l'alimentation et de l'environnement, Académie d'Agriculture de France – AAF

DUPUY C., GILLY J.-P., (1995), Les stratégies territoriales des grands groupes industriels, in Rallet A., Torre A., eds., Économie industrielle et économie spatiale, Paris, Economica, pp. 129-146.

DUPUY C., GILLY J.-P., (1993), Industrie et territoires en France, Dix ans de décentralisation, Paris, La Documentation Française, 216 p.

DUTRÉNIT G., PUCHET M., (2015), "Tensions of Science, Technology and Innovation policy in Mexico: analytical models, institutional evolution, national capabilities and governance", paper presented in the Atlanta Conference On Science and Innovation Policy, September 17th-19th, Atlanta.

DUTRÉNIT G., ANYUL M. P., SANZ-MENENDEZ L., TEUBAL M., VERA-CRUZ A. O, (2008), A policy model to foster coevolutionary processes of science, technology and innovation: the Mexican case, (No. 2008-03), Globelics-Global Network for Economics of Learning, Innovation, and Competence Building Systems, Aalborg University, Department of Business and Management.

DURAND T., (2010), Par-delà la R&D et la technologie : vers d'autres formes d'innovation, in Godet M., Durance P., Mousli M., (2010), Créativité et innovation dans les territoires, rapport du Conseil d'analyse économique (CAE), la Délégation interministérielle à l'aménagement du territoire et à l'attractivité régionale (DATAR) et à l'Académie des technologies, Mai 2010.

EAGAR R., VAN OENE F., BOULTON C., ROOS D., DEKEYSER C., (2011), « The Future of Innovation Management: the next 10 years », Prism, 1, 21-37.

EDQUIST C., (1997), Systems of Innovation: Technologies, Institutions, and Organizations, Londres, Pinter, p. 1 (traduction)

ENCAOUA D., (2010), Interactions science-technologie : quelles politiques publiques ? Revue française d'économie, 4/2010 (Volume XXV), p. 75–119

ERKUS OZTURK H., (2009), The role of cluster types and firm size in designing the level of network relations: The experience of the Antalya tourism region, Tourism Management 30 (2009) 589–597

FAGERBERG J., (2015), Innovation Policy, National Innovation Systems and Economic Performance: In Search of the Useful Theoretical Framework, EU-SPRI Conference—Science and Innovation Policy: Dynamics, Challenges, Responsibility and Practice, Manchester.

FAGERBERG J., (2004), "invention is the first occurrence of an idea for a new product or process, while innovation is the first attempt to carry it out into practice".

FELDMAN M.P., (1994), the Geography of Innovation, Kluwer Academic Publisher.

FENG CHONG S., (2009), Le pilotage par projet dans les Pôles de compétitivité, XVIIIème Conférence Internationale de Management Stratégique (AIMS), mai 2009

FERGUENE A., (1996), L'industrialisation à petite échelle : une nouvelle approche du développement au Sud, Région et Développement, n° 3, pp. 85-115.

FUA G., (1985), Les voies diverses du développement en Europe, Annales ESC, Mai-Juin 1985, 3, pp. 579-603.

FUA G., ZACCHIA C., (1983), Industrialisazione senza fratture, Bologna, II Milano.

GABRIEL P., CADIOU C., (2005), Responsabilité sociale et environnementale et légitimité des entreprises : vers de nouveaux modes de gouvernance ? La Revue des Sciences de Gestion : Direction et Gestion, 40 (211/212), 127.

GANNE B., (1992), Place et évolution des systèmes industriels locaux en France, Économie politique d'une transformation, in Benko G, Lipietz A., Les régions qui gagnent, Districts et réseaux, les nouveaux paradigmes de la géographie économique, Paris, PUF.

GANNE B., (1989), PME et districts industriels : quelques réflexions critiques à propos du « modèle italien », Revue internationale PME, 2 (2-3), pp. 276-277.

GAROFOLI G., (1985), Industrialisation diffuse en petite entreprise : le modèle italien des années 70, Cahiers IREP Développement, 9, pp. 245–256.

GAROFOLI G., (1983), Sviluppo regionale e ristrutturazione industriale, il modello italiano degli anni 70, Rassegna Economica, 6, pp. 1263-1295.

GAROFOLI G., (1981), Lo sviluppo delle aree periferiche nell'economia italiana degli anni settanta, L'inustriala II (3), pp. 391-404.

GAUTHIER O., (2004), « Institutions, innovation et croissance économique », L'innovation et l'économie contemporaine. Espaces cognitifs et territoriaux. De Boeck Supérieur, 2004, pp. 45-62.

GERVAIS J-P., LARUE B., RASTOIN J-L. (eds), (2004), Développement durable et globalisation dans l'agroalimentaire, Actes du colloque international de l'AIEA2 et des ateliers SCAE, Université Laval, Québec, 23-24 Août.

GILLY J.P., (1987), Espace productifs locaux, politique d'emploi des firmes et transformations du rapport salarial, in Fourcade C. (Eds), Industries et régions, Economica, Paris, p. 45- 53.

GILLY J.-P., GROSSETTI M., (1993), Organisation, individus et territoires. Le cas des systèmes locaux d'innovation, Revue d'économie Régionale et Urbaine, 3, pp. 449-468.

GOVINDARAJAN V., TRIMBLE C., (2012), Reverse innovation: a global growth strategy that could pre-empt disruption at home. Strategy & Leadership, 40 (5), 5–11.

GRONDEAU A., (2009), Cluster TIC et dynamiques urbaines à Bangalore : Des logiques antagonistes destructrices de compétitivité, Networks and Communication Studies, NETCOM, vol. 23 (2009), n° 3-4 pp. 245-262

GRUBEL H. G., LLOYD P. J., (1975), Intra-Industry Trade : The Theory and Measurement of Intra-Industry Trade in Differentiated Products. Londyn Macmillan.

HAMDOUCH A., (2008), La dynamique d'émergence et de structuration des clusters et réseaux d'innovation : revue critique de la littérature et éléments de problématisation, XLVe colloque de l'ASRDLF, Rimouski (Québec), 25-27 Août 2008.

HAUDEVILLE B., LE BAS C., (2016), « L'innovation frugale, paradigme technologique naissant ou nouveau modèle d'innovation ? », Innovations, 3/2016 (No. 51), p. 9-25.

HEFNER F., (2009), Cluster Theory: A New Prescription for Old Style Government Planning? in Peter Calcagno (editor), Unleashing Capitalism: A Prescription for Economic Prosperity in South Carolina, South Carolina Policy Council, Columbia, S.C., (2009), pp. 109–128.

HERRIGHEL G., (1987), The political Economy of Industry: Mechanical Engineering in the Federal Republic of Germany, Miméo, Department of Political Science, MIT Cambridge (Mass).

HOUSSEL J.-P., (1990), l'industrie spontanée en Italie, Annales de Géographie, N° 554, pp. 420-440.

INGRAM P., ROBERTS P.W., (2000), Friendship Among Competitors in the Sydney Hotel Industry, American Journal of Sociology, Vol. 106, pp. 387–423.

ITAKURA V., (1988), Les industries locales du Japon, Revue de Géographie de Lyon.

JACQUET N., DARMON D., (2005), Les pôles de compétitivité : le modèle français, La documentation française.

JAFFE A., TRAJTENBERG M., (1999), International Knowledge Flows: Evidence from Patent Citations, Economics of Innovation and New Technology, vol. 8, pp. 105–136.

JAFFE A.B., (1989), Real Effects of Academic Research, American Economic Review, Vol. 79, N°5, pp. 957–970.

JHA S. K., AND KRISHNAN R. T., (2013), Local innovation: The key to globalization. IIMB Management Review, 25 (4), 249–256.

KRISHNAN R. T., (2010), From jugaad to systematic innovation: The challenge for India, Bangalore: Utpreraka Foundation.

KRISTENSEN T.S., (1989) Cardiovascular disease and the work environment Scand. J. Work Environ. Health, 15 (1989), pp. 245–264

KRUGMAN P., (1991), Trade and Geography, Cambridge, MIT Press.

KUMAR K., VAN DISSEL H.G., (1996), Sustainable Collaboration: Managing Conflict and Cooperation in Interorganizational Systems, MIS Quarterly, vol. 20, n°3, pp. 279–300.

KUMAR N., PURANAM P., (2012), India inside: the emerging innovation challenge to the West. Harvard Business Press.

KUTTNER R., (1991), The End of Laissez-Faire, Knopf, NY.

LANVIN B., Miroux A., (2016), « L'innovation dans les économies émergentes et en développement : politiques et enjeux », Géoéconomie 2016/3 (N° 80), p. 127-144. DOI 10.3917/geoec.080.0127

LAUFER R., (2000), Les institutions du management : légitimité, organisation et nouvelle rhétorique. Les nouvelles fondations des sciences de gestion, 45-81.

LIEBESKIND J.P., OLIVER A.L., ZUCKER L., BREWER M., (1996), Social networks, learning, and flexibility: sourcing scientific knowledge in new biotechnology firms, Organization Science, 7 (1996), pp. 428–443.

LOILIER T., TELLIER A., (2005), Structure, fonctionnement et performance des réseaux territorialisés d'innovation : bilan et perspectives de recherche, CR 35, École de Management de Normandie.

LUNDVALL B., JOHNSON B., (1994), The learning Economy, Journal of Industry Studies, Vol. 1, pp. 23–41.

MAILLAT D., (2003), Développement des systèmes territoriaux de production, compétitivité et innovation, Acte du colloque international de développement local : le développement local dans la perspective du développement humain, Campo Grande, Brésil 25-28 novembre 2003.

MAILLAT D., QUEVIT M., SENN L., (1993), Réseau d'innovation et milieux innovateurs : un pari pour le développement régional, Éditions de la Division économique et sociale, Université de Neuchâtel (GREMI)/EDES 1993

MALMBERG A., MASKELL P., (1997), Towards an explanation of regional specialization and industry agglomeration. European planning studies, 5 (1), 25–41.

MANYIKA J., ROXBURGH C., (2011), « The great transformer: The impact of the Internet on economic growth and prosperity », Report McKinsey Global Institute, October 2011

MARCHESNAY M., (1998), Confiances et logiques entrepreneuriales, Économies et sociétés, nos 8-9.

MARKIDES C., (2006), Disruptive Innovation: In Need of Better Theory, ournal of Product Innovation Management, Volume 23, Issue 1, pages 19–25, January 2006.

MARSHALL A., (1919), Industry and trade, Traduction française de Leduc C. (1934), Edition Marcel Giard, p. 442, Paris.

MARSHALL A., (1890), Principes d'économie politique, Paris, Giard et Brière, 1ere édition française, 1906

MARX K., (1977), Contribution à la critique de l'économie politique, Édition Sociales.

MASMOUDI R. M., (2007), Étude exploratoire des processus et modèles d'incubation en entrepreneuriat : cas des pépinières tunisiennes, Gestion et management. Thèse pour l'obtention du doctorat en Sciences de Gestion, Université du Sud Toulon Var.

MAURSETH P. B., VERSPAGEN B., (2002), Knowledge spillovers in Europe: a patent citations analysis. The Scandinavian journal of economics, 104 (4), 531–545.

MORGAN K., (2004), Sustainable regions: governance, innovation and scale. European Planning Studies, 12 (6), 871–889.

MORIN R., (1998), Gouvernance locale et développement économique des quartiers de Montréal, In : Revue de géographie de Lyon, vol. 73, n° 2, 1998. Dynamiques des grandes régions urbaines : Lyon-Montréal. pp. 127–134

MOULAERT F., SEKIA F., (2003), Territorial Innovation Models: A Critical Survey, Regional Studies, Vol. 37, n°3, pp. 289–302.

MRINALINI N., WAKDIKAR S., (2008), Foreign R&D centres in India: Is there any positive impact. Current science, 94 (4), 452–458.

NADVI K., (1999), Collective efficiency and collective failure: the response of the Sialkot surgical instrument cluster to global quality pressures. World development, 27 (9), 1605–1626.

NADVI K., (1997), The cutting edge: collective efficiency and international competitiveness in Pakistan. Brighton: Institute of Development Studies, University of Sussex.

NARULA R., (2004), Understanding Absorptive Capacities in an Innovation Systems context: Consequences for Economic and Employment Growth, DRUID Working Paper, 04-02, Aalborg School.

NELSON R. R., (2002), "Bringing institutions into evolutionary growth theory", Journal of evolutionary economics, 12.

OMS, (2015), Planification familiale/Contraception, Documents des Centres des médias de l'OMS, Aide-mémoire N° 351, 05/2015 (www.who.int/mediacentre/factsheets/fs351/fr)

PASQUERO J., (2005), La responsabilité sociale de l'entreprise comme objet des sciences de gestion : un regard historique. Responsabilité sociale et environnementale de l'entreprise, 80-111. ; et

PIORE M., SABEL C. F., (1984), The second industrial divide: Possibilities for prosperity, The Journal of American History, (Vol. 73, p. 355), New York, Basic Books.

PNUD, (2017), Rapport sur le développement durable en Afrique, Suivi des progrès accomplis dans la mise en œuvre de l'Agenda 2063 et des objectifs de développement durable, Commission économique pour l'Afrique, Union africaine, Banque africaine de développement et Programme des Nations Unies pour le développement, Septembre 2017, Addis-Abeba (Éthiopie).

PNUD, (2016), Rapport sur le développement humain 2016, Le développement humain pour tous, Programme des Nations Unies pour le Développement, New York, États-Unis.

PORTER M.E., (2004), Building the Microeconomic Foundations of Prosperity: Findings from the Business Competitiveness Index', in M.E. Porter, K. Schwab, X. Sala-i-Martin and A. Lopez-Claros (eds.), The Global Competitiveness Report 2004–2005, Palgrave Macmillan, World Economic Forum: New York, pp: 19–50.

PORTER M.E., (2000), Locations, Clusters, and Company Strategy, In: Clark G.L., Feldman M.P. et Gertler M.S. (eds.), The Oxford Handbook of Economic Geography, Oxford: Oxford University Press, 253–274.

PORTER M.E., (1998), Clusters and the new economics of competition, Harvard Business Review, pp. 76, 77–90.

PORTER M.E., (1993), L'avantage concurrentiel des nations [1990], Paris, Interedition

PORTER M.E., (1990), The Competitive Advantage of Nations, London, Mac Millan.

PORTER M.E., (1985), Competitive advantage, The Free Press, New York.

PSE, (2014), Plan Sénégal Émergent, Gouvernement du Sénégal, Février 2014.

RADJOU N, PRABHU J., (2013), « L'innovation jugaad, redevenons ingénieux », éditions Diateino.

RAVEYR M.F., SAGLIO J., (1984), Les systèmes industriels localisés : éléments pour une analyse des ensembles de PME industriels Sociologie du travail, 26 (2), pp. 158–176.

REGIS G., (2008), Des systèmes productifs locaux aux pôles de compétitivité - approches conceptuelles et figures territoriales du développement., Géographie, Économie, Société, 10, pp. 295-309.

ROCHA H.O., (2004), Entrepreneurship and Development: The Role of Clusters, A Literature Review, Small Business Economics 23 (5), 363–400.

RYCHEN F., ZIMMERMANN J.B., (eds), (2008), Clusters in the Global Knowledge-based Economy: Knowledge Gatekeepers and Temporary Proximity. Special Issue of Regional Studies 42 (6), 767–776.

SABA A., (1997), Il modelo italiano: La specializzazione flessible e i distretti industriali, Milan, Franco Angeli, 1997.

SACHWALD F., (2008), Réseaux mondiaux d'innovation ouverte, systèmes nationaux et politiques publiques, Paris, Ministère de l'Enseignement supérieur et de la Recherche. SAIVES A.L., (2002), Territoire et compétitivité de l'entreprise, L'Harmattan, Paris.

SAIVES A.L., (2002), Territoire et compétitivité de l'entreprise, L'Harmattan, Paris.

SAIVES A. L., DESMARTEAU R. H., (2010), Milieux, modèles d'affaires et territorialisation des entreprises : le cas de l'agroalimentaire au Québec. InActes de la XIXème Conférence Internationale de Management Stratégique.

SALAIS R., (1996), Préface. In Pecqueur B., ed.: Dynamiques territoriales et mutations économiques, Paris L'harmattan.

SALVADOR C., (2006), Personal communication with Carlos Salvador, Canmet.

SAXENIAN A.L., (1994), Regional Advantage: Cultureand Competition in Silicon Valley and Route 128, Cambridge, MA: Harvard University Press.

SCANDELLA J.-S., (2008), Les Pôles, Réseaux d'Excellence et d'Innovation – Enquête Sur Les Pôles de Compétitivité, Éditions Autrement, Paris, 2008.

SCHMITZ H., (1990), Petites entreprises et spécialisation souple dans les pays en développement, Travail et Société, vol.15, n° 3, Genève, pp. 271-305.

SCHMITZ H., NADVI K., (1999), Clustering and industrialization: Introduction. World Development, special issue: Industrial cluster in development countries, September 27 (9), pp. 1503–1513.

SCHMITZ H., NADVI K., (1994), Industrial Clusters in Less development countries, Review of Experiences and Research Agenda, Institute of development Studies, Discussion paper, N° 33, 101 p.

SCHULTZ T.W., (1961), "Investment in Human Capital", American Economic Review, vol. 51, pp. 1–17.

SCOTT A. J., (1988), New Industrial Spaces. London, Pion

SEVERINO J.-M. RAY O., (2010), Le Temps de l'Afrique, éditions Odile Jacob, Paris, 2010

SVCIP, (2017), Silicon Valley Competitiveness and Innovation Project, 2017 Report, https://svcip.com/files/SVCIP_2017.pdf

SILVA-RUI M., (1988), Industrialisation et développement local, une interprétation à partir du cas portugais, Thèse de doctorat d'université, Université Pierre Mendès France, Grenoble.

SIMON H. A., (1991), The sciences of the artificial, Dunod.

SJÖHOLM F., (1996), International transfer of knowledge: the role of international trade and geographic proximity, Weltwirtsch. Arch., 132, pp. 97–115.

SMITH A., (1904), An Inquiry into the Nature and Causes of the Wealth of Nations, London: Methuen and Co., Ltd., ed. Edwin Cannan, 1904. Fifth edition

STORPER M., SCOTT A., (1988), The Geographical Foundations and Social Regulation of Flexible Production Complexes, in: Wolch J., Dear M., eds, The Power of Geography, London, Allen and Unwin.

STORPER M., (1997), Territories, flows and hierarchies in the global economy, Aussenwirtschaft, (50 (2), pp. 265–293.

SOTARAUTA M., SRINIVAS S., (2006), Co-evolutionary policy processes: understanding innovative economies and future resilience, Futures 38, pp. 312–336.

SUCHMAN M. C., (1995), Managing Legitimacy: Strategic and Institutional Approaches, The Academy of Management Review, Vol. 20, N° 3 (Jul., 1995), pp. 571–610.

SWEENEY G. P., (1985), Innovation Policies: An International Perspective, Frances Pinter, London.

THIAW C. A. L., (2017), Innovation collaborative au Sénégal : pour une coévolution entre science, technologies et innovation, Congrès AEI Dakar, 6, 7 et 8 Décembre 2017, Dakar, Sénégal.

THIAW C. A. L., Aliouat B., (2017), Analyse comparative des écosystèmes d'affaires pour impulser l'innovation et la compétitivité en Afrique : proposition d'un modèle idoine pour le Sénégal, SERGe Days, 5ème édition, 27-29 Avril 2017, Saint-Louis, Sénégal.

THIAW C., ALIOUAT B., (2016), Entrepreneuriat en équipe et vision partagée : Le cas des pôles de compétitivité, in Paturel Robert, Levy Thierry : L'entrepreneuriat en équipe, Presses Universitaires de Provence.

THIAW C. (2013), Innovation collaborative et orientation client/marché au sein des Pôles de compétitivité : Analyse empirique des dynamiques de projets/acteurs (Cas des Réseaux d'innovation en Région PACA), Thèse en vue de l'obtention du grade de docteur ès Sciences de Gestion, Université Nice-Sophia Antipolis, le 9 Avril 2013.

THIAW C. (2011), Marketing de l'innovation et benchmarking au sein des pôles de compétitivité, in Aliouat B., (dir.), Les pôles de compétitivité, gouvernance et performance des réseaux d'innovation, Traités IC2, Traité Technologies et Développement durable, Publications Hermes Science, Lavoisier, Paris, 2010, 448 p.

TÖDTLING F., KAUFMANN A., (1999), Innovation systems in regions of Europe — a comparative perspective, European Planning Studies, Volume 7, Issue 6, Special Issue: Innovation Networks, Collective Learning, and Industrial Policy in Regions of Europe.

TORRE A., RALLET A., (2005), Proximity and Localization, Regional Studies, vol. 39, n° 1,2005, p. 47–60.

TREMBLAY D.-G. (2001), Innovation continue et organisation du travail, Québec, Presses de l'université du Québec.

TRIGILIA C., (1986), Small Firm developments and political subcultures in Italy, European Sociology Review, 2, pp. 161–175.

UNCTAD (2005), "World Investment Report: Transnational Corporations and the Internationalization of R&D", United Nations Conference on Trade and Development, United Nations, New York & Geneva, 2005

UZUNIDIS D., (2004) (ed.), L'innovation et l'économie contemporaine, de Boeck, Bruxelles.

VAN AGTMAEL A., (2017), The Emerging Markets Century. How a New Breed of World-Class Companies is Overtaking the World, New York, Free Press, 2007.

VAN DEN BERG L., BRAUN E., VAN WINDENN W., (2001), Growth clusters in European studies: An integral approach, Urban Studies, 38 (1), pp. 185–205.

VAN DIJK T. A., (1997), Discourse as structure and process (Vol. 1). Sage.

VELTZ P., (1996), Mondialisation, villes et territoires, L'économie d'archipel, Paris, PUF.

VERSTREATE T., (2004), 4 paradigmes pour cerner le domaine de recherche en entrepreneuriat, Acte du 7ème Congrès International Francophone en Entrepreneuriat en PME, 27-29 octobre 2004.

VILLARD L., (2005), Proximités et Développement Territorial Industrie et Recherche Publique à Grenoble à travers le réseau des doctorants en convention CIFRE, Rapport de Master 2 Recherche « Ville, Montagne et Durabilité », Université joseph Fournier, Grenoble, Septembre 2005

WILLIAMSON O.E., (1999), Strategy research : governance and competence perspectives, Strategic Management Journal, Vol. 20, Issue 12, pp 1087–1108.

WILLIAMSON O.E., (1985), The Economic Institution of Capitalism, Free Press, New York. (Traduction française, Les institutions de l'économie, InterEdition, Paris, 1994)

WOODWARD A. L., (2005), The infant origins of international understanding, In Kail R.V. Advances in child development and behavior, Vol., 33, pp. 229_262, Oxford, Elsever.

WORLD BANK, (2010), Innovation Policy, a Guide For Developing Countries. The World Bank, Washington, D.C.

YUNUS M., (2009), Vers un nouveau capitalisme, Le livre de poche, collection « Littérature & Documents ».

ZENG L. M., (2008), Knowledge organization systems (KOS). Knowledge organization, 35 (2–3), 160–182.

ZIMMERMANN J. B., (1995), Le concept de grappes technologiques : un cadre formel, Revue économique, 46 (5), p. 1263-1295.

ZINNOV, (2012), Compensation & Benefits Survey 2012, [http://zinnov.com/white_paper_ register.php?req=wp&art_id=188].

TABLE DES MATIÈRES

Revue « Marché et Organisations »
L'Harmattan

Cahiers d'économie et de gestion thématiques dont le but est de promouvoir la recherche originale sur les relations de plus en plus étroites qui se tissent entre le marché et les organisations. Les acteurs économiques de taille, de puissance et de pouvoir différents dont les intérêts peuvent être convergents, complémentaires ou, le plus souvent, antagoniques, ont tendance à organiser les marchés. La raison du marché, pourtant, est la référence stratégique pour l'entreprise ainsi que pour les institutions publiques de décision économique.

Numéros parus :

N°1 : Artisanat. La modernité réinventée, 2006
N°2 : La petite entreprise, elle a tout d'une grande. De l'accompagnement aux choix stratégiques, 2006
N°3 : Tourisme et Innovation. La force créative des loisirs, 2007
N°4 : Le travail. Formes récentes et nouvelles questions, 2007
N°5 : Les universités et l'innovation. L'enseignement et la recherche dans l'économie des connaissances, 2007
N°6 : Entrepreneuriat et accompagnement. Outils, actions et paradigmes nouveaux, 2008
N°7 : Développement durable des territoires. Economie sociale, environnement et innovations, 2008
N°8 : Développement durable et responsabilité sociale des acteurs, 2009
N°9 : Gouvernance : exercices de pouvoir, 2009
N°10 : Le travail collaboratif. Une innovation générique, 2009
N°11 : Economie sociale et solidaire. Nouvelles trajectoires d'innovations, 2010
N°12 : Relations à la marque et marques de la relation. Regards croisés sur le management relationnel de la marque, 2010
N°13 : Les contrats au service de la recherche ?, 2011
N°14 : Le potentiel économique de l'Afrique subsaharienne, 2011
N°15 : Management de la distribution, 2012
N°16 : Territoire Vert. Entreprises, Institutions, Innovations, 2012
N°17 : Eco-conception, conception et innovation. Les nouveaux défis de l'entreprise, 2013
N°18 : Intelligence économique : entreprises et territoires, 2013
N°19 : La finance globale. Un monde fini, 2013
N°20 : La crise du « développement », 2014
N°21 : La Chine innove. Politiques publiques et stratégies d'entreprise, 2014
N°22 : Go East! Nouvelles Economies de Marché, 2015
N°23 : L'économie du changement, 2015
N°24 : Le temps des artisans. Permanences et mutations, 2015
N°25 : Innovations de proximité et esprit d'entreprise, 2016
N°26 : L'avenir des économies du Maghreb : entre inertie structurelle et envie de rupture, 2016/3 (n° 27)
N°27 : Le sport aux frontières du marché du travail, 2016
N°28 : Dynamiques internationales des entreprises, 2017
N°29 : L'univers du risque, 2017
N°30 : Les petites entreprises dans l'histoire industrielle, 2017

Collection « L'esprit économique »

fondée par Sophie Boutillier et Dimitri Uzunidis en 1996
dirigée par Sophie Boutillier, Blandine Laperche, Dimitri Uzunidis

Dernières parutions

► ***Série Economie et Innovation***
Z. LIU, *Politiques d'innovation et pme en France. Une histoire de liens faibles*, 2013.
E. BESANÇON, N. CHOCHOY, T. GUYON, *L'innovation sociale. Principes et fondements d'un concept*, 2013.
F. PAUN, L. ALEXANDRE-LECLAIR, I. VAILEANU-PAUN, *Innover ou périr. Paroles d'experts*, 2014.
F. ABADA, *Individualiser son offre au moindre coût*, 2015.
S. MAHREZ, La division cognitive du travail dans le capitalisme postfordiste, 2016.
M.-J. POLLET-VILLARD, *L'innovation dans les services. cadre d'une analyse dynamique fondée sur les réseaux*, 2017.
B. CHRISTOPHE, *La décroissance écologique transforme l'entreprise*, 2017.
G. ACHERMANN, *Territoires d'innovation en Russie, Ambitions et contraintes d'une politique de clusterisation*, 2018.
► ***Série Le Monde en Question***
T. BRUGVIN, *Le commerce équitable et éthique. Opportunités et limites*, 2014.
W. AMEDZRO St-HILAIRE, *Le capital global et sa régulation*, 2014.
W. AMEDZRO St-HILAIRE, *Reconstruire l'Afrique. Nouvelle gouvernance et projet de développement*, 2014.
M. SANTI, *Misère et opulence. Chroniques d'austérité globalisée*, 2015
J.-M. BOUSSARD, *Les prix agricoles. Nouveau dialogue sur le commerce des bleds*, 2017
C. BASTIDON, O. GBAGUIDI A. GHOUFRANE, A. SILEM (dir.), *Commerce, investissement et développement durable en Afrique*, 2017.
L. BOURQUIN, *Europe 3.0 : le grand réveil*, 2017.
A. ROSOWSKY, *De l'économie de pillage a la société désagrégée, un essai sur la révolution thatchérienne*, tomes 1 & 2, 2017.
► ***Série Krisis***
A. MARQUEZ-VELASCO, *Politique et économie. 10 mesures phares pour un monde meilleur*, 2015.
R. GOODFELLOW, *Le cycle des crises aux États-Unis depuis 1929. essai de systématisation de la conjoncture*, 2016.
M. LAUDET, *Aux origines de l'économie politique : Antoine de Montchrestien et son « traicte de l'oeconomie politique »*, 2016.
J. HUERTA DE SOTO, *La théorie de l'efficience dynamique*, 2017.
► **Série *Clichés***
S. BOUTILLIER, D. UZUNIDIS (dir.), *La Russie européenne. Du passé composé au futur antérieur*, 2008.
R. VOLPI, *La négociation. Pain, paix, liberté*, 2009.
► ***Série Cours Principaux***
B. NDIAYE, *Analyse économique de l'investissement en capital humain*, 2014.
P. BOUVIER-PATRON, *Economie et management de l'entreprise innovante. Réseaux, territoire et développement durable*, 2014.
J. KIAMBU, *Eléments d'analyse économique*
J.-P. MOCKERS, *Court traite d'économie et de politique économique*, 2016.
P.-Y. CARASCO, Prix de transfert et stratégies d'optimisation fiscale de la firme multinationale, 2017.
B. LANDAIS, *Les fluctuations économiques, une synthèse nouvelle*, 2017.
► ***Série L'économie formelle***
P. BRACONNIER, G. CAIRE (dir.), *L'économie sociale et solidaire et le travail*, 2013.
M. SANTI, *L'Europe. Chroniques d'un fiasco économique et politique*, 2013.
J. BERNARD, *La croissance. 10 points cruciaux*, 2013.
P.-A. LAMBERT, *Le temps de la rigueur. Fiscalité, protection sociale, mondialisation*, 2014.
F. BISMANS, *La grande récession : un autre regard sur des temps troubles (2007-2013)*, 2016.
B. SCHWENGLER, *De l'inflation à la dette publique : analyse des discours politiques*, 2016.

L'HARMATTAN ITALIA
Via Degli Artisti 15; 10124 Torino
harmattan.italia@gmail.com

L'HARMATTAN HONGRIE
Könyvesbolt ; Kossuth L. u. 14-16
1053 Budapest

L'HARMATTAN KINSHASA
185, avenue Nyangwe
Commune de Lingwala
Kinshasa, R.D. Congo
(00243) 998697603 ou (00243) 999229662

L'HARMATTAN CONGO
67, av. E. P. Lumumba
Bât. – Congo Pharmacie (Bib. Nat.)
BP2874 Brazzaville
harmattan.congo@yahoo.fr

L'HARMATTAN GUINÉE
Almamya Rue KA 028, en face
du restaurant Le Cèdre
OKB agency BP 3470 Conakry
(00224) 657 20 85 08 / 664 28 91 96
harmattanguinee@yahoo.fr

L'HARMATTAN MALI
Rue 73, Porte 536, Niamakoro,
Cité Unicef, Bamako
Tél. 00 (223) 20205724 / +(223) 76378082
poudiougopaul@yahoo.fr
pp.harmattan@gmail.com

L'HARMATTAN CAMEROUN
TSINGA/FECAFOOT
BP 11486 Yaoundé
699198028/675441949
harmattancam@yahoo.com

L'HARMATTAN CÔTE D'IVOIRE
Résidence Karl / cité des arts
Abidjan-Cocody 03 BP 1588 Abidjan 03
(00225) 05 77 87 31
etien_nda@yahoo.fr

L'HARMATTAN BURKINA
Penou Achille Some
Ouagadougou
(+226) 70 26 88 27

L'HARMATTAN SÉNÉGAL
10 VDN en face Mermoz, après le pont de Fann
BP 45034 Dakar Fann
33 825 98 58 / 33 860 9858
senharmattan@gmail.com / senlibraire@gmail.com
www.harmattansenegal.com

www.ingramcontent.com/pod-product-compliance
Lightning Source LLC
LaVergne TN
LVHW010953061026
849535LV00006B/1708